*Isolados em um Território em
Guerra na América do Sul*

KOICHI KISHIMOTO

Isolados em um Território em Guerra na América do Sul

Memória dos
Desdobramentos da
Segunda Guerra na Vida
dos Imigrantes Japoneses no
Brasil

SEISIRO HASIZUME
Tradução

ALEXANDRE KISHIMOTO
Notas e caderno fotográfico

Copyright © 2022 Mirian Marubayashi Hidalgo e Alexandre Kishimoto
Direitos reservados e protegidos pela Lei 9.610 de 19.02.1998.
É proibida a reprodução total ou parcial sem autorização, por escrito, da editora.

Dados Internacionais de Catalogação na Publicação (CIP)
(Câmara Brasileira do Livro, SP, Brasil)

Kishimoto, Koichi
Isolados em um Território em Guerra na América do Sul: Memória dos Desdobramentos da Segunda Guerra na Vida dos Imigrantes Japoneses no Brasil / Koichi Kishimoto; tradução Seisiro Hasizume; notas e caderno fotográfico Alexandre Kishimoto. – 1ª ed. – Cotia, SP: Ateliê Editorial, 2022.

Título original: *Nambei no senya ni koritsu shite*
ISBN 978-65-5580-084-5

1. Experiências – Relatos 2. Histórias de vidas 3. Imigração japonesa – Brasil – História 4. Imigrantes japoneses – Brasil – História 5. Kishimoto, Koichi 6. Memórias antigas 7. Relatos pessoais 8. Segunda Guerra Mundial, 1939-1945 I. Kishimoto, Alexandre.

22-127319   CDD 325.2520981

Índices para catálogo sistemático:
1. Imigrantes japoneses: Brasil: Biografia   325.2520981
Aline Graziele Benitez – Bibliotecária – CRB 1/3129

Direitos reservados à
ATELIÊ EDITORIAL
Estrada da Aldeia de Carapicuíba, 897
06709-300 – Cotia – SP – Brasil
Tel.: (11) 4702-5915
www.atelie.com.br | contato@atelie.com.br
facebook.com/atelieeditorial | blog.atelie.com.br

Impresso no Brasil 2022
Foi feito depósito legal

Sumário

7   Sombra e Luz (O Esquecimento como Remédio?)
Jorge J. Okubaro

21   Koichi Kishimoto – Jornalista Eliminado da História
Masayuki Fukasawa

49   Palavras do Autor – Prefácio à Primeira Edição em Japonês

51   Considerações sobre a Terceira Edição deste Livro

55   Prefácio – Retrospecto do Passado Recente

59   História do Povo Japonês Radicado no Brasil durante a Guerra

ISOLADOS EM UM TERRITÓRIO

EM GUERRA NA AMÉRICA DO SUL

63   O Dia que Todos Temiam Chegou:
Brasil Rompe Relações Diplomáticas com Japão

67   Governo Decreta o Congelamento de Bens

71   Problemas que as Escolas de Língua Japonesa Tiveram que Superar

77   Crescem as Pressões Anglo-Americanas

83   Saudosa Rua Conde de Sarzedas –
Início da Reorganização dos Japoneses Despejados

93   Quatro Mil Compatriotas da Orla Marítima
São Expulsos de suas Propriedades

6 ◆ SUMÁRIO

101 Declaração de Guerra contra a Alemanha e a Itália (22.8.1942)

105 O Serviço de Informação Norte-americano e as Tentativas de Disseminação do Sentimento Antinipônico entre a População Brasileira por Meio de Propaganda Manipulada

111 Notícias Diretas da Terra Natal Comovem os Imigrantes

115 Da Rua Pacata para a Prisão

123 Os Nisseis e o Serviço Militar

129 Japoneses Demonstram sua Capacidade de Luta e de Trabalho

149 Relatos da Vida na Prisão

159 Os Gemidos de Sofrimento e a Vida Degradante na Prisão

177 Curiosidades do Cotidiano na Prisão

189 De que Crimes Foram Acusados os Compatriotas Presos?

213 Interrogatório

219 Mensagem Secreta – Impasse se Agrava

225 Libertação

229 Dia da Rendição dos Amigos Alemães

PERSEGUIÇÃO E OPRESSÃO

Anos de Sofrimento: Humilhação na Prisão, Ameaça de Cassação da Naturalização, Confisco de Livros Publicados e Ameaça de Deportação

235 Cinco Anos de Demanda Judicial Contra Ameaças de Prisão e Deportação – O Caminho Percorrido pelas Lideranças Intelectuais da Colônia

265 Julgamento Final

283 Pós-escrito

APÊNDICE – IDEOLOGIA

287 Fincar Raízes no Brasil ou Reemigrar?

309 Referências Bibliográficas

313 Caderno Fotográfico

Sombra e Luz
O Esquecimento como Remédio?

JORGE J. OKUBARO[1]

Não pensar em determinada coisa. Deixar de lado, deixar escapar da memória. Desprezar, desdenhar. Assim, entre outros modos, o *Dicionário Houaiss de Língua Portuguesa* define esquecer. Quanto mais o tempo passa, mais se consolida o esquecimento. Com frequência talvez maior do que a desejável, nós tentamos, naturalmente, não pensar em coisas de que não gostamos, que nos trazem, em lugar de prazer ou contentamento, incômodo, intranquilidade, coisas que por algum valor ético nos envergonham ou envergonham pessoas próximas, como a interminavelmente nos exigir desculpas, explicações, justificações. Procuramos esquecer. O esquecimento, nesses casos, é menos que remédio, que cura; é uma espécie de linimento, que alivia temporariamente dores e outros achaques da vida, mas não ataca nem elimina suas causas. Às vezes parece fazer-nos bem acreditar que o que se passou de ruim, ou por ruim foi dado, não voltará a nos incomodar – e, sobretudo, nos assombrar. Esqueçamos, pois. O que passou, passou. Desdenhemos. É sempre mais fácil passar a ignorar coisas que nos incomodaram do que procurar saber como efetivamente elas se passaram e entender por que assim se passaram. Ainda mais quando sobre elas versões muito plausíveis foram dadas e geralmente bem aceitas e quase nunca questionadas. E, como lá se foram tantos anos que ocorreram as coisas assim tratadas, por que delas tratar agora, quando tudo já está devidamente explicado?

---

1. Jornalista, é editorialista do jornal *O Estado de S. Paulo* e autor do livro *O Súdito (Banzai, Massateru!)*, Ed. Terceiro Nome, sobre a história da imigração japonesa no Brasil.

8 ◆ SOMBRA E LUZ (O ESQUECIMENTO COMO REMÉDIO?)

Fatos marcantes da história da imigração japonesa no Brasil costumamos ler nas descrições mais consagradas. São muitas e de qualidade as descrições. E, por consagradas e bem elaboradas, elas sempre nos pareceram a versão definitiva. Sendo definitiva, não haveria, pois, nada mais a falar sobre tais fatos. Sobretudo porque decerto muitos deles foram motivo de vergonha para a comunidade nipo-brasileira à época em que ocorreram e, em especial, depois – e talvez até hoje. Esqueçamo-los, pois.

A vergonha pelo envolvimento pessoal ou de compatriotas próximos em eventos que resultaram em sentimento de desonra dos japoneses perante a sociedade brasileira decerto contribuiu para a tácita aposição de um manto de silêncio sobre eles. Assim, a despeito do tremendo impacto que causaram à sua época, determinados episódios da história da imigração japonesa no Brasil foram praticamente esquecidos pela quase totalidade da chamada comunidade *nikkei* residente no país. Podem, porém, ter sido outras, além da vergonha e do sentimento de desonra, diferentes e mais densas em sentido político, as razões para tal esquecimento.

Embora quase tenhamos esquecido de maneira definitiva fatos dessa natureza, há, no entanto – e talvez já houvesse à época em que tais fatos foram descritos –, indicações de que nem tudo ocorreu exatamente da forma como nos acostumamos a ler e a interpretar.

Ressalvem-se, por sua relevância e cuidado, trabalhos acadêmicos mais recentes, muitos com abordagens verdadeiramente inovadoras, que voltaram, e ainda voltam, seu foco para episódios dessa natureza. Parte dessas obras está citada nas Referências Bibliográficas no final deste livro. Também jornalistas de língua japonesa, como Masayuki Fukasawa, autor da ricamente informativa apresentação desta obra[2], vêm dando tratamento distintivo a fatos cuja descrição parecia consagrada na bibliografia disponível há até alguns anos. Outro jornalista é Osamu Toyama, em *Cem Anos de Águas Corridas*[3], obra também citada nas Referências Bibliográficas ao final deste livro. Toyama igualmente buscou, em testemunhos que colheu de vários participantes, uma descrição mais real dos fatos, nem sempre coincidente com a que parecia consagrada.

2. Ver p. 21 e ss.
3. Ver Referências Bibliográficas no final deste livro.

Nesse processo tácito de esquecimento, obras também foram incluídas. O relançamento de *Isolados em um Território em Guerra na América do Sul* tem, no mínimo, o mérito de nos fazer refletir sobre os fatos envolvendo imigrantes japoneses e seus descendentes que ocorreram durante a Segunda Guerra Mundial, e também nos anos seguintes, e aos quais pouca atenção foi dada em anos recentes. E, outro de seus méritos, reabre-nos a oportunidade de tentar entender por que as coisas aconteceram da forma como aconteceram, e não de outra, mesmo que essa fosse mais desejável, e como realmente elas ocorreram, pela descrição autêntica e original de seus personagens. É uma descrição fortemente balizada pelas crenças, convicções e formação pessoais dos que a fazem, mas por isso mesmo relevante, pois nos permite, à distância de muitas décadas, rever o ambiente e as condições em que essas pessoas construíam suas vidas e alimentavam seus sonhos – ou deles se desfaziam, por escolha ou necessidade.

São vidas marcadas pela dureza. As prisões de Koichi Kishimoto (foram duas, a primeira durante a qual escreveu boa parte deste livro, a segunda depois de sua publicação original) e o longo processo judicial a que foi submetido talvez simbolizem o que de extremo tal dureza pode impor a um imigrante cujo interesse, como o livro deixa claro, era a defesa e a propagação de valores que considerava essenciais não apenas para seus conterrâneos e descendentes, mas para as pessoas de bem. Nenhum dos compatriotas do autor que lhe faziam companhia na prisão tinha sido denunciado por um crime específico; todos estavam lá por um "único crime, a identidade japonesa", diz Kishimoto. "Esta página da história jamais será esquecida", previu[4]. Quase estava sendo esquecida.

Chega a surpreender que, tendo tido tanta repercussão à época de seu lançamento, em setembro de 1947, o livro tenha sido quase apagado da história da presença dos japoneses no Brasil a partir de 1908. Mas a história narrada no livro é, ela própria, parte importante da história da imigração japonesa que, por muitos anos, permaneceu esquecida – como o próprio livro tinha caído no esquecimento, do qual está sendo resgatado pelos descendentes do autor. A primeira edição, com 2 mil exemplares, tiragem con-

---

4. Ver p. 166.

10 ◆ SOMBRA E LUZ (O ESQUECIMENTO COMO REMÉDIO?)

siderável mesmo para os padrões mais recentes do mercado de livros em língua portuguesa, esgotou-se em dez dias. A segunda, de janeiro de 1948, teve cinco mil exemplares, dos quais 3,8 mil teriam sido vendidos em três meses. Fukasawa atribuiu o êxito extraordinário à solidariedade dos imigrantes que, na Guerra, haviam passado pela opressão descrita no livro.

O autor considera "uma façanha" ter escrito o livro durante a Guerra, vivendo num país inimigo. Fez isso "com o objetivo de legar aos nossos descendentes o inabalável espírito de luta dos antepassados", sabendo das dificuldades que enfrentaria, inclusive prisões e opressões, "pois é natural que o autor que escreve a verdadeira história esteja sujeito a perseguições"[5], escreveu Kishimoto nas considerações sobre a terceira edição do livro, de 1962.

Como fazia em outros episódios em que imigrantes japoneses estiveram envolvidos em algum tipo de conflito de natureza policial ou judiciária, boa parte da imprensa descreveu os fatos envolvendo Koichi Kishimoto de acordo com o que era seu padrão, baseando-se nos relatos fornecidos pelas autoridades. Não economizava adjetivos para, de antemão, condenar como perigoso criminoso quem não passava de suspeito ou podia estar sendo apenas investigado. "Esse péssimo indivíduo ocultamente escreveu um livro em que atacava violentamente o governo e o nosso país assacando várias mentiras e calúnias contra o povo brasileiro", publicou em matéria de manchete de primeira página o jornal *Correio Paulistano*[6]. A *Folha da Manhã*, de sua parte, publicou que o livro "prega o nacionalismo entre japoneses aqui residentes. Constitui, por outro lado, uma campanha racial e de absoluto isolacionismo entre nipônicos e nacionais"[7].

A lembrança ainda vívida dos tempos de Guerra, na qual o Japão estivera do lado dos inimigos do Brasil, tornava os imigrantes japoneses alvos de hostilidades de parte da população. Alguns órgãos da imprensa paulistana se valiam desse clima de desarmonia social para tentar aumentar suas tiragens. Nas questões relativas a eventos de natureza policial ligados à imigração e aos imigrantes japoneses, os jornais, principais veículos de

5. Ver p. 51.
6. Ver p. 25.
7. Ver pp. 258 e 259.

informação da época, dependiam das informações da própria polícia para descrever fatos cuja investigação independente demandaria condições de que então não dispunham. Daí o esforço de cada publicação de dar às informações obtidas de agentes policiais cores e emoções mais vibrantes, mas nem sempre, ou poucas vezes, reais. Não era raro que informações fornecidas pela polícia e publicadas na imprensa fossem anexadas às investigações em curso como provas contra os investigados, formando um estranho – para os tempos atuais – círculo de colaboração com que reciprocamente jornalistas e policiais se alimentavam, mas não daquilo que deveria ser sua matéria-prima, seu verdadeiro sustento, a informação independente, verdadeira e exposta de maneira compreensível. O processo judicial da Shindo Renmei tem múltiplos exemplos dessa relação pouco transparente, para dizer o mínimo, entre polícia e imprensa naquela época (Processo Judicial nº 12.649/49, Arquivo do Poder Judiciário do estado de São Paulo). Maus tratos de prisioneiros, como os descritos neste livro e outros levantados pela Comissão da Verdade da Assembleia Legislativa do estado de São Paulo[8], por exemplo, foram sistematicamente ignorados pela imprensa na época e quase nunca lembrados nos anos seguintes.

Os anos de Guerra e os imediatamente seguintes foram duros para muitos estrangeiros que viviam no Brasil. Os japoneses foram particularmente visados pelas autoridades policiais e até hostilizados por parte da população. Embora tivesse rompido relações diplomáticas, o Brasil não estava em guerra declarada contra o Japão, mas havia um clima que estimulava o controle, pelas autoridades e pelo homem comum, das atividades dos japoneses que aqui viviam – havia opressão, como diz Kishimoto.

Os tempos de Guerra eram também, convém lembrar, tempos da ditadura do Estado Novo. Com o golpe dado por Getúlio Vargas em 1937 (Vargas estava no poder desde 1930, quando esteve à frente da revolução que mudou a história da República brasileira), o Brasil, os brasileiros e os estrangeiros aqui residentes passaram a viver sob um regime duro e repressivo, e que, com o tempo, se tornaria sempre mais duro e mais repressivo. Um

---

8. www.comissaodaverdade.al.sp.gov.br/relatorio/tomo-iv/downloads/IV_Tomo_Relatorio-sobre-os-casos-de-tortura-e-morte-de-imigrantes-japoneses-1946-1947.pdf

12 ♦ SOMBRA E LUZ (O ESQUECIMENTO COMO REMÉDIO?)

rigoroso sistema legal – legal não, obviamente, no sentido que conhecemos no regime democrático, mas no sentido de conjunto de atos baixados pela autoridade correspondente para formalmente permitir-lhe agir de modo não antes autorizado – de controle e coerção da população foi sendo sistematicamente montado desde o primeiro dia do novo regime ditatorial (10 de novembro de 1937). Imigrantes foram alvo especial desse aparato repressivo que o Estado Novo instituiu com denodo e minúcia.

Por meio de decretos-leis – instrumentos por si só típicos de regimes de exceção, pois, mesmo sem a necessária aprovação legislativa e com vigência a partir do momento de sua publicação, tinham o valor de lei como se conhece nos regimes democráticos; foram muito utilizados também na ditadura militar (1964-1985) –, a ditadura estado-novista vedou a atividade política a estrangeiros, foi limitando sistematicamente a entrada de imigrantes no país e restringindo suas atividades econômicas e sociais, criou novas condições para a expulsão de estrangeiros, nacionalizou o ensino e proibiu o ensino de línguas estrangeiras como o japonês.

Esse último, o decreto-lei nº 868, de 18 de novembro de 1938 (baixado pouco mais de um ano depois do golpe do Estado Novo)[9], criava, no Ministério da Educação e Saúde, a Comissão Nacional de Ensino Primário com a competência, entre outras, de "definir a ação a ser exercida pelo governo federal e pelos governos estaduais e municipais para o fim de nacionalizar integralmente o ensino primário de todos os núcleos de população de origem estrangeira".

O Decreto-lei nº 1.545, de 25 de agosto de 1939, que tratava da "adaptação ao meio nacional dos brasileiros descendentes de estrangeiros", estabelecia que "essa adaptação far-se-á pelo ensino e pelo uso da língua nacional, pelo cultivo da história do Brasil, pela incorporação em associações de caráter patriótico e por todos os meios que possam contribuir para a formação de uma consciência comum". Também determinava que "nenhuma escola

---

9. Tem-se acesso fácil ao texto integral desse e de outros documentos legais citados a seguir por meio de sites de busca. Basta digitar o número e a data de publicação do documento na janela de busca. O texto está arquivado no acervo da legislação brasileira da Câmara dos Deputados.

poderá ser dirigida por estrangeiros, salvo os casos expressamente permitidos em lei e excetuadas as congregações religiosas especializadas que mantêm institutos em todos os países, sem relação alguma com qualquer nacionalidade".

Abria-se o caminho para a proibição do ensino de línguas estrangeiras, o que afetaria duramente a vida das famílias dos imigrantes japoneses, cujos filhos menores eram, em grande proporção, educados também em língua japonesa. Relatos de Koichi Kishimoto nas páginas seguintes mostram as dificuldades impostas aos imigrantes japoneses por esse decreto-lei e os meios de que eles se valeram para tentar manter o que, na época, consideravam essencial para a preservação dos valores que haviam trazido da pátria e procuravam transmitir aos filhos. O destino do liceu Aurora, por ele dirigido, e que é descrito nas páginas seguintes, é exemplo claro das novas condições de vida dos imigrantes japoneses no Brasil da época.

Em outro Decreto-lei, de nº 4.166, de 11 de março de 1942, a ditadura varguista estabeleceu que

> [...] os bens e direitos dos súditos alemães, japoneses e italianos, pessoas físicas ou jurídicas, respondem pelo prejuízo que, para os bens e direitos do Estado Brasileiro, e para a vida, os bens e os direitos das pessoas físicas ou jurídicas brasileiras, domiciliadas ou residentes no Brasil, resultaram, ou resultarem, de atos de agressão praticados pela Alemanha, pelo Japão ou pela Itália.

Os imigrantes dos países do Eixo seriam materialmente responsabilizados, com a entrega de seus bens e direitos ao Estado brasileiro, pela cobertura de eventuais danos causados por atos de guerra praticados por esses países.

A imprensa de língua estrangeira foi proibida, a não ser quando os textos estivessem acompanhados de tradução em português – o que, por seu custo, tornava financeiramente impossível a edição de jornais em japonês – e autorizados pela censura do governo. Nesse caso, a ditadura varguista nem utilizou o instrumento do decreto-lei. Impôs essa exigência por simples portaria, de número 2.277 de 18 de julho de 1939, de seu órgão de propaganda, o Departamento de Imprensa e Propaganda, o DIP. Umas depois de outras, as publicações em língua japonesa encerraram suas atividades no

14 ◆ SOMBRA E LUZ (O ESQUECIMENTO COMO REMÉDIO?)

Brasil. Em 31 de agosto de 1940, circulou a última edição do *Burajiru Jiho*, a única em língua japonesa que havia restado no Brasil daqueles tempos.

"Das consequências funestas da Guerra, a suspensão da publicação de jornais em idioma nipônico foi o fato mais doloroso e que teve influência decisiva na geração de distúrbios na comunidade no imediato pós-Guerra", observou o livro *Uma Epopeia Moderna*[10], citado nas Referências Bibliográficas no fim deste livro. Os "distúrbios na comunidade" a que o texto se refere serão tratados adiante.

A informação de interesse dos imigrantes era passada de boca em boca ou obtida de transmissões do governo japonês captadas de maneira clandestina – visto que também a posse de aparelho de rádio por estrangeiro originário de país considerado inimigo tinha de ser autorizada pelas autoridades policiais.

> Uma vez que o rádio era o único elo com o Japão, os imigrantes fizeram de tudo para ocultar da polícia seus aparelhos. [...] As informações, captadas assim com tanto sacrifício e risco, eram espalhadas entre os japoneses de boca em boca, com incrível rapidez[11].

A evolução da Guerra no Pacífico comovia os imigrantes.

> Mesmo vivendo a milhares de quilômetros de distância, ao tomarem conhecimento da difícil situação que atravessava a longínqua terra natal, os imigrantes conseguiam manter acesa a chama da luta, com plena convicção de que tinham uma missão a cumprir e com renovada disposição para enfrentar toda a sorte de desafios e sacrifícios[12].

Nada haveria de se estranhar nessas palavras, de um cidadão japonês autêntico, como Koichi Kishimoto, num momento crucial da história de seu país natal. Mas, na época em que foram escritas, frases como essas foram interpretadas, até mesmo por parte dos imigrantes japoneses, como declaração de um nacionalismo exacerbado, de necessidade de manutenção da luta, de um dever patriótico no cumprimento de uma missão.

---

10. A obra está referenciada no fim deste livro. O trecho citado está na p. 255.
11. Ver p. 112.
12. *Idem, ibidem.*

Mais adiante, Kishimoto faz referência a um "veemente protesto" do governo japonês, exposto por meio do cônsul-geral da Espanha – que representava os interesses do governo do Japão diante do Brasil, pois esses países estavam com as relações diplomáticas rompidas –, contra o tratamento "hostil e desumano" a que estariam sendo submetidos os súditos japoneses no país. O relato é completado com a afirmação de que, "ao ouvir essa enérgica declaração, todos os imigrantes choraram, emocionados pelo posicionamento da pátria, preocupada com o bem-estar dos súditos do além-mar"[13]. Também isso soava às autoridades policiais – servidores, ironicamente, de uma ditadura ultranacionalista em certos atos e comportamentos – como fanática declaração de nacionalismo, que precisava ser reprimida.

Concentração de japoneses, aos olhos da ditadura, poderia servir para abrigar furtivamente pessoas a serviço do governo de um país inimigo. O acirramento do conflito na Europa e a evolução da Guerra no Pacífico reforçaram essas suspeitas. Tornou-se de uso popular a expressão "quinta coluna", expressão originária da Guerra Civil Espanhola (1936-1939). Ela era utilizada pelos falangistas (grupo liderado por Francisco Franco, que dirigiria o país com mão de ferro até sua morte, em 1975) – que, com quatro grandes unidades, cercavam Madrid, então ocupada pelos adversários da Frente Popular – para se referir a uma unidade secreta, a quinta coluna, que seria formada pelos moradores da cidade que lhes passavam informações e lhes seria de grande valia nos combates para a tomada da cidade. Japoneses eram chamados de quinta coluna, porque, como diziam fontes oficiais, estariam passando informações sigilosas para um governo inimigo.

Assim, imigrantes japoneses foram expulsos de áreas consideradas perigosas. Da noite para o dia, milhares deles foram retirados da orla marítima, de onde, diziam as autoridades, poderiam ver a movimentação dos navios e passar informações para os inimigos. Foram enviados para São Paulo e para cidades do interior paulista. Na época, navios mercantes brasileiros estavam sendo atacados por submarinos alemães. As notícias sobre perdas humanas e materiais provocadas por esses ataques causavam grande comoção popular. Como o Japão fazia parte do Eixo (com Alemanha e Itália) que era combatido

13. Ver p. 113.

16 ♦ SOMBRA E LUZ (O ESQUECIMENTO COMO REMÉDIO?)

pelas Forças Aliadas, seus cidadãos residentes no Brasil eram potencialmente informantes do governo japonês, ou quintas colunas. Também moradores de áreas centrais da cidade de São Paulo, em especial da rua Conde de Sarzedas, no bairro da Liberdade, receberam ordens policiais para se mudar imediatamente para regiões mais afastadas. Episódios como esses são relatados por Koichi Kishimoto nas páginas seguintes.

A Guerra acabou em 8 de maio de 1945 na Europa; na Ásia, terminou quatro meses depois. A ditadura do Estado Novo acabou no dia 29 de outubro de 1945, quando Getúlio Vargas foi afastado do poder pelo Alto Comando do Exército. O presidente do Supremo Tribunal Federal, José Linhares, ocupou interinamente a Presidência da República até janeiro de 1946, quando passou o cargo ao presidente eleito Eurico Gaspar Dutra. A nova Constituição brasileira, aprovada por uma Assembleia Constituinte eleita, foi promulgada em 18 de setembro de 1946. Nesse período de grandes transformações no Brasil e no mundo – organizações multilaterais criadas na época continuam atuantes até hoje, como a Organização das Nações Unidas, o Fundo Monetário Internacional e o Banco Mundial, além da instituição que depois de transformaria na Organização Mundial do Comércio –, também a vida dos imigrantes japoneses passava por grandes alterações. Imprevisíveis, turbulentas, perturbadoras, incontroláveis em certo momento, essas alterações cindiram a comunidade, resultaram em vidas destroçadas, amizades destruídas, convívio comprometido. Um tempo depois, o resultado foi o silêncio.

Falou-se, pouco acima, de "distúrbios na comunidade". É uma maneira elegante de se referir a um dos episódios mais marcantes, se não o mais marcante, de toda a história da imigração japonesa no Brasil. Mas, como havia acontecido com este livro, esses fatos permanecem submersos sob uma nuvem de esquecimento deliberadamente formada com a tácita concordância da maioria dos imigrantes, mesmo dos que deles participaram de maneira direta ou por eles acabaram pagando algum preço.

É uma história que, contada mais de setenta anos depois dos eventos, soa inacreditável. Logo após a rendição do Japão – formalizada em cerimônia a bordo do encouraçado USS Missouri no dia 2 de setembro de 1945, menos de um mês depois do lançamento das bombas atômicas sobre Hiroshima (6 de agosto) e Nagasaki (9 de agosto) –, começaram a circular entre os imigrantes japoneses boatos de que, ao contrário do que se publicava em todo o mundo, o Japão havia vencido a Guerra. Não era possível, segundo os que acreditavam nesses boatos e ajudavam a disseminá-los na comunidade japonesa no Brasil, que um país como o Japão, indestrutível e protegido pelos deuses, pudesse ser derrotado. Além disso, pelo que eles vinham acompanhando pelo noticiário da emissora oficial do governo japonês – apesar de proibida a posse de aparelho receptor de rádio por estrangeiros originários de países inimigos do Brasil, vários imigrantes possuíam um e reuniam amigos para clandestinamente ouvir essas transmissões –, a vitória era iminente.

Esse boato se espalhou com grande rapidez. Tentativas de pessoas esclarecidas da comunidade de imigrantes de levar a informação correta e evitar confusões fracassaram. Houve até mesmo uma reunião na sede do governo do Estado de São Paulo, o Palácio dos Campos Elíseos, entre autoridades paulistas e representantes dos imigrantes japoneses, entre os quais os que não acreditavam na derrota do Japão, para esclarecer os fatos. Uma organização chamada Shindo Renmei, que havia sido formada durante a Guerra, foi a principal disseminadora da falsa versão da vitória do Japão na Guerra. Em pouco tempo, a Shindo Renmei tinha sede em praticamente todas as localidades onde havia concentração de imigrantes japoneses. Segundo a polícia, que desbaratou a organização no início de abril de 1946, ela chegou a ter cerca de oitenta mil filiados, num universo então de pouco mais de cem mil imigrantes japoneses.

A divisão dos imigrantes entre os que acreditavam na vitória do Japão (por isso chamados *kachigumi*, ou vitoristas) e os que sabiam do que de fato havia acontecido (e chamados *makegumi*, ou derrotistas) não apenas criou uma séria divisão na comunidade, como levou a crimes de morte. Entre 7 de março de 1946 e 10 de janeiro de 1947, 23 pessoas foram assassinadas e 86 foram feridas. A maioria das vítimas (66 entre 109) era de pessoas esclarecidas, ou *makegumi*.

A polícia atribuiu os crimes à Shindo Renmei e essa é a versão predominante até hoje. Obras que se tornaram populares a adotaram sem restrições. Mas há pesquisas recentes que, embora reconheçam o papel da organização na consolidação da versão sobre a Guerra defendida pelos *kachigumi*, contestam essa conclusão. No artigo "A História Merece mais Respeito",

18 ◆ SOMBRA E LUZ (O ESQUECIMENTO COMO REMÉDIO?)

publicado em 2000 no portal Observatório de Imprensa[14], dois respeitados historiadores, o norte-americano Jeffrey Lesser e o brasileiro Roney Cytrynowicz, recomendam que esse episódio, uma "dolorosa ferida que dilacerou" a comunidade japonesa no Brasil, seja tratado "com mais discrição, respeito e seriedade". Ele constitui uma história que "precisa ser conhecida e analisada diante do contexto da história da imigração japonesa, do Estado Novo e, mais especificamente, da história das comunidades imigrantes e de *nikkeis* durante os anos da Segunda Guerra".

Trata-se, de todo modo, de um episódio sombrio que, a despeito do esforço de seus críticos e de seus participantes de mantê-lo esquecido, marcou comportamentos e opiniões à época em que ele ocorreu e nos anos imediatamente seguintes. Há relatos de que comunidades continuam divididas por causa dele. Este livro foi, ao mesmo tempo, favorecido e perseguido por esses comportamentos. Escrito na prisão, sob o peso torturantemente asfixiante que a cadeia impôs ao autor – como impõe aos presos por ideias e palavras –, ele retrata o sentimento de boa parte dos imigrantes durante a Guerra. Estão aqui as incertezas, as certezas, os temores, a confiança e as esperanças, as crenças, o caráter, a firmeza de um lutador, entre os traços marcantes da personalidade dos imigrantes japoneses que chegaram ao Brasil antes da Segunda Guerra e de sua vida.

Não é de estranhar, pois, que parte da comunidade *nikkei* da época, o que incluiu jornalistas e intelectuais, o tenha tratado como uma espécie de confissão de um *kachigumi*, embora Koichi Kishimoto em nenhum momento tenha assumido claramente uma posição a respeito dos episódios envolvendo imigrantes japoneses no período imediatamente após o término da Guerra, mesmo porque o livro foi escrito durante a Guerra. Outros textos do autor sobre sua obra escritos depois da Guerra também não tratam do assunto. Houve quem, na imprensa, sugerisse que Kishimoto escreveu um livro de características racistas, como mostra a apresentação[15].

O tema da cisão entre os imigrantes, pouco tratado fora de determinados círculos ligados à pesquisa da história da imigração japonesa no Brasil,

14. Infelizmente, o portal não está mais disponível para acesso.
15. Ver p. 51.

não está pacificado. Como diz Masayuki Fukasawa na apresentação deste livro, "é impossível dizer que 'o período pós-Guerra da colônia está encerrado' enquanto a história dos *kachigumi*, que logo após a Guerra constituíam a maioria da colônia, permanecer desprezada dos jornais de língua japonesa e da história oficial sob o rótulo de fanatismo"[16].

A leitura deste *Isolados em um Território em Guerra na América do Sul*, além de nos trazer relatos pessoais e avaliações produzidas no calor dos acontecimentos – o que, por si só, o torna relevante para os que se interessam pela história da imigração japonesa no Brasil –, nos estimula a pensar de um modo diferente sobre fatos que supúnhamos devidamente conhecidos e bem relatados. Ademais, joga luz sobre partes da sombra que ainda encobre um período da presença japonesa no Brasil.

16. Ver p. 47.

Koichi Kishimoto – Jornalista Eliminado da História[1]

MASAYUKI FUKASAWA[2]

GÊNESE DO ÚNICO CASO DE CENSURA IMPOSTA A UM LIVRO JAPONÊS NO BRASIL

Três de março de 1948. Às 10 horas da manhã, investigadores do Departamento Estadual de Ordem Pública e Social (Deops) surgiram repentinamente no Gyosei Gakuen – liceu Aurora, no bairro de Pinheiros, em São Paulo, para intimar Koichi Kishimoto, seu diretor, a comparecer à sede do Departamento. Ele acabara de publicar o seu livro *Nanbei no Sen'ya ni Koritsu Shite* (*Isolados em um Território em Guerra na América do Sul*), doravante *Sen'ya*, que escrevera sob o pseudônimo Kyuyo. Nessa ocasião, os policiais apreenderam também todos os volumes publicados dessa obra. Kishimoto foi encarcerado por um mês. Passaria posteriormente a enfrentar uma dura batalha nos tribunais, durante dez anos, contra a deportação. Pesava contra ele a acusação de ser uma "pessoa prejudicial à tranquilidade do povo e à segurança nacional", justo ele, imigrante naturalizado e partidário da fixação permanente no Brasil, que veio ao país por intermédio do Rikkokai[3].

---

1. Este texto toma por base a série publicada, em japonês, no jornal *Nikkey Shimbun* sob o título *Nanbei no Sen'ya ni Koritsu Shite/Hyōgen no Jiyū to Senchū no Torauma* (*Isolados em um Território em Guerra na América do Sul/A Liberdade de Expressão e o Trauma do Período de Guerra*), em 32 fascículos, entre 26 de setembro e 20 de novembro de 2015, por mim escrita.
2. Editor-chefe do jornal em japonês *Nikkey Shimbun* e autor dos livros *Um Mundo Paralelo*, *Se o Grão de Arroz não Morre*, *Amazônia* e da série *Cultura Japonesa* 3, 4, 5, 7, 8.
3. Organização, com princípios cristãos, que preparava os jovens emigrantes no Japão.

E por qual razão? Existem referências sobre esse incidente no relatório sobre a opressão aos imigrantes japoneses, emitido pela Comissão da Verdade do Estado de São Paulo, que concluiu atividades em abril de 2015. Na oportunidade da comemoração dos setenta anos de término da Segunda Guerra Mundial, pesquisamos os detalhes desse que é o único incidente de censura de obra em língua japonesa no Brasil, sob os aspectos da liberdade de expressão e do trauma do período da Guerra.

Kishimoto nasceu em 1898 em Shibata, província de Niigata, Japão. Em 1918 foi para Spassk-Dalny (Rússia) como militar, e de lá seguiu para Harbin (China), onde concluiu o curso de língua russa administrado pela Associação Rússia-Japão. Imigrou para o Brasil em 1922, iniciando a trajetória de professor de japonês na colônia Borá, bairro de Gonzaga, Promissão, SP. Depois seguiu para a fazenda União, em Lins, SP, e finalmente veio para a capital, São Paulo, onde fundou em 1932 o liceu Aurora.

A partir de 1936 passou a publicar o *Gyosei Gakuen Kaihō* (*Boletim do Liceu Aurora*), um periódico semestral.

Tratava-se, inicialmente, de um boletim de dezoito páginas destinado aos pais dos alunos. Kishimoto, porém, modificou aos poucos o seu conteúdo para adequá-lo ao público em geral, e o promoveu até fazer dele uma revista bimensal (32 páginas impressas), iniciada em fevereiro de 1940 com o nome *Kōya* (*Planície Árida*). O número dezoito da revista já contava com um público de 1,2 mil leitores assinantes, mas a censura à mídia em língua estrangeira imposta nos primórdios de 1941, com a eclosão da Guerra na Europa, levou essa revista e outros jornais de língua japonesa a suspender suas atividades, em agosto desse mesmo ano.

A revista voltou a circular após a Guerra em agosto de 1950, com o novo título *Kōya no Hoshi* (*Estrela sobre a Planície Árida*). Ela continuou por 23 anos, orgulhosa de possuir um público de cinco mil leitores, numa época em que raras revistas conseguiam sobreviver por mais de três anos. Tornara-se, sem dúvida, uma revista representativa da colônia japonesa no Brasil.

Kishimoto conseguiu, além disso, lançar um total de oito obras em língua japonesa, inclusive o mencionado *Sen'ya* censurado pelo Deops. E em 1998, 21 anos após a sua morte, surgiu em sua província natal a obra bio-

No Brasil, dedica-se a atividades culturais e sociais.

gráfica *Burajiru Colonia no Senkusha Kishimoto Koichi* (*Koichi Kishimoto, Pioneiro da Colônia no Brasil*), escrito por Tokiji Matsuda.

Acrescente-se também que uma nova edição do *Sen'ya* foi lançada no Japão em 2002 pela editora Tōfūsha, que considerou o livro "uma obra-prima inédita". Tudo isso nos leva a indagar se houve na colônia japonesa no Brasil outro autor cujo valor tenha sido assim reconhecido pela pátria japonesa, trinta anos após o falecimento.

No entanto, referências a Koichi Kishimoto ou à revista *Kōya no Hoshi* são praticamente inexistentes nas páginas da história dos setenta e dos oitenta anos da imigração japonesa no Brasil. Kishimoto foi um jornalista eliminado da história oficial da colônia japonesa no país.

BEST-SELLER DO PERÍODO IMEDIATO
AO FIM DA GUERRA

Ao examinar o prontuário 10.590 do Deops no Arquivo Público do Estado de São Paulo, encontramos a sentença lavrada em 21 de maio de 1957 contra Kishimoto. Pesava contra ele a denúncia de "prática de atos nocivos aos interesses nacionais", pelo fato de que "o mesmo imprimiu e lançou à venda o livro *Nanbei no Sen'ya ni Koritsu Shite*, em idioma japonês, no qual atacou o Brasil, promovendo assim, uma campanha racial e de isolacionismo entre japoneses", tendo o procurador da República solicitado a "perda da cidadania brasileira e cancelamento da sua naturalização".

Um livro escrito por um imigrante, e em língua japonesa – o que haveria nele que pudesse ser considerado "nocivo aos interesses nacionais"?

Em sua primeira edição de setembro de 1947, o livro foi produzido com uma tiragem de dois mil exemplares, esgotada em questão de dez dias. O preço de oitenta cruzeiros não era nada barato para a época. A segunda edição foi reimpressa em seguida, em janeiro de 1948, com tiragem de cinco mil exemplares, dos quais, segundo consta, 3,5 mil teriam sido vendidos em três meses. A opressão sofrida pelos imigrantes japoneses durante a Guerra, relatada no livro, espalhava solidariedade entre a colônia japonesa, fazendo dele um *best-seller* da comunidade.

Mas para uma parcela da "facção dos conscientes"[4], o livro "insultava o Brasil", eis por que houve denúncia às autoridades. Consta da documentação do processo de julgamento que a detenção de Kishimoto se deu em 3 de março de 1948 e, do seu depoimento, se soube que exemplares do livro haviam sido distribuídos às livrarias *nikkeis*. Assim, em 10 e 11 do mesmo mês, as livrarias Casa Nakaya, Taiyodo e Heiwado, entre outras, tiveram seus estoques apreendidos e seus proprietários chamados a depor.

No final do depoimento datado de 2 de abril desse ano, Tadashige Kōno, sócio da Casa Nakaya, declara que, dos cinquenta volumes recebidos, 48 haviam sido vendidos. Consta ainda que

> [...] o depoente é contrário ao modo de pensar de Koichi Kishimoto, achando mesmo que ao escrever o livro em questão o seu autor faltou com a verdade, ao se referir à atuação das autoridades brasileiras em qualquer tempo, pois o depoente não tem qualquer queixa contra as nossas autoridades ou contra a nossa pátria.

Para uma livraria, uma ordem de fechamento emitida por autoridade pública representa o fim. A desocupação forçada da rua Conde de Sarzedas havia sido decretada havia não mais que seis anos. Naturalmente, ninguém ousaria contrariar as autoridades, quaisquer que fossem as suas convicções. Mas nem por isso os proprietários das lojas, a maioria deles adeptos da facção "dos conscientes", poderiam deixar de vender os produtos procurados pelos

---

4. Facção "esclarecida" da comunidade japonesa, cônscia da derrota do Japão na Segunda Grande Guerra. Para Cytrynowicz, *Guerra sem Guerra: A Mobilização e o Cotidiano em São Paulo durante a Segunda Guerra Mundial*, São Paulo, Edusp, 2002, p. 163, a proibição da publicação de jornais em língua japonesa provocou o isolamento dos imigrantes, não apenas do Japão, como também do próprio Brasil, uma vez que esses jornais eram possivelmente o único meio de ter notícias locais. O impedimento do ensino da língua nas escolas e da circulação de jornais em japonês provocou graves dissensões internas na comunidade, que, segundo esse autor, perduraram pelo menos por dez anos após o fim da Segunda Guerra Mundial. Foi nesse contexto que, ao final da Guerra e após a rendição do Japão, os imigrantes japoneses no Brasil se dividiram entre os derrotistas (*makegumi*), que aceitaram a derrota militar do Japão e a derrocada de valores como o culto divino ao imperador, e os vitoristas (*kachigumi*) ou não conformados, que mantinham a crença na infalibilidade do imperador e na invencibilidade do Japão, recusando-se a aceitar as notícias da derrota desse país (*idem*, pp. 28 e 163-164).

kachigumi, nessa época em que eles constituíam a maioria de seus clientes.

A ordem de apreensão do livro foi expedida pelo delegado adjunto da Secção dos Expulsandos, Thomaz Palma Rocha. Constata-se, a essas alturas, que ela tivera desde o início por pressuposto a extradição de Kishimoto.

É de se imaginar o que teria Kishimoto sentido nessa época, entre a alegria de ter produzido um livro *best-seller*, e o pavor da repressão do governo em virtude desse mesmo livro. Libertado da prisão um mês depois, Kishimoto enfrentaria a verdadeira batalha que então se iniciava em 1948, em plena fase ativa, aos 49 anos de vida.

UM "PÉSSIMO INDIVÍDUO", SEGUNDO A IMPRENSA BRASILEIRA

Ao pesquisarmos o noticiário da imprensa brasileira da época, verificamos que os principais jornais reportaram a prisão de Kishimoto, considerada um "grave incidente" relacionado à Shindo Renmei que até o ano anterior agitara diariamente o noticiário nacional.

A *Folha da Noite* de 15 de maio de 1948 publicou uma reportagem sob a manchete sensacionalista: "Livro Injurioso ao Brasil Escrito em seu Idioma por um Japonês". Segundo o jornal, o livro pregaria "[...] o nacionalismo nipônico e o isolacionismo", e o autor, "conquanto brasileiro naturalizado, será expulso o indesejável". Entretanto, a foto publicada parece ser a de Tsugio Kishimoto, sócio proprietário da revista *Dan* e descrito como jornalista, e não a do autor.

Também o *Correio Paulistano* do mesmo dia reportava em manchete: "Processado por ter Escrito um Livro contra o Brasil", que: "[...] esse péssimo indivíduo ocultamente escreveu um livro em que atacava violentamente o governo e o nosso país assacando várias mentiras e calúnias contra o povo brasileiro[...]". Acrescentava, porém, que "Koichi também esteve preso como suspeito por ocasião em que a Shindo Renmei agiu em São Paulo. É também proprietário da revista *Dan* que edita nesta capital", confundindo-o também com Tsugio Kishimoto.

A confusão dos Kishimoto surge com frequência na imprensa brasileira. Tsugio Kishimoto é tido como um personagem misterioso, com um perfil chegado ao submundo. Segundo *O Imigrante Japonês: História da Vida dos Imigrantes*: "Ele era tido como alguém que possuía amigos na polícia e entre políticos de alto escalão, entre os quais tinha livre trânsito. Mas parte dos policiais via nele um homem misterioso"[5].

Mas há um jornalista que construiu sua carreira nos noticiários sobre os conflitos interpartidários da vitória e da derrota japonesa: Hideo Onaga, o primeiro nissei a despontar na mídia brasileira. Filho primogênito de Sukenari Onaga – presidente da empresa jornalística *Nihon Shimbun* de antes da Guerra –, formou-se na Faculdade de Direito da USP em 1941, trabalhando como revisor das *Folhas* para custear os estudos na Faculdade, para depois se tornar repórter do jornal.

Em 1945, o jornal *Folha da Noite*, maior vespertino dessa época, abria grande espaço do seu noticiário à disputa interpartidária da colônia. Na edição de 10 de abril de 1946, traz uma extensa reportagem da opinião de Hideo Onaga com o título: "A Shindo Renmei Prosseguirá!", e em subtítulo: "Um Nipo-brasileiro Fala".

Presumivelmente, essa foi a primeira vez em que um jornal brasileiro utilizou o termo nipo-brasileiro para designar um nissei, quem sabe por imposição do próprio Onaga, nessa época em que todos os *nikkeis* eram genericamente designados japonês, nisseis inclusive.

Onaga relata nessa reportagem ter sido considerado "traidor da colônia" por ter escrito, logo ao findar da Guerra, "um artigo no qual expliquei as justas causas da descrença dos japoneses relativamente à derrota", em suas próprias palavras. Presume-se que o jornalista e tradutor juramentado José Yamashiro, seu cunhado, tenha lhe fornecido informações sobre a Shindo Renmei.

A reportagem cita a Shindo Renmei como mentora das sabotagens contra as plantações de menta no interior de São Paulo, "[...] que se torna, agora, perigosa para a segurança de todos" – uma interpretação um tanto quanto exagerada da situação, como se um perigo estivesse ameaçando toda a sociedade.

Onaga conclui sua exposição na *Folha da Noite*:

---

5. Tomoo Handa, *O Imigrante Japonês: História de sua Vida no Brasil*, São Paulo, T. A. Queiroz/Centro de Estudos Nipônicos, 1987, p. 688.

Para que a Shindo Renmei se apague de uma vez por todas são necessárias duas coisas essenciais: primeiro, dar aos japoneses e principalmente aos filhos destes, instrução segura sobre os reais acontecimentos e, segundo, expulsar do país todos os elementos ligados às organizações secretas. Só assim nos veremos livres de quaisquer perigos.

De fato, ordens de extradição foram decretadas posteriormente a dirigentes da Shindo Renmei, possivelmente orientadas por essa reportagem. Onaga foi altamente reconhecido pela sociedade brasileira por ter fustigado a facção dos adeptos da vitória do Japão, e ganhou notoriedade.

A "TRADIÇÃO" ENTRE OS JORNAIS DA "FACÇÃO DOS CONSCIENTES"

Por outro lado, o jornal *Paulista Shimbun* em língua japonesa, de 11 de maio de 1948, trazia em suas manchetes: "Senhor Kishimoto 'Isolado em Campo de Batalha'", "Obra Questionável Produz Confusão", e "Rumores de Expulsão do País". Antecipava-se em uma semana aos jornais nacionais. Constava no texto da reportagem: "Comenta-se entre a comunidade que o senhor Kishimoto tinha ao que parece por certa essa possibilidade desde o momento em que fora preso tempos atrás, e já vinha preparando seu patrimônio e afazeres tendo em vista a saída do país". A reportagem em tom impiedoso tomava por premissa a extradição, não obstante ter por base rumores incertos que circulavam pela cidade.

Quase ao mesmo tempo em que os jornais nacionais, o *Nanbei Jiji* reportava o acontecimento como "Confusão Provocada pelo Livro do Senhor Kishimoto" em manchete de três linhas, narrando de forma simpática que os alunos de Kishimoto haviam iniciado campanha de coleta de assinaturas em apoio ao esclarecimento dos fatos, para ser encaminhada ao Ministro da Justiça.

A reportagem traz também explicações do próprio Kishimoto:

Durante a Guerra, todos os países do mundo se encontravam em estado caótico, e assim, os erros cometidos durante esse período não são culpa de ninguém. Entretanto, por ser japonês, senti a premente necessidade de retratar fielmente as virtudes do imigrante japonês relatando as condições da época no Brasil. Nesse intuito, foi necessário discorrer sobre as circunstâncias precedentes e consequentes, e também sobre o ambiente social do período, mas isso não representa afronta à nação. É antes uma descrição, indispensável para se poder discorrer sobre a situação do imigrante japonês honesto e bem-intencionado em relação ao Brasil.

Kishimoto diz ainda nessa reportagem: "Reconheço que a publicação foi prematura, mas não tive intenção alguma de injuriar o Brasil. Defendi sempre a fixação no Brasil e enfatizei a necessidade da educação brasileira".

A primeira edição do *Sen'ya* foi impressa pela empresa jornalística *Nanbei Jiji*, como consta da nota no final do livro. Ao contrário das anteriores, essa reportagem parece mostrar acentuado viés partidário favorável ao senhor Kishimoto.

O *Jornal Paulista* manteve certo distanciamento da prisão de Kishimoto, muito embora tenha publicado a ocorrência antes mesmo dos jornais nacionais. O jornal iniciara atividades em janeiro de 1947. A prisão de Kishimoto se deu em março do ano seguinte.

Uma pesquisa mais cuidadosa nos mostra que a crítica literária "Um Livro-salada que Merece Reparo", de autoria de S. Mitsutani, publicado na página portuguesa da edição de 26 de fevereiro de 1948 desse jornal deu causa à prisão de Kishimoto. Nela, o autor inicia:

> Acabo de ler um livro de autoria do sr. Koichi Kishimoto, escrito em japonês [e afirma] [...] e não é só a intenção do autor de sugerir e insinuar sentimentos racistas à comunidade nipônica, e mesmo sentimentos hostis às coisas brasileiras: conceitos anacrônicos, afirmações disparatadas com capa verossímil para leitores descriteriosos [*sic*], eivam a referida obra [...].

Segundo o *Banchi no Ue ni Nichirin Meguru* (*O Sol Circula sobre Terras Selvagens*), doravante *Banchi*, esse texto provocou a batida policial do Deops[6].

O *Jornal Paulista* dessa época circulava três vezes por semana. Diz o senhor Masayuki Mizuno, repórter do jornal na época, que as páginas em

---

6. Koichi Kishimoto, *Banchi no Ue ni Nichirin Meguru* (O Sol Circula sobre Terras Selvagens), 1958, p. 493.

português do jornal estavam a cargo de José Yamashiro e Hideo Onaga, que compareciam uma vez por semana ao jornal. Guarda deles a impressão de que ambos eram "cavalheiros como poucos". Ambos os jornalistas conquistavam a atenção da sociedade desde abril de 1946, com suas reportagens sobre os *kachigumi* e os *makegumi*.

O senhor Mizuno, que comparecia todos os dias à redação, diz desconhecer qualquer Mitsutani, e sugere a possibilidade de ter sido alguma pessoa pouco conhecida, ou mesmo, o próprio Onaga ou seu parceiro, que teriam usado esse pseudônimo.

EDUCADOR GENTIL OU ELEMENTO PERIGOSO?

O liceu Aurora, dirigido por Kishimoto, era ao mesmo tempo escola de língua japonesa e internato. Inicialmente, recebia alunos da região noroeste, particularmente de Promissão, onde lecionara japonês antes de vir a São Paulo. Na escola havia o Kinrobu (departamento de trabalho) que levava os estudantes sem recursos a trabalharem na tinturaria Aurora, para assim se manterem à própria custa enquanto estudavam em curso noturno das escolas públicas. Adotava por regime o autocusteio, da mesma forma que o Rikkokai, onde Kishimoto ingressou ao vir para o Brasil. Lá, os estudantes trabalhavam como entregadores de leite para se manterem estudando, enquanto conviviam no alojamento da instituição em Tóquio. Kishimoto teve a mesma ideia.

A escola de Kishimoto tinha um programa bem rígido. Iniciava-se com o despertar às 5h30 da manhã todos os dias, seguido de ginástica, limpeza e entoação de hinos sacros. De suas fileiras formaram mais de mil alunos e surgiram políticos, entre eles deputados federais, prefeitos e vereadores, assim como advogados, médicos, professores universitários e professores de escolas primárias.

Ao pesquisar sobre Koichi Kishimoto, a começar pelo Gyosei Gakuen Dosokai (Associação dos Ex-alunos do Liceu Aurora), muitos fatos relevantes foram surgindo, um após outro. Os ex-alunos entrevistados foram unânimes em afirmar que "o professor Kishimoto defendia a fixação (do imigrante japonês no Brasil), e se alinhava à facção dos conscientes".

Entretanto, Koji Wakamatsu, repórter do *Jornal Paulista* por volta de 1954 em diante, se recorda a respeito da revista *Kōya no Hoshi* de Kishimoto que: "Era então uma revista muito influente. Particularmente entre os imigrantes do interior, do período pré-Guerra. Mas na redação do *Jornal Paulista* Kishimoto não era levado a sério, pois sua postura fortemente racial provocava resistência".

Perguntamos a Masayuki Mizuno, repórter do *Jornal Paulista* desde abril de 1947, e depois do *Nippaku Mainichi Shimbun,* sobre como a redação via Kishimoto. "Ele era visto mais como *kachigumi*" – recorda Mizuno. Em particular, Toshihiko Nakabayashi, editor que supervisionava as atividades gerais do *Jornal Paulista* (posteriormente presidente do *Mainichi*), o detestava. O repórter Masuo Yamaki, encarregado da região do bairro de Pinheiros, podia escrever quanto quisesse sobre o liceu Aurora. Mas, Nakabayashi se recusava terminantemente a publicar.

Diz Mizuno: "O senhor Nakabayashi me jogava o texto elaborado por Yamaki e me perguntava: O que acha disso? Eu padeci espremido entre Yamaki e Nakabayashi". Yamaki, porém, formado pelo liceu Aurora, idolatrava Kishimoto. Mizuno, que se encontrou umas duas vezes com Kishimoto, a convite de Yamaki, complementa: "Recordo-me que ele se comportava como educador, se mostrava pomposo. Não gostei dele, mas Yamaki via ele como um homem de caráter, e o idolatrava".

Conforme os registros do Deops, Kishimoto foi preso por duas vezes. A primeira prisão ocorreu em 21 de março de 1943, "[...] pelo fato de falar em língua japonesa em sua residência, com sua família". A segunda, em março de 1948, quando da publicação do livro.

O que causa espanto nesse registro do tempo da Guerra é que, normalmente, falar em língua japonesa em público dava causa à detenção, mas ser preso por falar em residência, com a família, é peculiar. O "motivo da detenção" constante era "para averiguação". Ao que parece, Kishimoto estava sendo particularmente vigiado.

A influência de Kishimoto sobre a opinião pública da comunidade *nikkei,* desde o período de caos do pós-Guerra até o da estabilidade posterior foi, sem dúvida, substancial. Isso se atesta pelos mais de mil alunos formados em seu liceu Aurora e pela publicação da revista *Kōya no Hoshi* ao longo de 23 anos, além das oito obras escritas e publicadas.

Há um recinto público onde ainda hoje se pode ver a fotografia de Kishimoto. A foto se acha no lado esquerdo da entrada da sede da Associação Cultural Niigata do Brasil em São Paulo, da qual Kishimoto foi o terceiro presidente, de fevereiro de 1969 a janeiro de 1971. Perguntamos a Kazuo Harazawa (88 anos, província de Niigata, ex-presidente do Enkyo – Beneficência Nipo-brasileira de São Paulo), membro fundador da Associação, sobre a impressão que lhe causara Kishimoto. Respondeu ele de pronto que "Kishimoto era gentil", e acrescentou: "Mas ao que parece, sofreu muito, não?"

Questionamos essa resposta: "Quando o senhor diz 'ao que parece', é porque o senhor não possui informações precisas?" Sobre isso, ele nos revelou: "Dizem que ele foi submetido a julgamento por algum motivo e passou por grande sofrimento. Mas de concreto, nada sei. Aqui na Associação, ninguém comentava. Mesmo porque esse caso era considerado tabu entre nós. Tive a impressão de que todos sabiam de algo, mas evitavam comentar".

Por que um "educador gentil" fora processado como "elemento perigoso à nação", e levado à corte para ser extraditado? O enigma só se aprofundava.

Pedimos também a Ryoji Unnam, presidente da mesma Associação, suas impressões de Koichi Kishimoto. O presidente nos confirmou ter sido Kishimoto "um educador extremamente gentil, um homem de caráter".

Relata a senhora Kachie Seino (natural de Shibata, província de Niigata), membro da Associação e parente de Kishimoto:

> Nós residíamos em Higashi-Tsukanome, mas a família de Kishimoto era de Nishi-
> -Tsukanome, cidade vizinha. Uma família opulenta de lavradores, muito respeitada,
> conhecida na região por Kishimoto-*sama*[7]. No começo, ele foi sozinho à Rússia. A
> família o chamou de volta com um telegrama mentiroso, de que a mãe adoecera. Ele
> era o primogênito, e os pais não o queriam no exterior. Por isso, não deram um tostão
> para custear sua viagem ao Brasil. Ele teve até que vender tudo que a mulher trouxera
> como dote de casamento e a ela pertencia, para arranjar o dinheiro da viagem.

Entrevistamos também o senhor Fumio Oura, da comunidade Fukuhaku de Suzano, frequentemente mencionada na revista *Kōya no Hoshi*, de Kishimoto. Ele recorda com saudade:

---

7.   *Sama* – tratamento dado a personalidades de elevada posição social (N. do T.).

O senhor Kishimoto costumava nos visitar com frequência. Vinha sempre a pé, não de carro. Terminada a cobertura, ele dizia: 'Bem, eu devo ir para a próxima', e se ia pelas estradas de terra da comunidade. Mostrava uma vitalidade impressionante, que impelia literalmente os seus passos.

Declarando de início que nada sabia sobre o julgamento de Kishimoto, Oura observou, entretanto, que Kishimoto transmitia uma imagem de *kachigumi*. "Seu texto era meio rígido, típico de um educador".

Muitas pessoas atestam que "Kishimoto tinha jeito de educador". De fato, a dedicação ao ensino de Koichi Kishimoto lhe trouxe fama a ponto de receber da Sociedade Imperial Japonesa de Ensino, em 1939, a Comenda por Serviços Prestados destinada a educadores em atividade no exterior do país, conforme registra o *Burajiru ni Okeru Hōjin Hattenshi* (*História do Progresso dos Japoneses no Brasil*), em 1941.

DESVENDANDO O SEGREDO DO BRASIL

O termo *sen'ya* (território em guerra) é de certa forma pomposo. O Brasil não se transformou em "território de guerra" propriamente dito durante a Segunda Guerra. Não obstante, algo transmitiu essa sensação ao imigrante japonês. Kishimoto fez uso dele quem sabe por influência do Exército da Salvação de fé cristã protestante, por ele professada, que fazia uso de termos militares.

Tomoo Handa declara, evitando deliberadamente o uso de expressões diretas: "Inegavelmente, o catolicismo serviu de poderosa alavanca para a assimilação", e enquanto elogia o catolicismo, diz por outro lado: "Nesse aspecto, quando notamos entre os protestantes, a presença de pessoas obstinadas, apegadas à ideologia japonesa, que se aliaram aos *kachigumi* (embora isso se aplique também aos budistas), compreendemos que a religiosidade dos japoneses havia sido nacionalista e étnica"[8].

Em outras palavras, o protestantismo estava sendo visto como um cristianismo que prezava a identidade japonesa. No Brasil, o catolicismo agia

---

8.   Tomoo Handa, *O Imigrante Japonês*, p. 719.

como um credo religioso a favor da assimilação, enquanto o protestantismo seguia em direção à preservação da identidade japonesa. Talvez por isso, Koichi Kishimoto, adepto do Exército da Salvação, tivesse enaltecido a etnia japonesa, por ser um "combatente cristão japonês". Diz Kishimoto:

> Membros da facção esclarecida não se deram conta de que este livro era apenas um registro fiel da situação como se encontrava a colônia no período da Guerra, e acharam que ele viria a atiçar inda mais a ideologia dos obstinados. Compreendi então que estava sendo ferrenhamente perseguido por essa razão por alguns dos dirigentes da facção dos conscientes[9].

As páginas em português do *Jornal Paulista* foram as primeiras a publicar objeções ao *Sen'ya*. Talvez por esse histórico, esse jornal tenha evitado reportar o incidente de Kishimoto por longos anos.

Os conceitos "*makegumi*: aqueles que tiveram consciência correta da derrota do Japão e *kachigumi*: fanáticos que não reconheceram a derrota do Japão" vêm dominando há tempos a história da colônia. Quem teria implantado esses conceitos históricos? Eles são corretos? Setenta anos já se passaram desde o término da Guerra. Não seria hora de questionar se os jornais em língua japonesa da época se empenharam em relatar a verdadeira história para a posteridade?

Kishimoto defendia a fixação permanente no Brasil, e nesse ponto, divergia dos *kachigumi*, inclusive da Shindo Renmei, a maioria deles favorável à reemigração ao arquipélago de Hainan, China. Entretanto, ele revelava amor profundo à pátria japonesa e forte orgulho da etnia e cultura japonesas quando escrevia, sempre convicto da necessidade de "ensinar a língua japonesa para formar material humano útil ao Brasil".

Mas isso desagradava os *makegumi* da época. Bastava um leve sinal dessa tendência em alguém para que a pessoa fosse evitada, como a uma alergia. Assim era o clima na época.

Descobrimos em *Imin 70-nenshi* (*Setenta Anos da Imigração Japonesa no Brasil*, p. 288) referência a *Kikan Kōya no Hoshi* (*Gyokō*[10] *Gakuen*

---

9. Koichi Kishimoto, *Banchi no Ue ni Nichirin Meguru*, p. 472.
10. A denominação correta em japonês do liceu Aurora é *Gyosei Gakuen*, e não *gyokō gakuen*, como consta. Os ideogramas sei (星) e kō (皇) são de fato muito semelhantes.

Kōyukai)" (revista trimensal *Estrela do Agreste – Associação dos Ex-alunos do Gyokō Gakuen*), extraída do *Anuário do Jornal Paulista* (1951). Essa referência é a única em toda a obra a falar de Kishimoto.

Enquanto lia o *Imin 70-nenshi*, tive a impressão de que referências sobre o período de Guerra haviam sido as mais suprimidas. Na época da edição, o regime militar estava em vigor, e textos críticos ao governo estavam proibidos. Por essa razão, o livro não menciona as realidades do período da Guerra, da forma como retrata o *Sen'ya*.

Mesmo no *Imin 40-nenshi* (*História dos Quarenta Anos de Imigração Japonesa*, editado por Rokuro Kayama, 1949), não há referência alguma sobre o período da Guerra recém terminada. O *Imin 80-nenshi* (*Uma Epopeia Moderna – Oitenta Anos da Imigração Japonesa no Brasil*) reporta atritos entre os adeptos da vitória e da derrota, mas não dedica sequer uma linha ao *Kōya no Hoshi*, e pouco fala dos acontecimentos do período de Guerra.

Fato é que Kishimoto desafiou tabus tão logo a Guerra terminou.

Em *Burajiru Rikkokai 40-nenshi* (*História dos Quarenta Anos do Rikkokai do Brasil*, Teikoku Shoin, 1963), há um capítulo de autoria de Gonzaburo Nakagawa. Nele, Kishimoto é tido em elevada consideração. No Rikkokai, faria par a Tsunezo Sato, ambos "homens de letras" e "verdadeiras joias"[11].

Ele fala também do processo de extradição de Kishimoto. E considera: "Por ter revelado segredos nacionais do Brasil em uma das descrições da vida em cárcere em seu livro, [Kishimoto] enfrentou após a Guerra a amarga experiência de encarceramento por duas vezes".

Mas quais "segredos nacionais" revelava o *Sen'ya*?

Os quatro subtítulos iniciais: "Brasil Rompe Relações Diplomáticas com o Japão", "Governo Decreta o Congelamento de Bens", "Problemas que as Escolas de Língua Japonesa Tiveram que Superar" e "Crescem as Pressões Anglo-americanas", totalizam dezenove páginas. "Saudosa Rua Conde de Sarzedas" descreve a história dessa rua desde os primórdios até a decretação da ordem de expulsão dos japoneses, em nove páginas. "Quatro Mil Compatriotas da Orla Marítima São Expulsos de suas Propriedades",

---

Porém, *sei* significa estrela, e *kō*, imperador, imperial.

11. *Burajiru Rikkokai 40-nenshi*, Teikoku Shoin, 1963, p. 128.

narra em tom sentimental por sete páginas a tragédia da expulsão dos japoneses de Santos. Parte do contingente dos ressentidos contra o governo brasileiro pela expulsão se dirigiram às áreas em desenvolvimento, muito além de Marília, na estrada de ferro Paulista. Assim é que Tupã, Pompeia e Bastos se transformaram em epicentro dos conflitos entre *kachigumi* e *makegumi* do período pós-Guerra, e nisso não podemos deixar de sentir a fatalidade do destino.

Kishimoto deixou registrado em livro, pensando em "legar para a posteridade" o acontecimento. No entanto, à luz da atualidade, verifica-se que essa ocorrência histórica foi completamente eliminada da própria história.

Por exemplo, o *Imin 70-nenshi* (*Setenta Anos da Imigração Japonesa no Brasil*) concede apenas quatro linhas para a expulsão dos japoneses da rua Conde de Sarzedas, três linhas para o congelamento do patrimônio de empresas japonesas e quatro linhas somente para a expulsão de Santos. O histórico do sofrimento dos imigrantes japoneses se acha resumido em algumas poucas linhas. Por quê?

Durante a Guerra, os cônsules da Inglaterra e dos Estados Unidos estiveram presentes nos interrogatórios. Em outras palavras, diplomatas ingleses e americanos exerciam poderosa influência na polícia brasileira, e investigavam os imigrantes japoneses, em clara interferência em assuntos internos brasileiros, pela ótica atual. A exposição de um fato como esse em livro, em 1947, constituía uma denúncia nem mesmo vista nos jornais brasileiros da época.

SENSAÇÃO DE MORTE

Em dezembro de 1941, quando se iniciou a Guerra do Pacífico, os primeiros a serem hostilizados pelo governo brasileiro foram os líderes da comunidade *nikkei* do período pré-Guerra, posteriormente líderes da facção dos conscientes. Empresas que nesse período desenvolviam grandes negócios, tais como a fazenda Tozan, a Brasil Takushoku Kaisha (Bratak, Companhia Colonizadora do Brasil Ltda.), e outras comerciais tiveram seu patrimônio congelado ou foram submetidas à auditagem do governo, para ressarcirem com o patrimônio dos imigrantes os prejuízos decorrentes de ataques dos países do Eixo.

Em suma, as principais empresas *nikkei* do período pré-Guerra tiveram seu patrimônio congelado, com a exceção apenas das cooperativas agrícolas que supriam a população de alimentos. É de se imaginar a angústia dos empresários que tiveram o patrimônio das suas empresas, criadas com tanto carinho, congeladas de um momento para outro.

O *Senjika no Nihon Imin no Junan* (*Provações dos Imigrantes Japoneses durante a Guerra*), compilado por Sumu Arata[12] (2011), importante documento que focaliza o período da Guerra, reproduz o diário de Tsunetoshi Tokuo, que exerceu o cargo de presidente da Associação da Província de Tottori por trinta anos. Ele dirigia o departamento administrativo do banco Tozan quando a Guerra começou:

> Vinte e seis de fevereiro de 1942. Ouço dizer que muitos compatriotas foram levados pela polícia por alguma suspeita, alguns deles surrados ao ponto de não poderem andar. Fico indignado e me compadeço por eles, mas nestas circunstâncias, quando a embaixada e o consulado estão fechados, não me resta senão cerrar os dentes e aguardar dias melhores[13].

As pessoas tratadas como quinta coluna (espiões) durante a Guerra eram não somente encarceradas como também submetidas comumente à tortura.

O diário de Tomoo Handa compilado no supracitado *Junan* descreve também as manobras da polícia para transformar imigrantes japoneses em criminosos.

> Vinte e três de março. Ocorreu um incidente que produziu profunda comoção entre os japoneses residentes em São Paulo. Um japonês do interior de Araçatuba fora morto a pontapés por agentes da polícia, por suspeita de espionagem. A vítima era um antigo cabo (do exército japonês). Sendo inocente, nem tinha o que confessar. Enchido de pontapés pela polícia, acabou sofrendo hemorragia interna, e entrou em estado crítico. A polícia, percebendo que falhara, transportou o infeliz cabo à porta de uma loja de japoneses e fugiu, abandonando-o à própria sorte. [...] Se incidentes dessa natureza, em que os nossos compatriotas sofreram às mãos dos policiais de baixo escalão, tivessem sido registrados na época, com certeza teríamos uma grande quantidade deles[14].

12. Sumu Arata, *Senjika no Nihon Imin no Junan*, s.l., s.e., 2011.
13. *Idem*, p. 47.
14. *Idem*, pp. 93-96.

Após a Guerra, narrativas como a de Koichi Kishimoto acerca do tratamento recebido pelos japoneses em cárcere despertaram o interesse de todos, como deve ter sentido o próprio Tomoo Handa, um dos intelectuais da facção dos conscientes. Entretanto, não houve registro dessas ocorrências, provavelmente sucedidas em "grande quantidade". Naturalmente, não era possível registrá-las, mesmo que se quisesse.

As experiências por que passaram essas pessoas durante a Guerra influíram substancialmente na divisão entre *kachigumi* e *makegumi* surgida entre elas.

Os empresários e líderes *nikkeis* traumatizados tomaram o partido daqueles que reprimiam os *kachigumi*, enquanto alguns dos futuros *kachigumi* do período pós-Guerra assumiam durante a Guerra uma postura crítica ao governo brasileiro. Surgia aí uma profunda divergência.

Os líderes da comunidade *nikkei* de antes da Guerra, maltratados pela sociedade brasileira, passaram a temer profundamente o retorno da opressão pelo governo brasileiro, e quem sabe, tenham reagido reprimindo excessivamente o movimento dos *kachigumi*, por traumas do período da Guerra. Esses traumas talvez tenham permanecido no âmago da psicologia dos *makegumi* em forma de sequela espiritual.

KISHIMOTO – *MAKEGUMI* OU *KACHIGUMI*?

As causas reais da discórdia sobre a vitória ou a derrota do Japão na Guerra se tornam obscuras quando examinadas sob a ótica de um confronto entre *kachigumi* e *makegumi*. A impressão que se tem é de que a discussão se ganhou ou se perdeu não passa de um quadro superficial da realidade, quando em essência, o quadro que se desenhava era de um confronto de sentimentos: se o "pavor ao governo brasileiro" (ou a tese da assimilação) era ou não mais forte que a "fidelidade ao Japão" (ou o nacionalismo).

Assim é que houve entre os *makegumi* aqueles que alardearam exageradamente a derrota do Japão em adulação ao governo brasileiro, como aqueles entre os *kachigumi* que exageraram em difamar os brasileiros.

O núcleo dos nacionalistas era formado de elementos obstinados dos *kachigumi*. Em contraposição, entre os *makegumi*, os nisseis intelectuais e não os isseis líderes da facção dos conscientes formavam provavelmente a vanguarda do movimento pela assimilação.

Possivelmente, a elite dos nisseis e os brasileiros simpáticos aos japoneses se achavam juntos na frente de batalha entre os nacionalistas japoneses e brasileiros. Críticas ao governo brasileiro eram o que esses nisseis conscientes mais detestavam. Assim, Kishimoto, ao escrever o seu diário de prisão, pisara uma verdadeira "mina". Pois aos nisseis interessava evitar ao máximo tudo que contribuísse para rebaixar o conceito dos japoneses no seio da opinião pública brasileira, em especial entre as autoridades e a mídia.

Aqueles que se formaram no liceu Aurora dizem que "Kishimoto era *makegumi*", enquanto os veteranos do *Jornal Paulista* o têm como *kachigumi*. Quanto a isso, a depender da leitura do *Sen'ya*, não há senão enquadrá-lo como *kachigumi*. Dir-se-ia um "*kachigumi* psicológico".

Kishimoto conservava capacidade própria de influência por meio da revista *Kōya no Hoshi*. Conquistara entre a comunidade rural uma sólida base de leitores, e produzia reportagens cruzando o Brasil inteiro de alto a baixo. Além disso, o dinamismo e a amplitude de visão que demonstrou ao percorrer quatorze países sul-americanos por 31 mil quilômetros fizeram da sua revista uma publicação sem rival entre a imprensa de língua japonesa dos anos sessenta.

Kishimoto se inclinava à tese da fixação permanente, e compreendia muito bem a realidade da derrota, uma postura intelectual bem própria da facção dos conscientes. No entanto, descreveu com ousadia a repressão das autoridades brasileiras, que qualquer membro da facção dos conscientes evitaria tocar. Nesse particular, ele se difere dos *makegumi* em geral. E revela muitos traços em comum com os *kachigumi*, quando tenta preservar as características do povo japonês. Foi por essa razão detestado por uma parte da facção dos conscientes, e alienado pelos líderes dessa facção que se achavam no centro da comunidade *nikkei*.

Durante a Guerra, a única fonte de informação disponível aos imigrantes japoneses eram os anúncios do Estado Maior do exército japonês divulgados em ondas curtas pela Tokyo Radio. Eles acreditavam cegamente nessas informações, desprezando as notícias dos jornais em língua portuguesa bem diante dos seus olhos, que não podiam ler.

A extinção dos periódicos em língua japonesa, com a eclosão da Grande Guerra, equivaleu ao isolamento completo da maioria dos imigrantes do mundo. Nesse período, tudo que eles escutavam eram as notícias de Guerra divulgadas pelo Estado Maior em transmissão secreta. Por hábito, todas as notícias de Guerra favoráveis aos aliados publicadas pelos jornais brasileiros passavam a ser propaganda mentirosa produzida pelo inimigo[15].

Kishimoto tinha consciência da derrota do Japão, mas não a impunha ao adversário. Nem por isso, jamais afirmou que o Japão estava ganhando a Guerra. Concordava em alguns pontos onde compartilhava sentimentos nacionalistas, mas usava uma linguagem extremamente sutil ao sondar pontos conciliáveis enquanto desenvolvia a tese da residência permanente.

DOENÇA DA NOSTALGIA

O *Imin 80-nenshi* (*Uma Epopeia Moderna – Oitenta Anos da Imigração Japonesa no Brasil*) traz dados interessantes: tanto quanto 4 623 789 imigrantes ingressaram ao Brasil entre 1819 e 1933, dos quais 53% reemigraram para outros países ou retornaram aos países de origem. Os imigrantes italianos que fixaram residência no país não passavam de 12,82%, e foram vistos como "aves de migração". Os imigrantes alemães que permaneceram constituíram 24,49%, e até entre os portugueses, que falavam a mesma língua, a fixação foi apenas de 41,99%.

Entretanto, 93,21% dos japoneses permaneceram no Brasil. Diferentemente dos europeus habituados à emigração, os japoneses deixavam escapar as oportunidades de decidir e nem tinham opções. Não havia para onde ir depois que os Estados Unidos proibiram a entrada de migrantes japoneses, nem conseguiam juntar dinheiro para voltar ao Japão. E quando caíram em si, cinco, dez anos havia se passado, a Guerra começara e já não havia como voltar.

15. Comissão para Edição do Livro sobre os Setenta Anos da Imigração Japonesa, *Brasil Nihon Imin 70-nenshi 1908-1978*, São Paulo, Sociedade Brasileira de Cultura Japonesa, 1981, p. 89.

Dos duzentos mil imigrantes, 85% queriam retornar à pátria, mas apenas 7% conseguiram realizar o intento. Ou seja, 78% não puderam voltar por causa da Guerra. Não poder regressar, embora morrendo de vontade – qual efeito teria produzido essa severa realidade na psicologia de massa dos emigrantes?

Em termos atuais, não teria sido esse um ambiente propício para produzir alguma espécie de distúrbio mental? Mesmo sob a ótica da moderna psicologia social e da psicopatologia, o conflito *kachigumi* x *makegumi* oferece farto material de pesquisa.

No Japão, a palavra *kyoshū* (nostalgia) é muitas vezes utilizada com uma conotação docemente amarga, mas para o povo em diáspora, a nostalgia outra coisa não é senão uma psicose. É impossível compreender o que sente um imigrante, sem tomar consciência dessa realidade cruel.

Segundo *Nostalgia no Shakaigaku*[16], *nostalgia* é uma palavra criada nos finais do século 17 por um médico suíço, derivada do termo grego que significa "retorno a casa", ou "estado de sofrimento". "Significa anseio doloroso pelo regresso à terra natal"[17].

"As vítimas dessa doença apresentavam sintomas como desânimo, depressão e instabilidade emocional, chegando alguns a chorar intensamente, a apresentar falta de apetite ou exaustão física, verificando-se inclusive casos de tentativa de suicídio."

O que dizer então do imigrante, homem simples do povo que veio com a intenção de voltar dentro de cinco, dez anos? Seria até estranhável que não revelasse qualquer distúrbio psicológico.

Reportagens do conflito *kachigumi* × *makegumi* em sua maioria tendem a atribuí-lo a "fanáticos crentes da vitória do Japão", como mostra o próprio título da reportagem no *Mainichi Shimbun*, "Kyōshin"[18]. Entretanto, comecei a sentir forte discordância com essa visão à medida que me aprofundava nas entrevistas com os reais participantes do *kachigumi*.

16. Fred Davis, *Nostalgia no Shakaigaku*, Kyōto, Sekai Shisōsha, 1990.
17. *Idem*, p. 4.
18. Toshiro Takagi, *"Kyōshin"* ("Fanatismo"). *Mainichi Shimbum*, s.l. 1970.

A FICÇÃO ENTRA ONDE A HISTÓRIA NÃO ALCANÇA

Para iniciar o processo de cura, o primeiro passo é tomar consciência da própria doença. Mas para que a comunidade *nikkei* tomasse consciência de que o relacionamento com a sociedade brasileira era a causa do estresse, isso devia ser registrado na história da imigração.

No entanto, Kishimoto, o primeiro a descrever a repressão do período da Guerra, enfrentava no tribunal uma condenação à perda de naturalização. A liberdade de expressão permanecia ainda suspensa. Assim, era difícil falar sobre a repressão não apenas nas páginas do *70-nenshi* (*História dos Setenta Anos*), editada durante a ditadura de Vargas, como também nos anos cinquenta, que se seguiram ao regime.

Com isso, é de se crer que os imigrantes japoneses tenham pensado em abordar essa matéria em novelística (ficção), procurando consolo na arte literária uma vez que a abordagem não ficcional estava fora de cogitação. E projetaram fortemente a realidade em obras de ficção. Dizem com frequência que o período posterior a uma guerra produz boa literatura. É o que sucedeu na colônia pós-Guerra, que permanecia com o direito à livre expressão suspenso.

Takashi Maeyama, em seu livro *Ibunka Sesshoku to Aidentiti* (*Contato com Culturas Diversas e Identidade*, 2001), descreve essa tendência com uma curiosa expressão: "vítima de agressor não identificado".

Os imigrantes escreveram novelas em quantidade inimaginável. Em um passado de algumas dezenas de anos, mais de vinte prêmios literários e concursos para novelas foram estabelecidos no seio dessa comunidade de língua japonesa nascida em um canto da América do Sul. Eles apresentaram obras diversas e foram desaparecendo. A deduzir-se da quantidade de candidatos que surgiram, milhares de romances foram escritos em japonês, em terras brasileiras, no mínimo por algumas centenas de autores. Mas nenhum deles se fez escritor profissional. Afinal, o que teria levado essas pessoas a escreverem tanto?[19]

---

19. Takashi Maeyama, *Ibunka Sesshoku to Aidentiti* (Contato com Culturas Diversas e Identidade), Tóquio, Ocha no Mizu Shobō, 2001, p. 204.

A Colonia Bungakukai (Associação Literária da Colônia) esteve no centro de toda essa movimentação. Fundada em 1965, inicialmente não passava de uma pequena associação de japoneses com apenas 26 membros. Mas, a partir do ano seguinte, quando começou a publicar seu boletim oficial *Colonia Bungaku* (*Literatura da Colônia*) até 1975, crescia vigorosamente, expandindo em um surto o seu quadro de associados, que alcançou setecentos membros. Nesse ano de 1975, publicou o primeiro dos três volumes do *Colonia Shōsetsu Senshū* (*Coletânea de Novelas da Colônia*) dando vazão às vozes de ressentimento do período pré-Guerra e da Guerra.

EXPLODEM OS RESSENTIMENTOS
DO PERÍODO DA GUERRA

A novela *Rojō* (*Na Estrada*), premiada no 2º Concurso Paulista *Bungakushō* de Literatura, em 1958, de Arata Yasui (nome real: Shoji Shibuzaki), publicada no 2º volume da citada Coletânea, descreve em ficção cenas de busca domiciliar, pilhagem e estupro conduzidos por quatrocentos soldados da força estadual contra mil famílias de imigrantes japoneses. Em uma passagem, o autor fala dos sentimentos dos imigrantes japoneses da época da seguinte forma:

> Os imigrantes começam a pensar: [...] se a nossa pátria acabou reduzida à condição de um país desprezível e sem importância, nós também seremos tratados no mesmo instante em conformidade. A nossa pátria deve ser sempre um país excepcional para que nós não sintamos mágoa quando nos chamam de "japão". Se queremos nos manter indiferentes quando nos chamam de "japonês", não nos resta senão termos orgulho desse Japão. [...] Em suma, a "consciência racial" nasce quando tentamos nos autoproteger e somos postos contra a parede. Mesmo assim, não deixa de ser uma fraqueza. [...] Contudo, a "consciência racial" dos japoneses no Brasil se aqueceu em proporção direta à repressão das autoridades. Para os imigrantes japoneses em geral, a vitória da pátria deixava de resultar de uma avaliação objetiva e fria, transformava-se em crença nascida da prece única de suas almas. [...] O Japão tinha que ganhar a Guerra [...].

Não teriam alguns *"kachigumi* por sentimento"*, incapazes de se declararem membros professos, se autoproclamado partidários da facção dos conscientes para assim poderem expressar a frustração dos *kachigumi* em obras de ficção?

Contudo, escreve Masuji Kiyotani em pós-escrito do mencionado segundo volume:

> O conflito *kachigumi* × *makegumi* que abriu feridas profundas na alma de cada um da colônia *nikkei* foi em parte transformado em novelas que concorreram a prêmios literários, sem conseguirem alcançar sucesso salvo raríssimas exceções. Embora publicadas, estiveram certamente muito longe de constituir obra literária. Dir-se-ia que os escritores da colônia não possuíam capacidade para analisar objetivamente todos esses acontecimentos, tristemente estúpidos, frescos ainda, que se desenrolaram por longo período, compondo-os e sublimando-os em uma obra literária.

São raros os que, como Kishimoto, escreveram uma obra não ficcional denunciando os agressores logo após a Guerra. As fortes restrições existentes na época não permitiam apresentá-la em forma de história, e para fazer dela uma novela, a arte necessária era por demais complexa. Sucesso à parte, não lhe restava senão expeli-la sem mesmo digerir.

Ou então, calar-se – não havia outra opção. Maeyama[20] transcreve em uma citação: "O imigrante é... um mudo. Tudo o que ele, por assim dizer, pode fazer, que lhe é permitido realizar de melhor, é continuar absolutamente calado, como barro, como pedra"[21]. Ao que parece, essa era a época.

Em parte das novelas publicadas entre os anos 1950 e 1960, nota-se que houve tentativa e erro no esforço de aceitar e sublimar velhas feridas corajosamente desenterradas, provocadas pela repressão aos imigrantes japoneses. A realidade estava sendo aos poucos acolhida ao longo de dez, vinte anos de autoconsolo e conformação.

Eis por que a nostalgia se tornou outra característica da literatura da colônia. Em *Tōku ni Arite Tsukuru Mono* (*O que se Constrói à Distância*), Shuhei

---

20. *Ibunka Sesshoku to Aidentiti* (*Contato com Culturas Diversas e Identidade*), Tóquio, Ocha no Mizu Shobō, 2001, p. 244.

21. Shin Yasui, *Boku no Naka no Kuni* (O País dentro de Mim), 1972.

Hosokawa[22] faz a seguinte análise psicológica dos escritores imigrantes que, por repetidas vezes, vieram produzindo obras tendo por tema a nostalgia:

A nostalgia, enquanto incentiva a solidão, também a consola. O ser humano se submete à memória e passa a ser escravo dela. [...] E é ludibriado pela nostalgia, que ganha vida própria. Essa passividade, porém, tem o efeito de aliviar as agruras da realidade. Percebe-se pela leitura das obras literárias da colônia, que não houve mudança apreciável na expressão da nostalgia entre os períodos pré-Guerra e pós-Guerra. Para os imigrantes, a pátria foi uma ilusão, quer para os decasséguis, quer para os que pretendiam fixar residência aqui. A nostalgia continuou sendo um sentimento dominante.

Finda a Guerra, o imigrante japonês desistiu de retornar à pátria, e se conscientizou como filho adotivo. A esse respeito, diz Maeyama: "Não há como surgir dos imigrantes da atualidade, mais preocupados em se adaptar ao 'clima doméstico' brasileiro, uma literatura crítica ao pai adotivo." E prossegue: "Embora membros regulares da sociedade brasileira, fazem parte da minoria, não se naturalizam, nem votam. Vieram sustentando uma literatura de antigas vítimas que sequer se interessaram em identificar seus algozes, uma literatura de prantos e soluços"[23].

ACIMA DO AMOR E DO ÓDIO

Dos imigrantes do período pré-Guerra, 85% desejavam voltar à pátria, mas não podiam. Essa frustração se transformou após a Guerra na enfermidade conhecida por "nostalgia", quando eles se defrontaram com uma realidade: o retorno era absolutamente impossível. Eles passaram então a combater a doença produzindo novelas, *tanka* e haicais sempre motivados no tema da "nostalgia", com a constância de quem toma remédio todos os dias para se curar. Consolavam-se assim mutuamente, co-

---

22. *Tōku ni Arite Tsukuru Mono* (O que se Constrói à Distância), Tóquio, Mimizu Shobō, 2008, p. 56.

23. Takashi Maeyama, *Ibunka Sesshoku to Aidentiti* (Contato com Culturas Diversas e Identidade), p. 206.

mungando entre eles seus sentimentos. Continuavam mantendo em suas almas o desejo de retornar, que a razão rejeitava como impossível. E se conformavam na literatura.

Mas nos textos de Kishimoto, que, desde o início, se decidiu a fixar residência no Brasil, não se nota sequer resquício de nostalgia.

O *Kōya no Hoshi* se limitava honestamente a descrever a situação das colônias lindeiras às estradas de ferro Noroeste e Paulista. Tratava-se de reportagens, do começo ao fim. Tinha por peculiaridade apresentar a cultura japonesa sem recorrer à literatura. Sempre fiel ao leitor, abordava assuntos do interesse deles, passando sobre tabus tais como, entre outros, o problema *kachigumi* × *makegumi*, temas sexuais e declínio das colônias. Nunca publicava haicais ou *tanka*, tampouco novelas.

A partir dos anos 49, aproximadamente, com a liberação da importação de livros e publicações japonesas, muitas revistas da colônia sucumbiram. Entretanto, o *Kōya no Hoshi*, que se ateve obstinadamente em questionar a conduta da colônia, era insubstituível.

Na época em que o primeiro número do *Kōya* saiu publicado, Kishimoto se aproximava infinitamente dos *kachigumi*. Entretanto, procurava posicionar-se acima dos *kachigumi* e *makegumi*. A situação do Japão já se tornara óbvia para ambas as facções. Kishimoto advertia que a questão se resumia em essência no conservadorismo e progressismo, facetas do temperamento japonês. Nisso Kishimoto se destacava dentre os formadores de opinião da época pela sua penetração.

Ao findar da Guerra, entre a metade final dos anos quarenta e os anos cinquenta, a literatura da colônia serviu de palco aos que procuravam alívio às sequelas d'alma. Nesse ambiente, quem sabe o *Kōya no Hoshi* tenha cumprido com austeridade a missão de "orientar os que se inclinavam ao *kachigumi* a encontrar sentido em fixar residência no país".

A linha editorial do *Kōya no Hoshi* se acha resumida no discurso de interrupção, de autoria do próprio Kishimoto, publicado no último número da revista:

> Logo ao findar da Guerra, a colônia entrou em caos ideológico com a derrota da pátria e se dividiu em duas facções, a saber a dos "obstinados" e dos "derrotistas",

que se confrontaram com truculência com revólveres e punhais. Esta revista surgiu exatamente nesse obscuro período, com a necessidade de discursos de alto nível que pudessem servir de indicadores do caminho a seguir ao nosso povo. Nós nos movimentamos constantemente entre as duas facções, para apregoar em alta voz: "Nossa pátria perdeu a Guerra, mas não percam o nosso espírito!"

Publicado o último número da revista, Kishimoto foi visitar o Japão por um ano. Depois disso, exerceu o cargo de presidente da associação provinciana entre fevereiro de 1969 a janeiro de 1971. Sentiu-se, com certeza, finalmente livre para poder levar sua colaboração a outras áreas de atividade.

Kishimoto faleceu no dia 12 de junho de 1977, mas uma nota necrológica foi publicada no jornal *O Estado de São Paulo* no dia 18, coincidindo com o Dia do Imigrante Japonês. No ano seguinte, os *Setenta Anos da Imigração Japonesa* – os "anos dourados da comunidade *nikkei*" – eram festivamente celebrados. Talvez Kishimoto tivesse pressentido a chegada do "período de estabilidade" após ter cumprido sua parte na pacificação do "período de caos".

A convicção de Kishimoto está expressa em *Kōya no Hoshi*: "A história se escreve retratando a realidade da época tal como ela se apresenta, quer gostemos, quer não. Bela ou feia, basta descrever honestamente a imagem da época. Nisso a humanidade encontra o seu rumo, e o imigrante, a 'Boa Terra' onde passou"[24].

"Retratar a realidade tal como se apresenta" parece simples à primeira vista, mas para o imigrante em terras estranhas e perante as realidades do período de Guerra, tratava-se da mais espinhosa das tarefas.

A colônia, unida antes da Guerra na crença inabalável da vitória do Japão, se dividia por causa das experiências por que passou durante a Guerra, chegando a alimentar pensamentos completamente divergentes.

Teriam sido realmente esclarecidos os inúmeros casos de violações dos direitos humanos cometidos contra as minorias raciais pelas autoridades, no período em que a ditadura de Vargas entrava na Guerra ao lado dos Aliados? Finda a Guerra, Vargas perdeu poder, mas a estrutura estatal per-

---

24. Koichi Kishimoto, *Banchi no Ue ni Nichirin Meguru* (O Sol Circula sobre Terras Selvagens), p. 434.

maneceu inalterada, inclusive o Deops, e prosseguiu com as repressões do período da Guerra. Não estaria na hora de reconsiderar o testamento de Kishimoto hoje, com a vigência do Estado democrático?

Há alguns anos, quando entrevistei um velho imigrante da região noroeste, ouvi dele: "Digam o que disserem, muitos daqueles que se dedicaram de corpo e alma depois da Guerra, de forma desinteressada, em preservar a cultura japonesa, quer ensinando a língua japonesa, quer propagando o *nihon buyō* (dança japonesa) e outras formas de arte, foram ex-integrantes do *kachigumi*". Isso me fez abrir os olhos.

Em suma, *kachigumi* e *makegumi* não deixavam de ser as duas faces de uma mesma colônia. O papel exercido pelos pretensos membros da facção dos conscientes, mas *kachigumi* em espírito, na preservação da cultura japonesa é considerável.

Por essa visão contemporânea, é impossível dizer que "o período pós--Guerra da colônia está encerrado", enquanto a história dos *kachigumi*, que logo após a Guerra constituíam a maioria da colônia, permanecer desprezada dos jornais de língua japonesa e da história oficial sob o rótulo de fanatismo. A verdadeira história não seria aquela que registra de forma balanceada as histórias de ambas as partes?

Algumas vezes, ações históricas e os períodos das mesmas não são devidamente apreciados. Fato é que nestes vinte anos, surgiu a biografia crítica de Kishimoto e o seu *Sen'ya* foi republicado em japonês. Essa realidade mostra que há algo a ser revolvido aí.

Reinterpretar e registrar a história da imigração sob um novo ângulo, uma vez vencido o duro período de repressão por um governo ditatorial, era o que mais desejavam no íntimo de suas almas os dirigentes dos jornais de língua japonesa que nos antecederam, tais como o *Jornal Paulista* da facção dos conscientes e o *Mainichi*.

Percorrendo a exposição dos momentos do conflito *kachigumi* × *makegumi* ocorrido ao término da Guerra, realizada no Memorial de Resistência de São Paulo em 2008, deparamos com a exibição de um exemplar do *Sen'ya* apreendido pelo Deops. O prédio era aquele onde Kishimoto, elites dos nisseis, líderes da comunidade *nikkei* e *kachigumi* obstinados, todos eles foram lançados à prisão. Ele foi reformado para abrigar o Memorial, com o intuito de instruir os cidadãos contra a repetição das violações dos direitos humanos promovidas pela ditadura. Lá estava o exemplar. O trabalho de Kishimoto passava a ser reconhecido como parte da história contemporânea do Brasil. Kishimoto, um simples imigrante, não se deixou dobrar ante a perseguição movida pelo poder público. Antes, extraiu dela energia para lutar. Homem indobrável, um jornalista excepcional.

Palavras do Autor

Prefácio à Primeira Edição em Japonês

Após a eclosão da Segunda Guerra Mundial, conflito que esperamos não volte a se registrar na história universal, o Brasil rompeu relações diplomáticas com o Japão. As consequências imediatas foram uma série de pressões contra os imigrantes: prisão para quem simplesmente conversava em japonês nas ruas, censura e apreensão de livros japoneses e até de cartas que continham qualquer palavra escrita em japonês; enfim, para o imigrante japonês era extremamente perigoso sair de casa.

Não obstante, continuei escrevendo o livro, correndo o risco de ser preso, como um desesperado grito contra as intermináveis restrições impostas pelas autoridades.

Escrevi, ora sob o ensurdecedor barulho dos aviões de reconhecimento que passavam em voo rasante, ora após ter presenciado o sofrimento dos infelizes patrícios que, desalojados arbitrariamente de suas casas, seguiam em fila indiana para locais desconhecidos, ora na prisão, aproveitando os poucos momentos de descuido dos atentos carcereiros.

Enquanto redigia, minha casa sofreu três buscas policiais e fiquei preso durante um mês. Por pouco os originais não foram apreendidos, felizmente foram salvos por minha esposa, que durante a noite, acordou e escondeu-os dentro da parede e cobriu com barro, conseguindo assim burlar a inspeção dos policiais. Em outra ocasião, ela escondeu esses originais debaixo de sua roupa e, ainda em outra oportunidade, logrou ocultá-los embaixo do cobertor da cama onde dormia o filho enfermo.

Nem sei quantas vezes pensei em abandonar tudo, pois as pressões já estavam se tornando insuportáveis. Consegui concluir e editar o livro graças ao apoio da minha boa esposa, que, sempre que o perigo se aproximava, ocultava os originais valendo-se de todos os meios e estratagemas imagináveis, como os acima descritos.

A Guerra terminou, mas a nossa luta está apenas começando. A luta insana que se estendeu por quatro anos deve ser considerada um marco memorável do nosso povo, um episódio inesquecível para os trezentos mil patrícios radicados no Brasil, e que deve ser propagado como precioso legado aos nossos filhos, e desses aos nossos netos. Não deve ser transmitido apenas oralmente, nem jamais tratado como narrativa lendária. Cabe a nós a importante missão de legar aos jovens, por meio de registros históricos e textos literários, os aspectos reais dos acontecimentos abordados, com o máximo de rigor e profundidade.

É com esse pensamento que submeto o presente livro à apreciação de todos os senhores.

KYUYO KISHIMOTO
Julho de 1947, em uma sala do liceu Aurora, São Paulo

Considerações sobre a
Terceira Edição deste Livro

Já se passaram quinze anos desde que publiquei *Isolados em um Território em Guerra na América do Sul*, em japonês, em setembro de 1947.

É difícil avaliar a extensão dos danos psicológicos, físicos e econômicos que sofri com a publicação desta obra: prisão, confisco dos livros editados, ameaça de cassação do meu título de naturalização e de expatriação.

Uma série de pressões e perseguições se abateu sobre mim, mas a todas essas manifestações de intolerância reagi contratando advogados. Em dezembro de 1957, ao fim da luta que durou exatos dez anos, não tive o título de naturalização cassado e muito menos fui expatriado.

Escrevi o livro registrando a realidade vivenciada pelos imigrantes durante a Guerra, com o objetivo de legar aos nossos descendentes o inabalável espírito de luta dos antepassados. Por isso descrevi os fatos tal como eles aconteceram, sem nada omitir, pois era a única forma de registrar a autêntica história da comunidade *nikkei*[1]. Escrevi ciente de que sofreria coações de toda espécie: prisão, maus tratos, opressões, pois é natural que o autor que escreve a verdadeira história esteja sujeito a perseguições.

Foi uma façanha ter escrito durante a Guerra, morando em um país inimigo de minha terra natal. Essa tarefa não foi executada por interesses financeiros: fi-la ciente dos riscos que corria. Os originais foram escritos

---

1. A romanização do japonês é a transcrição fonética da língua japonesa para o alfabeto latino, a transliteração da língua japonesa. Neste livro, foi utilizado o sistema Hepburn revisto. No entanto, nomes geográficos e de pessoas tradicionalmente adaptados à ortografia portuguesa foram assim mantidos.

52 ◆ CONSIDERAÇÕES SOBRE A TERCEIRA EDIÇÃO DESTE LIVRO

naquele ambiente horrível da prisão, com os nervos à flor da pele, e posteriormente escondidos no campo ou em minha casa, depois que os familiares já tinham dormido, e mesmo assim atento a qualquer ruído nas imediações.

Colocados à venda nas livrarias, o resultado foi simplesmente impressionante: em menos de um mês foram vendidos dois mil exemplares. Em nova edição, dos cinco mil exemplares impressos, 3,8 mil já tinham sido vendidos em três meses. Foi um verdadeiro *best-seller* dentro da comunidade *nikkei*.

A partir dessa época, o perigo começou a me rondar. Sob a acusação de que o livro continha conteúdo lesivo à sociedade, com ideias de tendência direitista, todos os 1,2 mil exemplares que restavam nas livrarias foram confiscados pela polícia e fui preso.

As pessoas que leram este livro no pós-Guerra ficaram muito comovidas com a história vivenciada pelos imigrantes japoneses durante a Guerra, e as pessoas diretamente envolvidas nos tristes e dolorosos acontecimentos mereceram justo reconhecimento da comunidade *nikkei*.

Recebi mensagens de louvor e aprovação de pessoas ilustres, como Kuninomiya Higashi, Yussuke Tsurumi e Takeshi Kimura. Também chegou ao meu conhecimento que o general Hideki Tojo, após ler este livro na prisão de Sugamo, ficou muito impressionado com os sofrimentos dos imigrantes no Brasil, injustiçados em decorrência dos problemas do Japão durante a Guerra, e expressou seus melhores agradecimentos pela edição da obra.

Até hoje, quando já se passaram quinze anos da primeira publicação, cinco ou seis pessoas me procuram, quase todos os meses, interessadas em adquirir o livro *Isolados em um Território em Guerra na América do Sul*. Quando lhes digo que não há mais exemplares, eles insistem: "Venda-me, por favor, não importa que seja um exemplar roído por ratos ou baratas!"

Por que insistem tanto em adquirir um livro editado há quinze anos? Se fosse um livro que buscasse sensacionalismo ou popularidade passageira, certamente já teria caído no esquecimento. O grande interesse talvez esteja no âmago do livro, no qual estão descritos os fatos exatamente como ocorreram no cotidiano dos imigrantes.

Nas veias desses imigrantes palpita o sangue, bem como o espírito altivo e indômito do desbravador, e o leitor sempre esteve à procura de uma obra que registrasse não só os resultados do trabalho desenvolvido pelos imigrantes na nova terra, mas também uma prova da determinação do povo japonês. Daí o seu desejo de legar aos filhos um registro dos desafios que os imigrantes encontraram e venceram, com muito suor e sangue, sobejamente descritos neste livro.

A minha inabalável postura ao enfrentar todos os tipos de pressões e sofrimentos foi recompensada depois de intermináveis quinze anos de luta.

Hoje a paz e a harmonia reinam no seio da comunidade *nikkei* do Brasil, e seus integrantes estão cada vez mais atuantes no progresso das grandes cidades e das múltiplas frentes de trabalho agrícola do vasto interior brasileiro. As histórias de tristes lembranças já são coisas do passado, e hoje temos a satisfação de presenciar o trabalho saudável do imigrante japonês com vistas à construção de uma sociedade pacífica e moderna.

Para mim é muito gratificante constatar que, com a publicação da terceira edição, posso satisfazer os anseios de muitas pessoas que desejavam adquirir este livro.

KYUYO KISHIMOTO
Dezembro de 1962

Prefácio
Retrospecto do Passado Recente[1]

Os imigrantes japoneses radicados no Brasil, não obstante as fortes pressões que começaram a sofrer em consequência da eclosão da Guerra, não esmoreceram e sempre procuraram avançar em busca de dias melhores[2].

Até então, integrando-se ao movimento de união entre os imigrantes, mesmo os mais oprimidos iam absorvendo as intolerâncias e conseguiam progredir[3]. Entretanto, assim que a Guerra terminou, todo o sentimento

1. Sem identificação do autor, no original.
2. "Para os imigrantes japoneses e seus descendentes [...], o *front* interno significou perseguição, racismo, opressão cultural, fechamento de escolas e de jornais, expulsão de suas casas e desapropriação de propriedades. Significou a desestruturação de uma comunidade e de seus valores, acirramento no conflito de gerações, significou uma imposição de patriotismo pífio contra pessoas que tentavam reconstruir suas vidas em meio a uma cultura estrangeira. Significou a eclosão de uma luta fratricida com mortos e feridos. Significou uma tragédia familiar e comunitária que os imigrantes e seus descendentes não esqueceram" (Roney Cytrynowicz, *Guerra sem Guerra: A Mobilização e o Cotidiano em São Paulo durante a Segunda Guerra Mundial*, pp. 170-171).
3. Legislação relativa aos estrangeiros decretada em 1938. "Trata-se dos decretos nacionalistas de 1938, que regulavam a apresentação de documentos de estrangeiros ao Registro do Comércio para abrir firma no país (Decreto-lei nº 341, de 17 de março de 1938), proibiam a organização política de estrangeiros (Decreto-lei nº 383, de 18 de abril de 1938), permitiam a expulsão de estrangeiros com base em motivos que comprometessem a segurança nacional (Decreto-lei nº 392, de 27 de abril de 1938), regulamentavam a entrada de estrangeiros no Brasil (Decreto-lei nº 406, de 4 de maio de 1938), definiam os crimes contra personalidade internacional, estrutura e segurança do Estado e contra a ordem social (Decreto-lei nº 431, de 18 de maio 1938) e, finalmente,

56 ◆ PREFÁCIO: RETROSPECTO DO PASSADO RECENTE

de coesão desapareceu. Cessaram as reuniões nas associações, o que resultou na completa dispersão dos imigrantes, cada um procurando cuidar de sua vida.

Conscientizei-me, então, de que, se não quiséssemos cair no esquecimento, cada um precisaria lutar por si sem depender de terceiros.

Essa Guerra foi um importante teste para o Japão, que terá de rever os valores até então estabelecidos e aceitos. Da mesma forma, foi, para os emigrantes radicados no exterior, grande oportunidade para refletir e traçar novos rumos, pois é nessas ocasiões que se revela de máxima importância a firme tomada de posição de um povo que quer progredir (ou não).

Até as degradantes cenas descritas no item sobre a expulsão dos moradores da cidade ou a narrativa dos sofrimentos dos quatro mil imigrantes que moravam na faixa litorânea e que foram obrigados a desocupar suas casas trazem ensinamentos e motivações muito úteis para nós[4].

De qualquer forma, os imigrantes que se empenharam em progredir tinham que vencer muitos desafios. Mas os japoneses que haviam migrado

---

o decreto que reprimia as práticas culturais dos estrangeiros, determinando a nacionalização integral do ensino primário das colônias de imigrantes (Decreto-lei nº 868, de 18 de novembro de 1938). Lex, Coletânea de Legislação. São Paulo, LEX, ano II, 1938" (Priscila Ferreira Perazzo, *Prisioneiros da Guerra: Os "Súditos do Eixo" nos Campos de Concentração Brasileiros (1942-1945)*, São Paulo, Humanitas/Imprensa Oficial/Fapesp, 2009, p. 63).

4. "Quando os cinco navios cargueiros foram torpedeados no litoral próximo à baía de Santos, em julho de 1943, Vargas ordenou que todas as pessoas residentes no Brasil que possuíssem passaportes dos países do Eixo, incluindo cerca de quatro mil japoneses, fossem deslocadas da costa para o interior num prazo de 24 horas" (Jeffrey Lesser, *A Negociação da Identidade Nacional: Imigrantes, Minorias e a Luta pela Etnicidade no Brasil*, São Paulo, Editora Unesp, 2001, p. 238) "Dentre estes, os japoneses ficaram em pior situação pois foram expulsos pela polícia e pelo exército, enquanto muitos dos alemães foram embora 'voluntariamente', pagando suas passagens e os italianos tinham uma situação mais indefinida, com o governo hesitando em expulsá-los da cidade. Iniciando em 8 de julho de 1943, a expulsão retirou cerca de sete mil pessoas, especialmente de Santos" (Rodrigo Rodrigues Tavares, "Japoneses em Santos. 1908-1943", em Maria Luiza Tucci Carneiro e Marcia Yumi Takeuchi (orgs.), *Imigrantes Japoneses no Brasil: Trajetória, Imaginário e Memória*, São Paulo, Edusp, 2010, p. 236). Ver também Cytrynowicz, *Guerra sem Guerra: a Mobilização e o Cotidiano em São Paulo durante a Segunda Guerra Mundial*.

para o outro lado do mundo e se esforçavam em triunfar não podiam se abater com isso. Cada um tinha plena consciência das dificuldades e lutava sem jamais esmorecer.

Fica-se pensando como o imigrante conseguia se superar, ele que era uma insignificância no contexto global. O que ardia incessantemente dentro do seu peito? Eis a grande questão: o fio condutor deste livro está centrado justamente nesse assunto.

O velho imigrante que buscava apenas o sucesso material está, agora, como um soldado do novo Japão, encarando um novo desafio, provar o verdadeiro valor do espírito japonês diante das ações e realizações dos povos ocidentais.

A postura que devemos assumir daqui para a frente resume-se em: unidos em torno de um grupo coeso, fixar objetivos e estratégias para atingi-los por meio da ação conjunta de todos os membros, determinados e conscientes da nova realidade.

Este livro, pioneiro na abordagem desse tema, é um importante registro da sofrida luta dos imigrantes que, a exemplo do que está descrito no episódio do êxodo dos hebreus do Egito, ficaram isolados em um território em guerra, a doze mil milhas de distância da terra de origem.

Assim, agradecendo ao autor seu empenho e determinação, que foram decisivos para a conclusão da presente obra, recomendo a todos sua atenta leitura e faço votos para que todos consigam extrair ensinamentos e subsídios para a construção de um futuro promissor.

História do Povo Japonês Radicado no Brasil durante a Guerra

A nossa luta atual deve buscar a produção cultural com vistas a um futuro melhor, tendo sempre em mente a realidade do novo Japão, e não entendida como procura de resultados a curto prazo. Devemos nos lembrar de que a humanidade, representada pelo Estado e pelos indivíduos, está marchando sempre em busca de inovações e aperfeiçoamentos.

Desde a mais remota antiguidade dizia-se que os povos deviam unir-se, mas estamos conscientes de que a ideia da existência de fronteiras entre as nações e de diversidade entre os povos jamais será extinta. Os ingleses sempre serão ingleses, e o mesmo se aplica a alemães e norte-americanos. A forma de governo político pode mudar conforme as tendências da época, mas o cerne do povo se fortalece continuamente, e a ideia de que esse cerne se perpetuará e continuará evoluindo, manifesta-se com o vigor do instinto de conservação, sendo natural tratar-se de uma realidade que não pode ser negada ou abolida.

O autor foi encarcerado e padeceu, durante um mês e meio, sob as horríveis condições da prisão. Enquanto aguardava sua soltura, escreveu, depois de muito meditar e refletir, sobre as grandes mudanças sociais que estavam ocorrendo na história do século e sobre o destino dos japoneses radicados no exterior. É o relato do cotidiano vivido pelos imigrantes durante a Guerra e seu posicionamento em relação às transformações que estavam ocorrendo. Pode-se afirmar que se trata de uma obra de grande impacto, uma crônica realista da comunidade *nikkei*, contendo em cada palavra, em cada frase, a enorme opressão que estavam sofrendo, bem como a grande capacidade de superação dos injustiçados imigrantes, exemplos que devem ser transmitidos às futuras gerações.

O espírito desbravador e a contribuição para o progresso do país dos que morreram sem conseguir realizar seus sonhos, enterrados no meio do matagal obscuro ou desaparecidos tristemente nos arredores da mata virgem, jamais serão esquecidos.

Estamos confiantes de que, após a leitura deste livro, nossos descendentes seguramente darão prosseguimento ao trabalho iniciado pelos pioneiros, entenderão as lições do passado e, aperfeiçoando-as, as incorporarão na efetivação de suas ações, o que contribuirá para o engrandecimento do país.

EDITORA KOYA
Rua Oscar Freire, 2.067 – São Paulo

ISOLADOS EM UM TERRITÓRIO EM GUERRA NA AMÉRICA DO SUL

O Dia que Todos Temiam Chegou: Brasil Rompe Relações Diplomáticas com Japão

A população da América do Sul acompanhava, sem maiores preocupações, os desdobramentos da sangrenta Guerra que se desenrolava no Leste Asiático e na Europa, como se diante de um incêndio à distância.

No dia 8 de dezembro de 1941, entretanto, o Japão declarou guerra aos Estados Unidos e à Inglaterra e iniciou a ocupação militar de Hong Kong, Cingapura, Manila, Havaí, Guam e Midway, que passaram a sofrer pesados bombardeios das tropas japonesas. Os Estados Unidos, antevendo o agravamento da situação, convocaram os países sul-americanos para "se posicionarem ao lado dos EUA, a nação líder das Américas, para combater os países do Eixo, os grandes inimigos da paz"[1].

Incentivados pela promessa norte-americana de ajuda econômica e militar às nações aliadas, países como México e Equador prontamente declararam guerra ao Japão e, no Brasil, as autoridades imediatamente baixaram

---

1. "Na manhã de 7 de dezembro de 1941, 348 aviões transportados por cinco porta-aviões que haviam partido das ilhas Kurilaz dez dias antes atacaram a base americana de Pearl Harbor, na ilha de Oahu, no arquipélago do Havaí, no meio do Oceano Pacífico. A surpresa assegurou o grande êxito ao ataque, com o afundamento ou sérios danos a oito encouraçados e sete outras embarcações militares. Ataques semelhantes, com iguais resultados, foram feitos contra bases e instalações militares americanas em Wake, Guam, Midway, Filipinas e Hong Kong. No dia seguinte ao ataque de surpresa a Pearl Harbor, soldados japoneses desembarcaram na Tailândia e na Malásia. A Grã-Bretanha, o Comitê Nacional da França Livre (em Londres) e diversos países da América declaram Guerra ao Japão" (Jorge Okubaro, "A Tragédia como Destino", em Jorge Okubaro e Shozo Motoyama (orgs.), *Do Conflito à Integração. Uma História da Imigração Japonesa no Brasil, vol. II (1941-2008),* São Paulo, Paulo's, 2016, p. 123).

64 • ISOLADOS EM UM TERRITÓRIO EM GUERRA NA AMÉRICA DO SUL

medidas de exceção, proibindo toda reunião de súditos do Japão, da Alemanha e da Itália, o uso dos idiomas desses países em logradouros públicos e a exibição de fotos e imagens de líderes dessas nações[2].

A comunidade japonesa começava, assim, a se conscientizar da gravidade da situação, quando, finalmente, em 29 de janeiro de 1942, o Brasil anunciou o rompimento das relações diplomáticas com o Japão, com o consequente fechamento, no mesmo dia, da embaixada e do consulado. A bandeira japonesa e a insígnia imperial do crisântemo tiveram que ser recolhidas, e os 250 mil imigrantes japoneses ficaram completamente isolados e abandonados no Brasil, sem a proteção e os benefícios da pátria de origem[3].

O rompimento das relações diplomáticas entre Brasil e Japão representou um marco na história da imigração japonesa no além-mar, uma brusca mudança na vida daqueles que haviam deixado, há mais de três décadas, o longínquo país do extremo oriente, a terra das cerejeiras.

De fato, a bandeira, símbolo de nossa terra natal, era uma imagem que entusiasmava e fortalecia o ânimo dos imigrantes japoneses. Sob a égide da bandeira do Sol nascente, os 250 mil conterrâneos, homens e mulheres, como que amparados pelas bênçãos do país de origem, sentiam-se revigo-

---

2. "No dia 19 de janeiro de 1942, a Superintendência da Segurança Pública de São Paulo baixou uma regulamentação das atividades dos 'estrangeiros naturais dos países do Eixo', com proibições e restrições. Os imigrantes estavam proibidos de difundir publicações e quaisquer escritos em seus idiomas, usar a língua nativa em concentrações e lugares públicos, fazer reuniões mesmo em casas particulares para comemorações privadas, viajar sem salvo-conduto, mudar de residência sem informar as autoridades policiais, usar aviões de sua propriedade ou viajar de avião sem autorização prévia" (Comissão de Elaboração da História dos Oitenta Anos da Imigração Japonesa no Brasil, *Burajiru Nihon Imin 80-nenshi* (*Uma Epopeia Moderna: Oitenta Anos da Imigração Japonesa no Brasil*), São Paulo, Hucitec/Sociedade Brasileira de Cultura Japonesa, 1992, pp. 232-233).

3. "No final da tarde do dia 28 de janeiro, no consulado geral do Japão, todos abandonaram o local com o brado de *banzai*. O consulado enviou em nome do embaixador, às lojas comerciais japonesas e às principais famílias da cidade, um comunicado do fato e uma mensagem que dizia para não perderem suas forças, mantendo a receptividade e amplitude da alma para perdoar e compreender. Em outras palavras, para não perderem a atitude digna de um grande povo. Desaparecia do Brasil o representante do Império do Japão" (Tomoo Handa, *O Imigrante Japonês: História de sua Vida no Brasil*, p. 633).

rados para se dedicarem de corpo e alma à batalha da colonização nestas distantes terras do continente sul-americano, empenhando-se para se igualar aos demais imigrantes, procedentes de inúmeros países.

A nossa bandeira, que tremulou airosamente durante mais de três décadas, hasteada no prédio da embaixada e do consulado, bem como em recantos do vasto território brasileiro, teve que ser recolhida, e assim também a sagrada insígnia imperial do crisântemo, que os imigrantes reverenciavam religiosamente todos os dias. Foi um momento de extrema tristeza e solidão vivido pelos imigrantes, comparável ao de um pássaro que, acostumado a viver ao abrigo das asas do pássaro-mãe, de repente se vê abandonado numa ilha solitária, fustigada por um temporal.

Governo Decreta
o Congelamento de Bens

INTENSIFICAM-SE AS PRESSÕES
E AS RESTRIÇÕES ECONÔMICAS

A consequência imediata do rompimento das relações diplomáticas entre Brasil e Japão foi o congelamento dos bens dos imigrantes, destacando-se:

1. a indisponibilidade dos depósitos bancários, que ficaram sob controle total do governo, sendo permitidos apenas os saques até quinhentos mil réis por mês para despesas de manutenção. Com isso, reduziram-se drasticamente as transações bancárias e os negócios quase se extinguiram. Casas comerciais, fábricas e fazendas entraram, sucessivamente, em processo de falência, aumentando cada vez mais o número de desempregados. Estava instalada uma situação caótica, uma crise econômico-social sem precedentes[1];

---

1. "Art. 1º: Os bens e direitos dos súditos alemães, japoneses e italianos, pessoas físicas ou jurídicas, respondem pelo prejuízo que, para os bens e direitos do Estado Brasileiro, e para a vida, os bens e os direitos das pessoas físicas ou jurídicas brasileiras, domiciliadas ou residentes no Brasil, resultaram, ou resultarem, de atos de agressão praticados pela Alemanha, pelo Japão ou pela Itália. Art. 2º: Será transferida para o Banco do Brasil, ou, onde este não tiver agência, para as repartições encarregadas da arrecadação de impostos devidos à União, uma parte de todos os depósitos bancários, ou obrigações de natureza patrimonial superiores a dois contos de réis, de que sejam titulares súditos alemães, japoneses e italianos, pessoas físicas ou jurídicas" (Brasil, *Decreto-lei nº 4.166, 11 de março de 1942*. Dispõe sobre as indenizações devidas por atos de agressão contra

2. a suspensão de todas as operações de compra e venda, bem como de transferência, a qualquer título, de todos os bens imóveis pertencentes a súditos do Eixo (japoneses, alemães e italianos), extinguindo-se, assim, o direito de propriedade[2].

Os imigrantes japoneses, que já estavam chocados com as manchetes dos jornais, como a de que "o casal Oyama, proprietário há mais de trinta anos de uma empresa mineradora na Península da Malásia e que teve todos os seus bens confiscados pela polícia inglesa, conseguiu a muito custo desembarcar em Nagasaki, somente com as roupas do corpo", estavam sentindo, na pele, os rigores de uma situação semelhante aqui no Brasil.

Prósperos comerciantes, que empregavam inúmeros funcionários em suas lojas, estavam agora morando em casebres; diretores de grandes empresas subitamente estavam rebaixados a desajeitados chacareiros; casal proprietário de movimentado hotel agora se dedicava à fabricação de sacos de papel para embalagem. Esses são exemplos das drásticas transforma-

---

bens do Estado Brasileiro e contra a vida e bens de brasileiros ou de estrangeiros residentes no Brasil. Disponível em: goo.gl/UGDTXN. Acesso em 27.3.2018).

2. Também em São Paulo, os bens dos súditos dos países do Eixo foram congelados. "O congelamento visava coibir atividades econômicas e atos destinados a favorecer os países inimigos e, ao mesmo tempo, instituir um fundo de garantia para resgate de danos de Guerra. Os imóveis tiveram sua compra e venda ou hipoteca proibidas" (Comissão de Elaboração da História dos Oitenta Anos da Imigração Japonesa no Brasil, *Burajiru Nihon Imin 80-nenshi*, pp. 232-233). "A declaração de guerra dos Estados Unidos ao Japão em 1941, após o ataque à base de Pearl Harbor, refletiu na situação dos imigrantes das potências do Eixo, dentre as quais, o Japão. O Decreto-lei nº 3.911, de 12 de dezembro de 1941, condicionou a realização das transações financeiras das empresas dirigidas por japoneses, italianos e alemães à prévia autorização do Banco do Brasil. No ano seguinte, o Decreto-lei nº 4.166, de 11 de março de 1941 dispôs que os danos causados, por atos de agressão praticados pela Alemanha, Japão e Itália, seriam ressarcidos pelos bens e direitos dos súditos daqueles países, domiciliados ou residentes no Brasil. O referido decreto-lei ainda previa a transferência para o Banco do Brasil de uma parte de todos os depósitos bancários superiores a dois contos de réis, de que fossem titulares os alemães, japoneses e italianos, como garantia daquele pagamento" (Joaquim Shiraishi Neto e Mirtes Tieko Shiraishi (orgs.), *Código Amarelo: Dispositivos Classificatórios e Discriminatórios de Imigrantes Japoneses no Brasil*, São Luís, Edufma, 2016, p. 20).

ções, mais imprevisíveis e comoventes do que se poderia ver em filmes, que marcaram o cotidiano de muitos imigrantes japoneses.

Contudo, nenhum desses valorosos imigrantes reclamou, determinados que estavam a oferecer, se fosse preciso, até a própria vida pela longínqua terra natal. Todos enfrentaram com estoicismo, plenamente conscientes da glória do povo japonês, as pressões quase insuportáveis da nova situação advinda da Guerra, com os olhos radiantes voltados para os céus do Oriente, a doze mil milhas de distância, onde se estendiam os sagrados domínios de Sua Majestade, o Imperador.

Problemas que as Escolas de Língua Japonesa Tiveram que Superar

A PRISÃO DO PROFESSOR TOITA

Em 1942, o liceu Aurora, frequentado por 240 alunos do curso primário – 170 no curso ministrado em língua japonesa e setenta no curso em português – era uma escola modelar, gozando de ótimo conceito na comunidade paulistana. Seus alunos, muito aplicados e motivados para adquirir conhecimentos, sentiram o impacto do rompimento das relações diplomáticas entre Brasil e Japão, sendo visível a tensão que neles crescia diante da nova conjuntura.

O ensino da língua japonesa para crianças acima de dez anos de idade era reconhecido oficialmente pelo governo do estado de São Paulo. No entanto, após a declaração pelo Brasil do estado de guerra com o Japão, todos os preceitos legais se tornaram inúteis, prevalecendo o autoritarismo do governo que sufocava cada vez mais as liberdades individuais. Nesse novo ambiente, os imigrantes japoneses, súditos de país inimigo, tiveram de suportar toda a sorte de pressões e privações, e a escola de ensino da língua japonesa, em cuja fundação tanto haviam se empenhado, estava ameaçada de ser fechada de um momento para outro[1].

---

1. "O programa de homogeneização, patrocinado pelo Estado, buscava proteger a identidade brasileira da inclusão das etnicidades, eliminando os elementos mais emblemáticos das culturas imigrantes. [...] Decretos exigiam que todas as escolas tivessem brasileiros natos como diretores, e que todo o ensino fosse dado em língua portuguesa e incluísse tópicos 'brasileiros'. O material didático em língua estrangeira foi proibido.

No dia 3 de fevereiro, o departamento japonês do Exército da Salvação[2] recebeu ordem de fechamento. Nesse mesmo dia, um homem de olhar penetrante, com chapéu de feltro puxado até a altura dos olhos, postou-se diante do muro da escola e, com olhar perscrutador, parecia procurar insistentemente algo dentro da sala de aula do liceu Aurora.

Decorridos alguns dias, às 7h30 de certa manhã, na hora da preleção matinal, um homem desconhecido nas vizinhanças, de olhar intenso, num constante vaivém pela calçada defronte da escola, passou a observar atentamente todos os movimentos das crianças, desde os entretenimentos na hora do recreio até o final das lições do dia, quando elas voltavam para casa. Depois que o último aluno deixou a escola, ele também desapareceu, tomando rumo desconhecido[3].

Os professores pressentiam que algum acontecimento muito grave se aproximava inexoravelmente, mas, como todos já tinham uma posição firmada, continuavam exercendo com serenidade suas funções.

Um incidente aconteceu em dia 24 de fevereiro, durante a aula de português, que estava sendo ministrada pela professora Lígia Lotito, logo após a aula de língua japonesa.

De dois carros, que pararam rente à calçada em frente ao Liceu, saltaram seis homens truculentos. Dois permaneceram na entrada do prédio como sentinelas, enquanto os outros adentraram ruidosamente a sala de aula e, em altas vozes, anunciaram que eram agentes da polícia e determinaram a suspensão da aula. Em seguida, ordenaram a todos que colocassem os livros sobre as carteiras e passaram a examinar os pertences de cada um dos alunos.

Isso resultou no fechamento de cerca de seiscentas escolas, embora muitas continuassem a funcionar clandestinamente" (Jeffrey Lesser, *A Negociação da Identidade Nacional. Imigrantes, Minorias e a Luta pela Etnicidade no Brasil*, São Paulo, Editora Unesp, 2001, p. 230).

2. O autor era membro do Exército da Salvação, tendo nele ingressado por volta de 1936.

3. "Desde 1938, alemães, japoneses e italianos vinham sofrendo cerceamento de sua cidadania no Brasil. Por representarem uma ameaça ao projeto nacional-moderno sustentado pelo governo estado-novista, as colônias de imigrantes estiveram sob constante vigilância policial, e os seus membros eram suspeitos em potencial de praticarem atividades políticas contrárias às propostas brasileiras" (Priscila Perazzo, *Prisioneiros da Guerra: Os "Súditos do Eixo" nos Campos de Concentração Brasileiros (1942-1945)*, p. 77).

Como em poder de alguns deles havia livros em japonês, o agente que aparentava ser o chefe gritou, com os olhos arregalados:

– É isso aqui, é isso aqui!

E ordenou:

– Chamem imediatamente o professor de língua japonesa!

Naquele dia, eu tinha me ausentado para tratar de um assunto em um bairro afastado, e um aluno foi à secretaria chamar o professor Toita.

Assim que o professor entrou na sala de aula de português, o chefe dos agentes gritou em alta voz:

– Você está preso!

E ordenou a outro agente para mantê-lo sob vigilância. Rapidamente foi chamado um aluno do nível avançado, estudante residente do internato, que esclareceu:

– O ensino da língua japonesa está sendo ministrado com autorização da Secretaria Estadual de Educação. Os livros de japonês aqui encontrados são usados na aula de língua japonesa pelas crianças que frequentam o Liceu, as quais se deslocam de locais bem distantes.

Mas de nada adiantaram os esclarecimentos, pois o inflexível chefe dos agentes vociferou:

– Negativo! Como vou permitir o ensino da língua japonesa se, na atual situação, até mesmo a comunicação oral em japonês está proibida?

Ato contínuo, os agentes, em movimentos precipitados, revistaram os recintos do internato, confiscaram todos os papéis e documentos dos alunos (dicionários, revistas, correspondências recebidas dos familiares que moravam nos distantes núcleos coloniais do interior) e, em seguida, conduziram o professor Toita para o distrito policial.

Lá chegando, o agente relatou ao seu superior que no Liceu dos japoneses estavam ensinando o idioma nipônico até para crianças de três anos.

O encarregado policial ouviu atentamente o relato e, manifestando perplexidade e desconfiança, exclamou aborrecido, ao mesmo tempo que folheava rapidamente os livros confiscados:

– Como? Crianças de três anos estudando japonês? Quer dizer que estão ensinando o idioma japonês a cidadãos brasileiros autênticos com apenas três anos de idade? Incrível!

Indignado com o tom exagerado das palavras proferidas na sua frente e com o relato notoriamente distorcido do agente policial, o professor tentou protestar, mas foi impedido bruscamente pelo encarregado, que ordenou ao agente mais próximo:

– Leve este indivíduo para o porão!

O professor foi encarcerado sem ser realizado interrogatório algum nem diligências de rotina.

Na manhã do dia seguinte, acompanhado da professora de português, Lígia Lotito, dirigi-me à Secretaria Estadual de Educação e procurei Ernani Ávila, o inspetor de escolas particulares para estrangeiros, para inteirá-lo da prisão do professor Toita. Preocupado com a gravidade do incidente, a prisão de um professor de escola regularmente autorizada a funcionar pelo Governo do Estado, o inspetor levou ao conhecimento do secretário da Educação o que estava ocorrendo, com vistas a uma solução satisfatória para a difícil situação.

O secretário ponderou:

– As autoridades federais não baixaram medidas específicas proibindo o ensino da língua japonesa; contudo, como o país está vivendo uma situação de guerra, os assuntos ligados à educação, bem como os de todas as demais áreas, estão sob controle unificado dos militares. A Secretaria Estadual de Educação está, pois, impossibilitada de tomar qualquer iniciativa e, na minha opinião, creio que seja melhor suspender as atividades de ensino da língua japonesa e aguardar a evolução dos acontecimentos. A Secretaria Estadual de Educação está igualmente impossibilitada de interceder junto ao judiciário federal reivindicando a soltura do professor Toita.

Tais palavras, embora deixassem muito a desejar, eram compatíveis com a difícil conjuntura do momento.

Felizmente, três dias depois, o professor Toita foi libertado graças à compreensão e ao excepcional empenho de um coronel do Exército que fora contemporâneo de estudos do presidente Getúlio Vargas. Grande benemérito, merecedor do nosso mais profundo reconhecimento, o coronel solidarizou-se com a nossa luta desesperada em prol do professor Toita e atendeu ao apelo do nosso interlocutor, doutor Teiiti Suzuki, advogado da casa Tozan e ex-aluno do nosso Liceu.

Esse final feliz, porém, foi um caso isolado, pois, à medida que o tempo passava, dirigentes de entidades e outras lideranças foram conduzidos às prisões, aumentando cada vez mais a pressão sobre todas as associações e entidades de classe da comunidade japonesa.

Em 2 de março, tendo em vista esse dramático cenário, tomamos a drástica decisão de fechar temporariamente o nosso liceu Aurora, interrompendo uma trajetória de onze anos dedicados à educação e à formação cultural dos jovens da comunidade japonesa. Estávamos dispostos, no entanto, a enfrentar todos os sacrifícios pela pátria distante, que travava uma guerra de vida ou morte[4].

4. "Centenas de escolas de língua japonesa foram fechadas no estado de São Paulo. Uma delas, o liceu Aurora – Gyosei Gakuen –, em Pinheiros, tinha quarenta alunos do curso primário no início do ano letivo de 1942, sendo 170 no curso ministrado em japonês, setenta no curso em português. Possuía internato para estudantes vindos do interior de São Paulo e de outros estados. Funcionava havia onze anos. Proprietário e diretor era Koichi Kishimoto. A prisão de um professor levou a direção da escola a fechá-la no dia 2 de março" (Jorge Okubaro, "A Tragédia como Destino", em Jorge Okubaro e Shozo Motoyama (orgs.), *Do Conflito à Integração. Uma História da Imigração Japonesa no Brasil, vol. II (1941-2008)*, p. 131).

Crescem as Pressões Anglo-Americanas

EXPULSÃO DE CINQUENTA FAMÍLIAS
DE AGRICULTORES JAPONESES

É impressionante o poder de atuação dos capitais anglo-americanos no Brasil. Detendo praticamente o monopólio do transporte ferroviário, da geração de energia elétrica, das indústrias de transformação e de instituições financeiras, eles também exercem, nos bastidores, forte influência nos assuntos políticos do país.

Assim que irrompeu a Guerra do Japão contra os Estados Unidos e a Inglaterra, as grandes firmas anglo-americanas proibiram que fossem vendidos aos japoneses, gasolina, maquinários, automóveis e até de alguns gêneros alimentícios, dando início a um implacável processo de bloqueio à livre circulação de bens econômicos. Vivendo num país altamente dependente de produtos anglo-americanos, os imigrantes japoneses sofreram prejuízos irreparáveis, mas ninguém se humilhou perante aqueles representantes de países inimigos, mesmo em situação de extrema fome e penúria.

Um importante aspecto a ser observado é que, com o decorrer do tempo, a guerra entre países desenvolve, inevitavelmente, tensões que resultam em hostilidades entre os habitantes de outros países.

O senhor A., norte-americano dono de imensa propriedade rural de cerca de dois mil alqueires no bairro da Lapa, arredores da capital, onde cinquenta famílias de agricultores japoneses plantavam hortaliças, de repente ordenou:

– Quero os terrenos desocupados dentro de vinte dias!

Os terrenos em questão faziam parte de uma extensa área antes alagada e abandonada, localizada nas cercanias da cidade, que os imigrantes japoneses arrendaram para o cultivo de hortaliças. Sem medir esforços e com muita dedicação, drenaram o terreno, prepararam a terra, investiram vultosos recursos, realizando benfeitorias e melhoramentos diversos, e o resultado estava à vista de todos: onde havia terras improdutivas agora descortinava-se um amplo tapete verde de hortaliças, pontilhado aqui e acolá por árvores carregadas de frutas multicoloridas. A grande transformação era motivo de admiração e até de inveja dos vizinhos de outras etnias, e, como consequência natural, os terrenos valorizaram-se muito.

O enriquecimento do proprietário foi enorme; mostrava-se satisfeito, mas seu comportamento mudou subitamente, assim que irrompeu a Guerra do Pacífico. Semblante fechado, ríspido, disse friamente:

– A partir deste momento estão rescindidos todos os contratos acordados com vocês, japoneses. Vocês podem dispor livremente das verduras que cultivaram, mas estão proibidos de desmontar e transferir para outro local as benfeitorias (que tinham sido construídas pelos japoneses com recursos próprios), bem como vendê-las a terceiros. No prazo de vinte dias quero que todos vocês, sem exceção, desocupem as propriedades.

Dito isso, retornou imediatamente para sua residência em São Paulo. O insensível proprietário norte-americano não pagou um único centavo pelas benfeitorias e pelos melhoramentos que os diligentes japoneses construíram com tantos sacrifícios, expulsando-os praticamente só com as roupas que vestiam.

Para os japoneses despejados, que partiam deixando para trás as terras que durante anos e anos cultivaram com tanto suor, carinho e redobrada dedicação, isso era o mesmo que abandonar o filho dileto. Todos estavam tomados por profunda sensação de tristeza, indignação e amargura.

O título de propriedade, no momento, pertence a um representante do país inimigo, mas o terreno em si é uma parcela imutável do planeta. No entanto, ficará na memória dos que foram testemunhas dessa obra dos imigrantes japoneses, que transformaram terras abandonadas e incultas em um viçoso cinturão verde, símbolo de farta e saudável alimentação para a crescente população urbana.

Muitas pessoas entre as cinquenta famílias de imigrantes japoneses choravam copiosamente, debruçadas sobre a terra que lhes era tão preciosa. Algumas mulheres embrulhavam em folhas de papel, como se estivessem recolhendo ossos de um filho querido, um punhado da terra, conservando-o junto ao peito, os olhos rasos de água.

O proprietário, frio e cruel, bradara ordens e proclamara sem parar seus direitos, mas não se pode esquecer que o solo cultivado era o filho dileto dos japoneses, o ente amado cujo crescimento foi acompanhado com o máximo zelo e carinho.

Postado em um canto da chácara, alguém disse, emocionado, em alto e bom som:

– Serenamente, vamos lutar pelo bem da nossa pátria!

Eram palavras que bem expressavam o sentimento geral e revelavam a inabalável disposição para enfrentar e superar todos os desafios e obstáculos, quaisquer que fossem.

Esse espírito de luta será fundamental no trabalho que os imigrantes desenvolverão na imensidão da América do Sul, cujos frutos hão de vingar dez a vinte anos depois, na forma de história de sucessos e realizações.

EXPULSÕES TAMBÉM NA CIDADE

Enquanto isso, na cidade, todos os moradores em um raio de quinhentos metros dos quartéis, fábricas e repartições públicas do Estado receberam ordens para desocupar suas casas. A situação estava ficando insuportável para muitos compatriotas, forçados que eram a desocupar suas moradias e, ao mesmo tempo, proibidos de se deslocarem, por exemplo, para o interior, a fim de ficar aguardando o desenrolar dos acontecimentos, pois as autoridades não estavam concedendo salvo-condutos. Para agravar, na cidade, ninguém queria empregar os japoneses, e quem desejasse abrir um negócio qualquer não conseguia obter as devidas autorizações[1].

---

1. "Paulo Yokota diz em seu livro *O Olhar dos Nisseis Paulistanos* que havia informações de que a área de segurança que deveria estar livre de estrangeiros emigrados dos

Um amigo meu, senhor Yamaguti, tinha uma tipografia na Rua dos Estudantes. Certa noite, apareceram vários agentes policiais, todos armados de revólveres, para realizar uma busca domiciliar. Ele estava ausente, e naquele momento encontravam-se somente a esposa com os filhos pequenos, que, atemorizados com a súbita presença daqueles intrusos, agarraram ao corpo dela, procurando a proteção materna. Revirando a casa, um dos agentes policiais localizou o dinheiro que estava guardado na gaveta da mesa.

A esposa, que até aquele momento assistia quieta a todos os movimentos dos agentes, correu rapidamente e, sem medo, gritou:

– Isso o senhor não pode levar. É o único dinheiro para o nosso sustento!

Não mediu as consequências do seu ato, preocupada tão somente com o dia de amanhã dos filhos.

Surpreso com a reação, o agente virou-se para a mulher. Os olhos dela encararam, sem temor, as duras feições do agente policial. Chocado com a forte reação emocional que irradiava do rosto dela, jogou o dinheiro de volta na gaveta e passou a revistar outro aposento.

Parecia que um vendaval tinha arrasado o local quando eles se retiraram. Enquanto o casal estava fazendo uma pausa após passar a noite inteira arrumando as coisas nos lugares, novo grupo de agentes policiais apareceu e começou a fazer nova busca.

---

países do Eixo correspondia a um círculo com raio de quinhentos metros a partir da Praça da Sé, considerado o marco zero da cidade" (Jorge Okubaro e Shozo Motoyama (orgs.), *Do Conflito à Integração. Uma História da Imigração Japonesa no Brasil, vol. II (1941-2008)*, p. 127). "É difícil encontrar uma explicação plausível para essas medidas do governo na cidade de São Paulo. Pode-se compreender a expulsão dos cidadãos do Eixo do litoral, sob a alegação que estariam orientando os submarinos alemães. Do ponto de vista militar, toda a faixa litorânea foi considerada a retaguarda do 'teatro de guerra' [...] Mas, em São Paulo, a região de até quinhentos metros do centro da cidade continha poucos pontos que poderiam ser considerados estratégicos. No parque Dom Pedro II havia algumas unidades militares quem foram mobilizadas para a campanha da FEB (Força Expedicionária Brasileira). Salvo o poder judiciário, as instalações governamentais não ficavam nessa área. As da Assembleia Legislativa ficavam no bairro da Liberdade, onde se concentravam os japoneses" (Paulo Yokota, *O Olhar dos Nisseis Paulistanos*, São Paulo, Editora JBC, 2008, pp. 52-53).

O senhor Yamaguti tentou explicar que não havia necessidade de realizar a busca uma vez que na noite anterior a polícia já estivera ali, mas os novos agentes gritaram:

– Quietos, a revista é necessária. Estamos cumprindo ordens![2]

Prosseguiram revirando tudo, no quarto de dormir e na despensa. Após vasculhar tudo foram embora calmamente, mas, no dia seguinte, nova busca! Como a casa fora invadida três vezes, não havia mais condições para continuar trabalhando.

Contudo, o pior aconteceu quando chegou a intimação para desocuparem o local dentro de quatro dias. Só para se desfazer dos *katsuji,* coleção de caracteres japoneses fundidos para confecção dos textos, e da máquina tipográfica seriam necessários quatro ou cinco dias. Ademais, urgia encontrar nova moradia para a família. Assim, o prazo era exíguo demais. Porém, como a ordem era rigorosa, o senhor Yamaguti decidiu vender tudo a preços irrisórios, mesmo porque era impraticável ficar mudando de um lugar para outro, várias vezes, carregando todos aqueles apetrechos que, na verdade, eram as ferramentas de trabalho para o sustento da família.

No final de um dia exaustivo tratando de mil afazeres, ao chegar em casa o que encontrou foi um guarda de porte avantajado e olhar perscrutador com uma pistola na mão, sob as luzes azul-esbranquiçadas do poste de iluminação elétrica.

Depois de desfazer-se de todos os bens a preço de liquidação, estava com um mínimo de pertences nas mãos, sem emprego, sem nenhum outro meio de sobrevivência e sem teto, arrastando três crianças inocentes pelas ruas da grande cidade.

---

2. "No dia 26 de fevereiro, dois navios brasileiros foram afundados e em março iniciavam-se as revistas às casas nas redondezas da rua Conde, pelos policiais. Eles costumavam vir em grupos de quatro ou cinco e às vezes havia entre eles pessoas sem identificação. O objetivo da revista era verificar se havia armas clandestinas ou algum documento revelando que os moradores eram militares ou ocupavam cargos relacionados com o governo japonês. Dentre objetos valiosos levavam o rádio, vasculhado a casa toda, e se achassem dinheiro levavam-no também, o que causava pânico porque se reclamassem eram presos. Não havia a quem ou a que recorrer até o término da guerra" (Tomoo Handa, *O Imigrante Japonês: História de sua Vida no Brasil*, p. 634).

Desocupação! Uma ordem cruel e desumana, uma sentença irrevogável, que, além de despojar uma pessoa de todos os seus bens, pode representar uma ameaça concreta à própria vida.

Para algumas dezenas de famílias japonesas que receberam ordem de desocupação, a única alternativa foi pedir auxílio às famílias de amigos mais próximos, dividindo com outras duas ou três famílias os reduzidos espaços e a escassa alimentação. Havia muitos outros em situações semelhantes, mas todos resistiam sem esmorecer, recorrendo a eventuais biscates.

Enfrentavam bravamente a difícil situação, confiantes de que "em breve as luzes da augusta virtude de sua majestade imperial iluminarão os céus do Brasil". Tal era a real situação, o cotidiano de muitos compatriotas no período que se seguiu ao início do conflito militar no Pacífico.

Mesmo aqueles radicados no distante além-mar que, em tempos de paz, eram indiferentes entre si, quando colocados em situações de extrema dificuldade ou perigo, sentiam que um forte sentimento de união os irmanava para ações conjuntas, sobretudo de solidariedade humana.

E todos estavam profundamente orgulhosos em pertencer à grande família dos filhos do País do Sol Nascente.

Saudosa Rua Conde de Sarzedas

Início da Reorganização dos Japoneses Despejados

PRIMÓRDIOS DA RUA CONDE DE SARZEDAS

Rua Conde de Sarzedas. Creio que não há outra rua que tenha marcado tanto a vida dos antigos imigrantes japoneses quanto essa.

E como tudo começou? Conde de Sarzedas foi o núcleo formado em torno da rua de mesmo nome, onde alguns dos primeiros imigrantes se estabeleceram e, ao longo de quase quatro décadas, viveram, sofreram com seus dramas, tiveram seus momentos de alegria e tristeza, constituíram famílias e viram seus filhos crescerem, por isso, é o berço da história da imigração japonesa na cidade de São Paulo[1].

Nessa rua ficavam os quartos de subsolo, úmidos, sempre na semiescuridão, nos quais quatro ou cinco pessoas dividiam o exíguo espaço, dormindo em surradas camas, suportando toda a sorte de adversidades, mas mantendo sempre acesa a chama da esperança e acalentando grandes sonhos de dias melhores[2].

---

1. "Viviam na cidade de São Paulo de então (1932) aproximadamente dois mil imigrantes. A concentração maior dos japoneses era na chamada região da Conde de Sarzedas, que tinha como ponto central aquela rua. A região compreendia também as ruas Irmã Simpliciana (onde havia mais lojas e eram poucas as residências), Tabatinguera, Conde do Pinhal, Conselheiro Furtado, Bonita (atual Tomás de Lima), dos Estudantes e São Paulo. Lá viviam cerca de seiscentos imigrantes japoneses. A rua Conde, à frente, tinha cerca de trezentos moradores, seguida pela Conselheiro Furtado, com 140 e pela rua Bonita, com quarenta" (Tomoo Handa, *O Imigrante Japonês: História de sua Vida no Brasil*, p. 633).
2. "O porão, situado no subsolo, não tinha sido projetado originalmente para ser uti-

Eram pessoas que, depois de uma longa viagem de mais de doze mil milhas por mares bravios e após terem sido instaladas em fazendas de café do interior, haviam abandonado tudo, desesperadas por não terem alcançado os objetivos iniciais. Estavam agora na capital paulista em busca de novas oportunidades.

Novas e piores agruras, porém, esses imigrantes tiveram que suportar na terceira maior cidade da América do Sul. Batendo de porta em porta à procura de emprego, uns se tornaram auxiliares de pintor; outros, lavadores de pratos, operários ou vendedores ambulantes. Só suportavam a vida naquele ambiente depressivo da rua Conde de Sarzedas devido à sua localização, próxima à região central da cidade.

– Matarazzo? Schmidt? Querem saber de uma coisa? Eles são apenas filhos de imigrantes europeus, e nós, destemidos imigrantes japoneses, também somos capazes de igualá-los e até superá-los. Meu futuro? Serei um grande fazendeiro nas infinitas terras da América do Sul e aí poderei contratá-los como meus capatazes. Portanto, comecem desde já a me respeitar, servindo-me com presteza e lealdade. Entenderam?

– Essa é boa! Você, fazendeiro? Tudo bem, tenha boa sorte! Eu serei o exportador que comercializará o café que vocês produzirem. Sabiam que o Brasil é responsável por 77% de toda a produção mundial de café? O futuro do Brasil depende do trabalho de promoção dos exportadores na conquista de novos mercados para o café. Podem contar comigo!

– Vocês, fazendeiros, procurem produzir o máximo e deixem comigo os negócios do transporte marítimo. Todos os produtos agrícolas de vocês

---

lizado como moradia. Embora, às vezes, uma parte sua fosse destinada a quarto de empregados, na maioria das vezes, porém, era utilizado simplesmente como quarto de despejo. É de se presumir que, no tempo da escravidão, nele dormissem os negros. Na época, a estrutura de uma casa era apoiada no porão, e sobre este se erguia a moradia de pé-direito alto. Como o porão era a parte que lhe servia de base, seu teto era baixo. Grossas paredes divisórias conformavam os quartos do porão; porta era coisa que não existia, e o piso era apenas cimentado. Por isso, quando fazia frio os pés gelavam. A entrada geralmente se situava a uns dois degraus abaixo da escada que conduzia à residência superior. Na pequena janela havia grades, e em muitos porões inexistiam vidraças. Observando-se do porão a rua, só se podiam ver os passantes do joelho para baixo. Assim eram muitos os chamados porões habitáveis, cujos aluguéis saíam por menos da metade dos da moradia superior" (*idem*, pp. 158-159).

serão embarcados nos meus navios, que os distribuirão para os principais mercados mundiais. Podem ficar tranquilos! Yamazaki, Imai e Nagai, vocês, que estão dividindo o quarto comigo, são uns felizardos: o futuro de vocês já está garantido. Por isso, se quiserem me oferecer em agradecimento um cacho de banana, eu aceito de bom grado...

Esquecendo por um momento os estômagos vazios a que estavam acostumados, os imigrantes se transformavam em arrogantes fanfarrões, divagavam, sonhavam, sem esmorecer ante os rigores dos trabalhos braçais. De fato, eles estavam fortemente determinados a encarar e vencer todos os desafios, sem depender de ninguém.

A rua Conde de Sarzedas era, assim, um velho refúgio onde jovens humildes, mas idealistas e ambiciosos, davam vazão a seus sonhos e suas aspirações.

A RUA CONDE DE SARZEDAS POR VOLTA DE 1922

Com o passar dos anos e com muito sacrifício, aqueles jovens que se instalaram na rua Conde de Sarzedas após terem abandonado as fazendas de café foram adquirindo estabilidade econômica e melhorando de vida. Ao mesmo tempo, esses imigrantes veteranos começaram a ser procurados por outras famílias de imigrantes que, após cumprirem os contratos de trabalho nas fazendas de café, estavam se mudando para a capital à procura de novas oportunidades.

Os veteranos, mais experientes e conhecedores dos meandros da cidade receberam de braços abertos os recém-chegados, ajudando-os a encontrar serviço e moradia nas redondezas e oferecendo outros préstimos para facilitar sua adaptação ao novo ambiente.

O fluxo de imigrantes do interior para a capital continuou crescendo, e em pouco tempo havia considerável concentração de japoneses na região da rua Conde de Sarzedas, que se transformou numa dinâmica base da colônia japonesa na capital paulistana. Em 1922 já estavam em funcionamento uma pensão para japoneses e algumas lojas que vendiam produtos para a clientela predominantemente de imigrantes japoneses[3].

---

3. "Dizem que foi por volta de 1914, embora não se saiba ao certo, que começaram a

Esse é o período da narrativa que poderia ser chamado de "Idade Média da Rua Conde de Sarzedas". Foi justamente nessa época que lá morei. Ocupando um cantinho do quarto que me foi gentilmente cedido por um bom amigo, preenchia o tempo ocioso contemplando demoradamente um minimapa do Brasil, que tinha custado três mil réis, enquanto tentava traçar novos rumos para a minha vida.

Dessa época lembro-me do hotel Asahi, que ficava no segundo ou terceiro prédio logo depois da esquina com a rua Conselheiro Furtado, onde atenciosas garçonetes serviam refeições à moda japonesa, com *chawan* (tigelinha) e *hashi*. Comia-se bem. O único problema para os jovens imigrantes que vinham do interior, com muita saúde e apetite, é que ficavam encabulados por terem de pedir às garçonetes que enchessem de arroz o *chawan* até oito ou nove vezes, e mesmo assim saíam de lá não totalmente satisfeitos... São casos daqueles tempos que já vão longe.

Naquela época, o único hotel de primeira classe de propriedade de japoneses era o hotel Joshi, na rua Tomaz de Lima, inacessível a um jovem de poucos recursos procedente do interior.

A partir de certa época, um salão do hotel Joshi foi isolado para ali ser instalado o Clube Japonês, por iniciativa de funcionários do consulado geral e da companhia Kaiko, além de pessoas abastadas da comunidade local. Nesse clube, jornais recebidos do Japão, revistas, tabuleiros de jogos de *go* e *shōgi*[4] e mesa de bilhar foram colocados à disposição dos frequentadores. Nessa época, também foi criada uma espécie de organização que passou a promover reuniões após o jantar e encontros de confraternização nos feriados.

Um episódio que ocorreu no Clube, bastante comentado na época, envolveu o senhor Shinoda, um amigo meu que enriquecera produzindo ar-

---

surgir as primeiras pensões e mercearias na rua Conde de Sarzedas. [...] No início, as pensões e mercearias concentraram-se do meio da ladeira para baixo" (*idem*, p. 169).

4. Jogos estratégicos para tabuleiro considerados de informação perfeita, ou seja, todos os participantes conhecem todas as jogadas efetuadas. No *go*, jogo de soma zero, dois jogadores posicionam alternadamente pedras pretas e brancas com o objetivo de obter o máximo de território para si; o *shōgi* é a versão japonesa do xadrez com o mesmo objetivo, mas mudam-se as peças e o tabuleiro.

roz. Certa vez, com aproximadamente quinze contos de réis[5] no bolso, veio a São Paulo depois de muito tempo e hospedou-se no hotel Joshi. Ao saber que havia muitas pessoas jogando bilhar no clube, ele, que se gabava de ser um ótimo praticante desse jogo, decidiu participar também. Quando tentou entrar, inteiramente à vontade, sem terno nem gravata, com roupas à moda do interior, foi barrado pelo porteiro, que lhe disse:

– Aqui é um clube frequentado por damas e cavalheiros. Se quiser entrar, favor voltar vestido decentemente e com gravata.

De acordo com as formalidades vigentes nos países ocidentais, o porteiro estava até agindo corretamente, porém o senhor Shinoda, orgulhoso ricaço do interior, em cuja fazenda estava acostumado a dar ordens do alto do cavalo e ser servilmente respeitado pelos trabalhadores locais, que lhe diziam "sim patrão, sim patrão", não suportou a ofensa, e, ferido em seus brios, disse em alto e bom som:

– Idiota! Como se atreve a proibir a entrada de um japonês num local que atende pelo nome de Clube Japonês? Na verdade, vocês não querem é permitir a entrada de um lavrador malvestido, não é? Clube é um local para diversão, não para solenidades! Como, então, proibir que um patrício entre no clube para se divertir só porque está sem uma mísera gravata? Mude então imediatamente esse pomposo nome de Clube Japonês para clube Conde de Sarzedas!

Vociferando e pisando duro, ele se retirou, enfurecido, porém orgulhoso. Casos como esse, com características de almas até certo ponto ingênuas, fazem parte das crônicas dos bons tempos daquela rua, em que a grande concentração de japoneses já permitia até a abertura e o funcionamento de um clube recreativo.

Quando o número de imigrantes japoneses no Brasil chegou ao redor de 35 mil, aproximadamente cinquenta famílias estavam morando em São Paulo, principalmente na rua Conde de Sarzedas e adjacências, participando ativamente do progresso da cidade.

---

5. Quinze contos de réis são o mesmo que quinze milhões de réis (1.10.1922) e compraria 75 mil exemplares de jornal, sendo equivalente a R$ 300.000,00 (ferramenta disponível em: acervo.estadao.com.br. Consultado em 2.4.2018) ou US$ 94,936.00 (1 dólar = R$ 3,16).

88 ◆ ISOLADOS EM UM TERRITÓRIO EM GUERRA NA AMÉRICA DO SUL

Toda vez que se formava um grupo de famílias de imigrantes japoneses, o primeiro assunto que eles discutiam era o problema da instrução dos filhos. Aqui também não foi diferente, e um professor formado em estudos de língua hispânica, o senhor Miyazaki, abriu uma escola particular com cerca de vinte a trinta alunos. Foi essa escola que cresceu e mais tarde se transformou na escola primária Taisho, a pioneira dos cursos de ensino da língua japonesa.

Dessa época, entre as lojas de propriedade de japoneses, a mais movimentada, com vasta variedade de produtos para o cotidiano das famílias japonesas, era a casa comercial Segi, instalada na parte baixa da ladeira Conde de Sarzedas. Quem montou uma loja na parte alta da mesma ladeira, comercializando remédios sem prescrição médica, sementes e livros por empréstimo, foi o Tsunehatiro Endo. Enquanto ele percorria as fazendas do interior como vendedor ambulante, a loja ficava sob os cuidados da sua esposa. Tsuneshiro Ishibashi alugou uma sala da loja do senhor Endo e começou a editar a revista mimeografada *Brasil Agrícola*. E em um local mais acima da loja do senhor Endo foi inaugurada a loja do senhor Nakaya, também comercializando produtos variados para a clientela japonesa, e de certa forma concorrendo com a loja do senhor Segi.

Uma figura que começou a se destacar como pregador religioso foi o pastor Yasoji Ito, então recém-chegado dos Estados Unidos. Reunindo adeptos principalmente entre os associados da Rikkokai, sua preocupação era transmitir preceitos religiosos por meio de um movimento que destacava os valores espirituais sobre o materialismo predominante na vida moderna. E, graças às suas pregações, uma parcela da comunidade parecia ter encontrado a paz e a tranquilidade espiritual, qual frescor matinal. Nos aposentos da casa do pastor, era constante o movimento de pessoas chegando e partindo. Eram indivíduos em situação deplorável, sem dinheiro para pagar um quarto de pensão, para os quais o local era um verdadeiro oásis, onde podiam ficar à vontade enquanto procuravam emprego ou convalesciam de alguma doença.

Nessa época não havia bares ou restaurantes refinados, e o máximo de luxo que se podia desfrutar era uma casa na parte baixa da ladeira Conde de Sarzedas que fabricava *tofu*, onde se podiam bebericar algumas doses de pinga com *tofu* gelado ou comer peixe assado como acompanhamento.

INÍCIO DA SEGUNDA GUERRA MUNDIAL E A ORDEM DE EXPULSÃO PARA OS MORADORES DA RUA CONDE DE SARZEDAS

Os japoneses residentes na capital, espalhados pelos bairros de Pinheiros, Vila Mariana, Ipiranga e adjacências do Mercado Central, já somavam mais de mil famílias, atuando em todos os setores da atividade econômica da grande cidade. Cada grupo de famílias, em cada bairro, vinha se destacando em determinado ramo de negócios, mas o início do processo de fixação e posterior consolidação do que seria a pujante comunidade *nikkei*, ocorreu, sem a menor dúvida, na rua Conde de Sarzedas.

Só nas proximidades dessa rua residiam aproximadamente 350 famílias. A influência dos japoneses nessa região se estendia até o Largo da Sé, centro econômico e administrativo da capital, repleto de bancos, empresas, lojas, escritórios, hotéis, bares e restaurantes refinados.

Essa área de grande concentração de imigrantes japoneses, tendo como via principal aquela rua, estava estrategicamente muito próxima, de cinquenta a trezentos metros, da Praça da Sé, onde se situavam, configurando uma asa aberta de pássaro, o Palácio do Governo, a Assembleia Legislativa, o Palácio da Justiça, o Fórum, o Corpo de Bombeiros, o Quartel Militar e inúmeras repartições públicas menores, além da rua xv de Novembro, endereço de importantes instituições financeiras.

Assim, a comunidade japonesa, formada por cerca de 1,5 mil pessoas, que até pouco tempo atrás eram consideradas imigrantes rurais de baixo nível, agora já constituía um expressivo grupo social, que participava ativamente do comércio em uma área extraordinariamente valorizada de São Paulo.

Por ser pública e notória a grande contribuição dessa comunidade para o processo de crescimento econômico local, era grande também a expectativa de que os japoneses participariam ativamente da florescente industrialização do Estado. No entanto, em um golpe brutal e surpreendente, no dia 5 de setembro de 1942 as autoridades brasileiras decretavam expulsão dos japoneses da rua Conde como consequência do rompimento das relações diplomáticas entre Brasil e Japão[6].

---

6. "No dia 2 de fevereiro, mesmo dia em que o embaixador brasileiro em Tóquio enviava ao Itamaraty o relato de suas dificuldades com as autoridades de segurança japonesas,

90 ◆ ISOLADOS EM UM TERRITÓRIO EM GUERRA NA AMÉRICA DO SUL

A rua Conde de Sarzedas – testemunha da saga dos abnegados imigrantes japoneses que aqui chegaram há aproximadamente quarenta anos e que, partindo da estaca zero, conseguiram acumular toda uma gama de realizações, motivo de justo orgulho para toda a comunidade *nikkei* da capital – assistia agora à triste cena de desocupação dessa legião de esforçados batalhadores, muitos deles obrigados a abandonar as moradias onde nasceram.

Quo vadis? Tal como ocorreu com os cristãos que fugiam de Roma perseguidos pelos soldados do imperador, os imigrantes japoneses iam deixando a rua Conde de Sarzedas, pois a conjuntura mundial transformara o Japão em inimigo da nova pátria, onde eles tinham começado uma nova vida, cheia de promessas e esperanças. Já que os desígnios e interesses das grandes potências assim determinavam, restava às 350 famílias de imigrantes japoneses obedecer às ordens dos poderes constituídos, partindo serenamente e de cabeças erguidas rumo a novos desafios e novos destinos.

Nós devemos, porém, absorver esse tratamento injusto e cruel transformando-o em instrumento para a construção de um futuro maior, que o destino reservou para os verdadeiros batalhadores.

Mesmo convicto de que, em meio às violências e horrores da sangrenta Guerra em escala jamais vista haveremos de marchar sempre para frente, com os olhos voltados para um futuro de paz e concórdia, ao me deparar com as ruas vazias e sem vida do entorno da Conde de Sarzedas, tal qual um campo de batalha abandonado[7], senti que retornava um enorme peso

as famílias japonesas residentes na rua Conde de Sarzedas, na Rua dos Estudantes e nos arredores dessas ruas, no bairro da Liberdade, onde se concentravam os imigrantes que moravam em São Paulo, receberam ordem para deixar o local no prazo de dez dias, por razões de segurança nacional. No dia 6 de setembro, nova ordem é dada, numa evidência de que a ordem anterior não havia sido cumprida inteiramente" (Jorge Okubaro, "A Tragédia como Destino", em Jorge Okubaro e Shozo Motoyama (orgs.), *Do Conflito à Integração. Uma História da Imigração Japonesa no Brasil, vol. II (1941-2008)*, p. 127).

7. No dia 6 de fevereiro de 1943, os japoneses que ainda permaneciam na rua Conde de Sarzedas receberam a segunda ordem de retirada, com prazo de dez dias para deixarem o local. "Assim, a rua Conde de Sarzedas, conhecida como área de concentração de nipônicos, ficou virtualmente sem uma sombra de japonês" (Comissão de Elaboração da História dos Oitenta Anos da Imigração Japonesa no Brasil, *Burajiru Nihon*

no coração, idêntico àquele quando, ainda muito jovem, cantava à meia voz trechos da música *Kojō no tsuki* (*Luar sobre o Castelo em Ruínas*):

> Imutável é a eternidade
> Porém, como a refletir a alternância
> De glória e decadência dos homens
> O clarão da Lua reina sobre o castelo em ruínas.

O vento sibilante que soprava sem parar parecia arranhar impiedosamente o peito das pessoas que arriscassem andar na rua Conde de Sarzedas, agora transfigurada em verdadeiros escombros de um inusitado campo de batalha.

Adeus, rua Conde de Sarzedas de tantas glórias e gratas recordações! Um dia aqui retornaremos para construir um futuro ainda mais promissor para legar aos nossos filhos!

Imin 80-nenshi, p. 261). "Em 23 de maio de 1943, a polícia confiscou livros e revistas na livraria japonesa Endo, depois também na Oriente, na Toyoyoshi e na Nambei, e existiram certamente muitas outras operações de opressão e intimidação contra os imigrantes japoneses, cujo registro documental é escasso" (Roney Cytrynowicz, *Guerra sem Guerra: A Mobilização e o Cotidiano em São Paulo durante a Segunda Guerra Mundial,* pp. 141-142).

Quatro Mil Compatriotas da Orla Marítima São Expulsos de suas Propriedades

JAPONESES DESAPARECEM DA ÁREA PORTUÁRIA DE SANTOS E DE SEUS ARREDORES

Trinta e quatro anos após a chegada do primeiro navio com bandeira japonesa ao porto de Santos, esse movimento foi suspenso em consequência do rompimento das relações diplomáticas entre Brasil e Japão[1].

Durante esse lapso de tempo, os navios japoneses fizeram cerca de trezentas viagens transportando imigrantes que, depois de vencerem milhares de quilômetros de mares bravios, desembarcaram cansados, mas cheios de esperanças para iniciar uma nova vida.

Inúmeras vezes fui até o cais de Santos para recepcionar novos imigrantes, e sempre era motivo de orgulho constatar a maciça presença de empresas japonesas, desde companhias de navegação, de pesca, importadoras e exportadoras, bancos, até empórios e quitandas. Recentemente, alguns imigrantes japoneses estavam começando a investir em pequenas indústrias, enquanto conhecidas empreiteiras japonesas estavam participando da construção do maior prédio da cidade, o Mercado Municipal, bem como das obras de ampliação das

---

1. "No dia 13 de agosto de 1941, desembarcaram do navio Buenos Aires Maru, atracado no porto de Santos, os últimos 417 imigrantes japoneses admitidos no Brasil antes de o país entrar na Guerra" (Jorge Okubaro, "A Tragédia como Destino", em Jorge Okubaro e Shozo Motoyama (orgs.), *Do Conflito à Integração. Uma História da Imigração Japonesa no Brasil, vol. II (1941-2008)*, p. 105). O rompimento das relações diplomáticas entre Brasil e Japão se deu em março de 1942.

instalações portuárias, consolidando, assim, a colaboração japonesa no desenvolvimento da cidade que era o principal portal de entrada do Brasil.

Eis, então, que no dia 8 de julho de 1943, inesperadamente, é decretada a expulsão de japoneses e alemães residentes em Santos e em toda a orla marítima.

A participação dos japoneses e alemães na vida econômica de Santos era visível, como uma frondosa árvore que lançou suas longas raízes nas entranhas do solo e se destacava na paisagem com sua figura inconfundível.

Causou, pois, grande surpresa e incredulidade a ordem de desocupação, no prazo de apenas 24 horas, baixada pelas autoridades, com mobilização de inusitado aparato policial, lançando o caos e a confusão entre a atônita população.

Por que apenas os japoneses de Santos estavam sendo expulsos?[2]

À medida que as sangrentas batalhas nas linhas de frente se intensificavam, começavam a aparecer submarinos alemães na costa brasileira, e inúmeros navios mercantes que faziam o transporte entre Brasil e Estados Unidos foram afundados[3].

---

2. Dentre alemães, japoneses e italianos, os japoneses ficaram em pior situação pois foram expulsos pela polícia e exército, enquanto muitos dos alemães foram embora "voluntariamente", pagando suas passagens e os italianos tinham uma situação mais indefinida, com o governo hesitando em efetivamente expulsá-los da cidade. "Julga-se provável, mesmo, que nenhuma medida será adotada contra os italianos, reconhecidamente ordeiros e identificados com os nossos costumes, como, de resto, se constitui a grande maioria dessa coletividade em nossa cidade" (*A Tribuna*, Santos, 14.7.1943; Rodrigo Tavares, *Imigrantes Japoneses no Brasil*, p. 236).

3. "Os ataques aos navios mercantes tinham diminuído em relação ao ano anterior, mas prosseguiam com certa regularidade. Em 18 de fevereiro de 1943, foi atacado o Brasiloide, que viajava de Maceió a Salvador; em 2 de março, atingido por dois tiros de canhão, depois de ter sido torpedeado, o Afonso Pena submergiu em quinze minutos no litoral da Bahia, provocando a morte de trinta a 34 tripulantes e 92 ou 94 passageiros; no dia 30 de junho, por volta das dez horas da noite, quando viajava de Paranaguá para Santos, o Tutoia foi atingido por um torpedo, afundou em poucos instantes e, dos 37 homens a bordo, sete desapareceram; no dia 4 de julho, vindo de Nova York em direção ao Rio de Janeiro, o Pelotasloide foi torpedeado quando se encontrava na foz do rio

Com o objetivo de combater a ação desses submarinos, os Estados Unidos deslocaram grande número de navios de guerra para defender os portos e as fortificações militares de maior importância. O porto de Santos também recebeu várias imponentes embarcações, tranquilizando a população.

No começo de julho, dois navios a vapor americanos de dez mil toneladas cada, acompanhados de três navios a vapor brasileiros de seis mil toneladas, atracaram no cais de Santos. Depois de abastecidos em caráter de urgência – por estivadores locais cuidadosamente selecionados – com provisões e grande carregamento de matéria-prima para a fabricação de produtos bélicos, o comboio formado pelos cinco navios zarpou na tarde de 7 de julho, sulcando as calmas águas da baía, que naquele momento refletiam as nuvens coloridas de vermelho, rumo aos Estados Unidos.

Os navios foram ganhando velocidade. Quando alcançaram o mar aberto, com fortes vagalhões rebentando nas proas, subitamente foram atingidos por certeiros torpedos disparados de um misterioso submarino que estivera à espreita, aguardando o momento oportuno.

O que se seguiu foi uma indescritível cena de destruição e horror. Altas labaredas subiram aos céus. Caldeiras explodiram arrastando corpos humanos dilacerados. Dezenas de barris de combustível se derramaram, espalhando fogo por toda parte. Gritos de socorro. Estava instalado o caos, no meio de um barulho ensurdecedor por todos os lados.

Após se ouvir um último grito de agonia, os navios foram afundando, um após o outro, em direção às profundezas do oceano.

O único que havia escapado dos torpedos tentou, desesperadamente, afastar-se do local tomando o rumo sul, mas pouco menos de dez minutos depois também foi a pique, atingido pelos torpedos do veloz submarino.

Quando, já na semiescuridão da noite, os navios e os aviões norte-americanos se aproximaram do local, encontraram apenas o mar agitado, como se nada tivesse acontecido, sem nenhum vestígio do submarino inimigo.

Pará e afundou, causando a morte de cinco de seus 42 tripulantes" (Jorge Okubaro, "A Tragédia como Destino", em Jorge Okubaro e Shozo Motoyama (orgs.), *Do Conflito à Integração. Uma História da Imigração Japonesa no Brasil*, vol. II (1941-2008), p. 132).

96 • ISOLADOS EM UM TERRITÓRIO EM GUERRA NA AMÉRICA DO SUL

Essa cena de guerra se descortinou bem diante das fortificações de Santos e do campo visual da frota da marinha norte-americana, encarregada do patrulhamento marítimo, com o agravante de que os navios haviam sido afundados sem que houvesse um único tiro de reação.

Para os responsáveis pelo comando de defesa e patrulhamento, foi um duro golpe, difícil de ser assimilado, pois todos os recursos alocados para reforço das fortificações e a estratégia de destacamento dos navios não foram suficientes para evitar o lamentável episódio.

Na madrugada do dia seguinte, pescadores japoneses de São Vicente que voltavam da pesca em alto-mar notaram que as redes estavam mais pesadas do que de costume e estranharam a razão de tanto peso, pois não era época favorável à captura de grandes cardumes. Quando, finalmente, conseguiram recolher as redes na areia da praia, encontraram três corpos de oficiais graduados da marinha mercante norte-americana.

À medida que o tempo passava, carregados pelas correntezas, dezenas de outros corpos foram chegando à praia do Gonzaga, conhecido logradouro público de Santos, enquanto mais ao longe, numa extensão de várias milhas, uma imensa mancha de óleo cobria o mar, desnudando aos olhos da população toda a dimensão da funesta tragédia.

Outros navios cargueiros já tinham sido torpedeados antes, mas agora era a primeira vez que cinco navios tinham sido afundados de uma só vez e em um local tão próximo das fortificações.

Não restavam dúvidas de que o ocorrido tinha sido obra do serviço secreto inimigo, com a participação de espiões japoneses e alemães infiltrados em todos os pontos estratégicos.

Para pôr um fim a essa situação, urgia desalojar todos os japoneses e alemães da cidade de Santos. Por isso, no dia 8 de julho, efetivamente, o governo baixou uma lei determinando o despejo imediato e urgente de aproximadamente cinco mil japoneses e alemães[4].

---

4. "Ainda haveria outros ataques a navios brasileiros, inclusive o Bagé, o maior navio do Loide Brasileiro, afundado às duas horas da tarde do dia 31 de julho no litoral de Sergipe (Silva, 1974, pp. 87-91), mas o episódio do Pelotasloide foi o bastante para o governo getulista desencadear o que seria a maior operação contra os imigrantes dos países do Eixo. Em resposta aos ataques aos navios brasileiros, no dia 9 de julho o ditador Ge-

A surpreendente medida, decretada sem prévio aviso nem tolerância de um prazo mínimo para a desocupação, impossibilitou as famílias de arrumarem seus pertences, desfazer-se de seus bens ou até mesmo levantar os saldos das contas bancárias.

O tratamento a que foram submetidos os desalojados poderia ser qualificado de cruel e desumano, pois tiveram que abandonar todo o patrimônio amealhado ao longo de vinte, trinta anos de árduo trabalho e muitos sacrifícios, partindo praticamente só com as roupas que vestiam. Pais e filhos, maridos e mulheres estavam sendo separados e embarcados para destinos desconhecidos[5].

Uma esposa suplicou desesperadamente ao policial portador da ordem de despejo:

– Meu marido não está. Foi tratar de negócios e é muito difícil eu e as crianças viajarmos. Não poderia esperar até ele voltar?

– Não precisa se preocupar. O lugar em que vocês ficarão instalados é um só, não faz diferença ir agora ou depois – foi a seca e insensível resposta do policial.

Uma senhora em adiantado estado de gravidez e com um garoto doente de doze anos suplicou que lhe fosse permitido interná-lo na Santa Casa e lá permanecer como acompanhante. Também não foi atendida:

– Impossível, pois a ordem é categórica, não admite exceções. Interne o garoto lá no local de destino.

– Mas o menino está doente, não suportará uma longa viagem.

– Então, você arranje um médico para acompanhá-lo.

---

túlio Vargas ordenou ao interventor em São Paulo, José Carlos de Macedo Soares, que 'internasse' a pelo menos cem quilômetros da costa os súditos do Eixo que morassem no litoral" (*idem, ibidem*).

5. "Na verdade, a operação de expulsão dos japoneses envolvia a destruição de laços familiares, profissionais e de amizade. As famílias japonesas que tinham filhos brasileiros as quais um dos cônjuges era brasileiro viam-se forçadas a optar pela separação forçada de seus familiares ou pela retirada de todos do litoral, mesmo que aqui pudessem ficar. Justamente porque havia a inserção do japonês nos mais variados setores da sociedade, a vigilância precisou ser maior, evitando que algum ainda ficasse por aqui. Nesse sentido são muitos os apelos e ameaças para aqueles que dessem guarida aos japoneses. Ninguém deve acolher em seu domicílio súditos do Eixo" (Rodrigo Tavares, *Imigrantes Japoneses no Brasil*, p. 239).

98 • ISOLADOS EM UM TERRITÓRIO EM GUERRA NA AMÉRICA DO SUL

Tendo que abandonar praticamente tudo o que possuíam, casas, mercadorias e móveis, os despejados caminhavam somente com as roupas do corpo, tal qual um enorme bando de carneiros, formando uma longa e sinuosa fila rumo à estação ferroviária, em um ambiente verdadeiramente angustiante. Mulheres portando o mínimo necessário de pertences tentavam cuidar das crianças que choravam sem parar; aqui e ali, gritos e berros de soldados misturavam-se aos gemidos sofridos dos idosos[6].

Na estação, eles foram embarcados feito carga em vagões e trancados a chave. A composição seguiu até São Paulo, estacionando junto à plataforma da hospedaria dos Imigrantes[7].

6. "Além do internamento, comunidades de imigrantes do Eixo no Brasil sofreram outras formas de reclusão e confinamento. Entre as medidas de segurança nacional do governo brasileiro estava a transferência compulsória de estrangeiros residentes em zonas litorâneas para o interior do país. Alemães, japoneses e italianos residentes em cidades como Rio Grande (RS), Florianópolis (SC), Itajaí (SC), Santos (SP), Rio de Janeiro (RJ), Recife (PE) e Natal (RN) foram obrigados a se retirar das suas cidades, abandonando moradias, empregos, negócios etc. Tal determinação atingiu imigrantes que, mesmo não internados em campos ou detidos pela Polícia Política, sofreram cerceamento de suas liberdades individuais, pois sua locomoção ficou restrita e extinguiu-se a possibilidade de escolha do local de moradia. Dessa forma, mudança de endereço compulsória significou uma outra forma de repressão, visando também o confinamento desses estrangeiros em regiões determinadas pelas autoridades governamentais. Alguns estudos tratam de comunidades de imigrantes japoneses obrigadas a deixar as zonas litorâneas e mudar, compulsória e rapidamente, para o interior, nos estados de São Paulo, Paraná e Pará. Sobre esse assunto indicamos a dissertação de mestrado de Elena Camargo Shizuno, *Os Bandeirantes do Oriente ou Perigo Amarelo: os Imigrantes Japoneses e a Dops na Década de Quarenta*, UFPR, 2001, e o livro de Marcia Yumi Takeuchi, *O Perigo Amarelo: Imagens do Mito, Realidade do Preconceito (1920-1945)*, Humanitas/Fapesp, 2008" (Priscila Perazzo, *Prisioneiros da Guerra: Os "Súditos do Eixo" nos Campos de Concentração Brasileiros (1942-1945)*, p. 100).

7. Onde hoje está instalado o Museu do Imigrante. De acordo com o romance histórico de Fernando Moraes: "Ao descerem na estação do Brás, em São Paulo, os passageiros foram colocados em caminhões e despejados na hospedaria dos Imigrantes, provisoriamente transformada em prisão e centro de triagem de 'evacuados'. Japoneses que anos antes haviam cruzado as portas do velho prédio da rua Visconde de Parnaíba com os olhos brilhando de esperanças agora retornavam a ele humilhados, tratados como coisas ou bichos, tangidos de um canto para outro" (*Corações Sujos*, São Paulo, Companhia das Letras, 2000, p. 59).

Uma vez ali, aqueles que dispunham de recursos receberam permissão para procurar hotéis ou pensões, quem tinha conhecidos na cidade podia dormir na casa deles, mas quem não possuía dinheiro nem conhecidos era obrigado a permanecer na hospedaria[8]. O número de pessoas nessa última situação era de aproximadamente dois mil japoneses e quinhentos alemães.

A Hospedaria servia apenas uma refeição diária. Quem tinha sorte tomava a refeição em torno das 9 horas da manhã, mas os últimos eram atendidos só lá pelas 14 horas, já mais do que esfomeados. Quem dispunha de alguns trocados ia comer em alguma pensão das redondezas, mas os demais tinham que driblar a fome de uma forma ou outra. Sem alimentação suficiente, algumas mulheres ficaram impossibilitadas de amamentar os pequenos bebês, que choravam sem parar.

Ao tomar conhecimento dessa dramática situação, a Kyūsaikai (Assistência Dom Gaspar), associação beneficente mantida por japoneses de São Paulo, solicitou a participação de pessoas como o senhor Ishihara e a senhora Margarida Watanabe para providenciar a entrega de sanduíches para mitigar a fome de mil sofridos compatriotas. Famílias de japoneses com recursos do centro da capital e até de bairros afastados aderiram ao movimento de socorro, oferecendo abrigo e alimentação, mas a iniciativa revelou-se insuficiente diante da multidão de desalojados.

Para dormirem, foram distribuídos colchões e cobertores, mas em quantidade suficiente apenas para as crianças, de modo que os pais atravessavam a noite cochilando sentados e tremendo de frio. Muitos enfrentaram as noites geladas dormindo sobre sacarias vazias estendidas sobre o piso de cimento gelado.

A fome, o frio, o cansaço e a incerteza do futuro deixavam as pessoas abatidas e irritadas, no limite do esgotamento.

A partir do quarto dia, ações começaram a ser tomadas com relação ao destino dos ainda atônitos desalojados. Sem receberem sequer um pedaço de

---

8. "No dia 12 de julho, quatro mil japoneses já haviam passado pela Hospedaria dos Imigrantes com destino às regiões Noroeste, Alta Paulista e Alta Sorocabana. Apenas seiscentos imigrantes que tinha familiares na capital paulista permaneceram em São Paulo" (Tomoo Handa, *O Imigrante Japonês: História de sua Vida no Brasil*, p. 639).

pão ou um copo de água, foram novamente embarcados em vagões de carga, trancados com cadeados, e partiram em direção ao interior do estado.

Ninguém tinha a menor ideia para onde estavam sendo mandados.

Centenas de desalojados foram assim literalmente encaixotados em vagões de carga e despachados, alguns para Marília, cidade da estrada de ferro Paulista, outros para Lins, da estrada de ferro Noroeste, ou para Paraguaçu, da estrada de ferro Sorocabana, regiões que, devido à Guerra, estavam carentes de mão de obra nas lavouras.

Uma senhora que desembarcou em Marília estava vivendo o seguinte drama: enquanto o marido estava ausente, foi conduzida, à força, com três crianças menores, para a Hospedaria de São Paulo, onde esperou durante quatro dias, em vão, pela chegada do marido. Sem ele, foi novamente obrigada a embarcar em um vagão de carga, que parou numa estação do interior, onde tiveram que descer.

Sem o amparo do pai, as famintas crianças pediam insistentemente:

– Mãe, compre pão para nós!

Aflita, sem poder atender ao pedido das crianças e escondendo as lágrimas, a mãe apenas balbuciava:

– Papai vai chegar logo para nos buscar. É só mais um pouco, tenham coragem. Vocês são fortes, não são?

Esse era o ambiente hostil em que estavam confinados os conterrâneos, abandonados à própria sorte em um país inimigo.

Essas quatro mil pessoas despejadas da orla marítima seguiram sua marcha silenciosamente, dispostas a vencer quaisquer desafios, por maiores que fossem os sacrifícios e as vicissitudes. Elas estavam escrevendo, com sangue e suor, mais uma página da gloriosa história de lutas, o êxodo do povo japonês, tendo como palco a imensidão do continente sul-americano.

Declaração de Guerra contra a Alemanha e a Itália (22.8.1942)[1]

1. O governo brasileiro até hoje manteve-se fiel aos sagrados preceitos de paz e harmonia que devem prevalecer entre os povos, mesmo diante da atual situação de guerra reinante no mundo inteiro.

2. Os países das três Américas abstiveram-se de se envolver no conflito mundial e vinham lutando pela preservação da paz, em consonância com os compromissos assumidos durante as três reuniões da Conferência Pan-americana dos Ministros de Relações Exteriores. Entretanto, os Estados Unidos foram atacados sucessivamente pelo Japão, pela Alemanha e pela Itália e não tiveram alternativa senão declarar guerra contra os três países em questão.

3. Na eventualidade de um país pertencente à Organização Pan-americana sofrer ataque inimigo, o ato representará agressão contra todos os seus membros.

4. Tendo em vista a agressão perpetrada pelos países do Eixo contra os Estados Unidos, o Brasil, como membro da Organização Pan-americana,

---

1. O texto que se segue é uma adaptação feita pelo autor do teor da nota enviada pelo governo brasileiro aos governos da Alemanha e da Itália, publicada em 22.8.1942, após Getúlio Vargas se reunir com seus ministros no palácio Guanabara e anunciar que o Brasil estava em "estado de beligerância" com a Alemanha nazista e a Itália fascista. Era uma declaração de guerra. Apesar de o governo ter na prática declarado guerra ao Eixo em 22 de agosto, o decreto que oficializou o estado de guerra só foi publicado no dia 31 de agosto (Jean-Philip Struck, "Há 75 Anos, Brasil Declarava Guerra à Alemanha", *Deutsche Welle Brasil*, 22.8.2017. Disponível em https://goo.gl/6iuSPn, consultado em 2.4.2018).

solidário com os termos do acordo firmado com a organização, declara o rompimento das relações diplomáticas com os citados países.

5. A Alemanha, ignorando a posição pacífica do Brasil, atacou, sem nenhuma comunicação, embarcações que navegavam em rotas próximas ao litoral brasileiro, afundando vários navios mercantes.

6. Com vistas à preservação da paz, o governo brasileiro tornou públicos as perdas e os prejuízos sofridos e formalizou, por meio de vias diplomáticas, seu protesto contra essas formas de agressão.

7. O Brasil chegou à conclusão de que as agressões já chegaram ao limite da tolerância.

8. Em flagrante ato de violência contra os princípios internacionais de relacionamento mútuo entre os países, vigentes desde os primórdios da civilização, os navios brasileiros de cabotagem Baependi, Aníbal Benévolo, Arará, Araraquara e Itagiba, que rumavam para o nordeste do país transportando passageiros e cargas, foram atacados.

9. É notório e irrefutável que Alemanha e Itália praticaram atos de guerra contra o Brasil.

Com o objetivo de se solidarizar com os Estados Unidos e ajudar a defender esse país, o Brasil enviou a todos os países americanos cópias da presente resolução.

O CASO DA VENDEDORA DE OVOS

Uma senhora japonesa de aproximadamente trinta anos de idade costumava circular por ruas de São Paulo repletas de ricas mansões vendendo ovos. No dia em que foi anunciado o rompimento das relações diplomáticas entre Japão e Estados Unidos, como de hábito ela continuou sua rotina visitando essas luxuosas moradias.

Para sua surpresa, ao chegar ao portão de uma freguesa do Jardim Europa, que comprava seus ovos havia mais de três anos, a proprietária, que sempre a recebia sorridente, naquele dia estava totalmente transtornada. Com voz irritada, lhe disse:

– Olha aqui, japonesa, de hoje em diante não comprarei ovos de você, por isso não apareça mais por aqui.

Fechou bruscamente o portão. Estranhando tanta indignação, a vendedora japonesa perguntou polidamente à senhora, que já ia entrando na casa:

– Minha senhora, o que está acontecendo? Meus ovos são todos selecionados, de ótima qualidade e não são caros. Poderia saber o motivo de tanta irritação?

– Japonesa, ouça bem o que vou lhe dizer: você não sabe que o Japão e a Inglaterra estão em guerra? Que povo cruel e desumano é o do Japão! Sem emitir nenhuma declaração de guerra, começou bombardeando Hong Kong e Cingapura. Inacreditável! Na qualidade de súdita de uma nação que sempre prezou os preceitos de lealdade e franqueza, recuso-me a consumir ovos de galinhas criadas por um povo tão bárbaro como vocês, impostores!

A vendedora japonesa compreendeu, então, que a interlocutora era uma senhora inglesa. Até então, tratava-a com muito respeito porque era consumidora de seus produtos, mas, cessado o relacionamento comercial, o tratamento pessoal a partir daquele momento devia ser de igual para igual. Sobretudo agora que a honra da pátria estremecida fora ultrajada, como permanecer calada? Se a ofensa tivesse sido dirigida somente a ela, ainda era suportável, mas como não reagir diante de tantas blasfêmias proferidas contra o país do augusto imperador?

– Madame, ouvi no rádio ontem à noite que havia eclodido a guerra entre Japão e Inglaterra. Quem instigou Chiang Kai-shek a guerrear contra o Japão? Foram a Inglaterra e os Estados Unidos! Parece que Hong Kong e Cingapura foram atacados para cortar o mal pela raiz. Mas a senhora não concorda que guerra é uma luta entre nações e que o relacionamento entre pessoas, principalmente entre duas mulheres, poderia ser conduzido mais educadamente? Eu não vou mais oferecer ovos a inglesas como a senhora, pois outras freguesas, alemãs e italianas, estão me esperando. Portanto, adeus, senhora! Adeus para sempre!

Diante da inesperada reação da vendedora de ovos, a quem considerava uma pessoa desprezível, ferida profundamente em seus brios de súdita do Grande Império Britânico, a senhora inglesa perdeu a compostura e gritou:

– Suma daqui, japonesa!

Fechou com estardalhaço o portão, rumando para a casa com passos acelerados e ruidosos.

Tranquila, sem demonstrar descontrole ou irritação, a japonesa vendedora de ovos apanhou a cesta e serenamente seguiu o seu rumo, desaparecendo na próxima esquina.

O Serviço de Informação Norte-americano e as Tentativas de Disseminação do Sentimento Antinipônico entre a População Brasileira por Meio de Propaganda Manipulada

São realmente impressionantes, inimagináveis até, os recursos de propaganda de que se utilizaram os Estados Unidos para indispor o povo brasileiro contra os japoneses. Por meio de estratagemas e insinuações sutilmente montados, incutiram na população um sentimento antinipônico, tendo o objetivo de expulsar e aniquilar a comunidade japonesa do Brasil, o maior e mais importante país da América do Sul.

Começou com as autoridades decretando o súbito fechamento dos jornais editados em língua japonesa, sem nenhum fundamento legal, subtraindo os meios de informação dessa comunidade japonesa. Após conseguir isolar os seus integrantes e impedir que se comunicassem entre si, proibindo rigorosamente a circulação até de folhas mimeografadas, o serviço de propaganda norte-americano mobilizou dois ou três jornais brasileiros para divulgar, diariamente e com estardalhaço, notícias sobre os japoneses – na realidade apenas boatos – recebidas supostamente de várias localidades do país.

- Exemplo 1: Policiais em ação de patrulhamento em rodovia envolta em denso nevoeiro na região de Cotia, ao revistarem três caminhões que se dirigiam a São Paulo carregados de verduras, descobriram, escondida debaixo da carga, grande quantidade de armas e munições.
- Exemplo 2: Gerente japonês de um banco da cidade de Marília, na região da estrada de ferro Paulista, recusou pedido de saque de um depositante brasileiro, e o povo, enfurecido, tentou depredar a agência bancária. A polícia interveio e os revoltados não conseguiram executar o objetivo pretendido, porém o gerente sofreu sérios ferimentos.

106 ◆ ISOLADOS EM UM TERRITÓRIO EM GUERRA NA AMÉRICA DO SUL

- Exemplo 3: Em Cornélio Procópio, cidade do norte do Paraná, um bando de japoneses começou a depredar um banco comercial, mas desistiu quando vários deles tombaram baleados. Autoridades policiais estão em estado de alerta permanente, prevenindo-se contra um possível novo movimento de ataque e depredação em grande escala.

- Exemplo 4: Na região cortada pela estrada de ferro Noroeste, muitos trabalhadores avulsos brasileiros contratados para trabalhar em colônias agrícolas de propriedade de japoneses têm desaparecido recentemente. Diante de rumores de que provavelmente eles foram assassinados, os trabalhadores remanescentes, receosos de terem o mesmo fim, estão abandonando rapidamente as colônias e procurando abrigo nas cidades. A situação dos brasileiros pertencentes à camada inferior da sociedade é deveras irônica, pois, embora vivendo no próprio país, correm risco de morte pelo simples fato de terem procurado trabalho para o seu sustento em terras exploradas por japoneses.

Alguns japoneses que investigaram as fontes dessas notícias e desses rumores correntes nas ruas chegaram à conclusão de que todos tiveram origem no consulado norte-americano.

BOATOS ESPALHADOS PELO SERVIÇO DE PROPAGANDA NORTE-AMERICANO: EMBAIXADOR E CÔNSUL--GERAL BRASILEIROS NO JAPÃO SÃO DETIDOS

Uma notícia estampada com letras garrafais nos principais matutinos do dia 9 de março de 1942 deixou os brasileiros extremamente revoltados: "Embaixador e Cônsul-geral do Brasil Estão Sofrendo Maus Tratos no Japão"[2].

---

2. No dia 10.3.1942 o jornal *O Estado de S. Paulo* publicou a seguinte manchete no alto da página 2: "Rigorosa Incomunicabilidade para os Representantes do Japão – Em represália ao tratamento infligido aos nossos diplomatas no Japão, o Governo Brasileiro sente-se obrigado a tomar medidas equivalentes em relação aos representantes nipônicos no Brasil – Detenção de cônsules japoneses – Calorosos Aplausos ao Ato do Governo". Em meio à matéria, destaca-se este trecho: "Trezentos mil japoneses no

A propósito, transcrevemos um trecho da notícia veiculada no *Diário da Noite*: "Polícia militar japonesa ocupa prédio da embaixada brasileira. Embaixador e cônsul-geral, diplomatas representando o Brasil, foram detidos e estão impedidos de fazer quaisquer contatos com terceiros, pressionados e submetidos a constrangimentos pelas autoridades policiais"[3].

Diante dessa notícia, nas ruas o povo revoltado vociferava impropérios contra o Japão, e a opinião pública exigia retaliação aqui no Brasil. Alguns episódios retratam bem o ambiente tenso da época[4].

Um dentista japonês, que havia terminado a confecção de uma coroa metálica de uma paciente, uma senhora da alta sociedade local, foi surpreendido pela inesperada atitude dela, que – sob o impacto das recentes notícias manipuladas da Guerra – foi deixando o consultório gritando:

> Brasil – O número de súditos do Micado em território brasileiro é bem alto, devendo ultrapassar de trezentos mil. A maioria está concentrada de preferência em São Paulo e na Amazônia. Estados onde formam verdadeiros núcleos com vida absolutamente própria, *não integrados nas nossas coisas, nos nossos costumes nem com nossa gente, sem dúvida os considera elementos heterogêneos e perigosos* do ponto de vista da Defesa Nacional" (*O Estado de S. Paulo*, p. 2, 10.3.1942).

3. A nota do Itamarati: "Informa o Itamarati por intermédio da Agência Nacional: 'O governo brasileiro está informado oficialmente de que o embaixador e os funcionários diplomáticos e consulares do Brasil no Japão se encontram em situação vexatória e de constrangimento, incompatível com os usos e costumes internacionais. O nosso embaixador foi posto em incomunicabilidade, a nossa embaixada ocupada pelas forças da Polícia Civil e Militar, que nela permanecem, e os nossos funcionários são tratados como prisioneiros de guerra. O governo brasileiro, que tem concedido aos diplomatas e funcionários dos países com os quais cessou as suas relações diplomáticas todas as garantias e lhes assegurado todas as liberdades de acordo com a sua tradição de hospitalidade, vê-se forçado a contragosto, a dar ao embaixador e aos funcionários nipônicos no Brasil um tratamento equivalente ao que estão recebendo os diplomatas e cônsules brasileiros no Japão'" (Rio de Janeiro, *Diário da Noite*, pp. 1-2, 9.3.1942).

4. "Até o final de 1941, Vargas tentou manter relações tanto com os Aliados quanto com os países do Eixo, mas após o ataque a Pearl Harbor, em dezembro, o Brasil ingressou com firmeza no campo Aliado. Isso fez que os diplomatas brasileiros servindo no Japão ficassem sob prisão domiciliar, o que serviu para dar ainda mais intensidade às histórias fantásticas sobre a atividade de uma 'quinta coluna' nas colônias japonesas e alemãs" (*Diário Carioca*, 8.3.1942; Miranda, "Um Brasileiro no Japão em Guerra", 1944, pp. 265-266, em Jeffrey Lesser, *A Negociação da Identidade Nacional: Imigrantes, Minorias e a Luta pela Etnicidade no Brasil*, p. 235).

– As vergonhosas ofensas que representantes brasileiros estão recebendo das autoridades japonesas constituem ultrajes inaceitáveis para todos os brasileiros. Recuso-me a pagar um centavo, a título de tratamento dentário, a um cidadão de um país tão bárbaro e desprezível como o Japão. É uma forma de retaliação que cabe a uma brasileira, como eu, assumir...

Atordoado, o dentista correu atrás da senhora dizendo:

– Espere um pouco...

E segurou a manga da blusa da senhora. Foi o suficiente para que ela, enfurecida, retrucasse:

– O que é isso? Está querendo violentar uma senhora? Vou imediatamente apresentar queixa à polícia.

"Se ela for mesmo à delegacia..." Naquele momento em que os japoneses eram alvo de ódio da população, o dentista apavorou-se. Era mais do que previsível o desfecho de uma queixa da senhora brasileira contra ele: só poderia acontecer o pior. Restou-lhe apenas implorar:

– Minha senhora, não precisa me pagar nada pelo tratamento, mas, por favor, não vá à polícia.

Isso é apenas um exemplo das humilhações e dos prejuízos sofridos pelos japoneses. E a retaliação do governo brasileiro veio em 10 de março.

Como já foi amplamente noticiado, o embaixador e o cônsul-geral do Brasil no Japão foram detidos e estão sendo submetidos a maus tratos e humilhações. O governo brasileiro tomou uma enérgica posição e, em represália, decidiu pela detenção do embaixador Ishii, do cônsul-geral Hara e outros cônsules, ficando os japoneses em geral proibidos de se locomoverem para além dos limites das áreas em que estão domiciliados.

Anunciavam em manchete os principais jornais do país.

Em resposta, no dia 14, uma emissora de rádio do Japão divulgou, uma vez em português e outra em japonês, o seguinte comunicado[5]:

5. "Muitos japoneses estavam totalmente empenhados em acompanhar o andamento da Guerra através da Emissora Central Militar do Japão. Nessa época ainda era possível ouvir rádios, os quais mais tarde foram apreendidos pela polícia nas casas. Os receptores de ondas curtas e longas ainda custavam caro e nem todas as casas os possuíam, o que fazia com que conhecidos, amigos e parentes visitassem as casas que tinham o aparelho, para ficar agarrados a ele" (Tomoo Handa, *O Imigrante Japonês: História de sua Vida no Brasil*, p. 633).

Até hoje o Japão procurou chamar a atenção dos países da América do Sul no sentido de não serem envolvidos pelas notícias tendenciosas espalhadas pelo serviço de propaganda dos Estados Unidos. Infelizmente, com muito pesar, constatamos que o Brasil acreditou nas informações do serviço norte-americano e decidiu deter o embaixador e o cônsul-geral do Japão no Brasil, determinando ainda o confinamento dos japoneses residentes no país. De nossa parte, sugerimos ao embaixador brasileiro que repousasse em hotel. O embaixador agradeceu o oferecimento, porém manifestou o desejo de permanecer no prédio da embaixada, e o governo japonês achou de bom alvitre respeitar sua vontade. Nada mudou, portanto, no relacionamento entre nossos países, mesmo após o rompimento das relações diplomáticas, continuando o Japão a dispensar ao embaixador o mesmo tratamento cordial que ele vinha recebendo até agora. Por meio da embaixada da Espanha, que é um país neutro, o governo japonês está envidando esforços com o objetivo de obter a imediata liberação do nosso embaixador e do cônsul-geral, injustamente detidos.

Ao ouvirem essa mensagem da pátria distante, os imigrantes convenceram-se de sua veracidade, mas, ao mesmo tempo, tiveram a certeza de que logo voltariam a receber o mesmo tratamento a que estavam sujeitos os demais súditos do Eixo, isto é, os alemães e os italianos.

Enquanto isso, intensificavam-se as pressões contra os japoneses. Mais de duzentos já estavam encarcerados, e os jornais procuravam justificar as prisões com notícias como "Prosseguem Prisões de Japoneses Envolvidos em Atividades de Espionagem"[6].

---

6. "O semanário ostensivamente esquerdista *Diretrizes* abriu campanha explícita contra as 'cooperativas amarelas' de São Paulo, e *O Radical*, do Rio de Janeiro, gritava que um 'alto funcionário do Japão é plantador de batatas no Brasil'. *A Notícia* afirmava que uma família de plantadores de tomate possuía uma estação de transmissão de rádio escondida em sua fazenda, e o jornalista e amigo próximo de Vargas, Samuel Wainer (que, ele próprio, era atacado como sendo um 'judeu estrangeiro'), sugeriu que a lealdade da população nipo-brasileira era 'frágil', e que a costa do estado de São Paulo estava 'infiltrada' de 22 mil japoneses que haviam misteriosamente desaparecido de suas colônias" (*Diretrizes*, 21.5.1942; *O Radical*, 6.3.1942; *A Notícia*, 11.3.1942; *O Carioca*, 26.2.1942; Wainer, *Minha Razão de Viver: Memórias de um Repórter*, 1988, em Jeffrey Lesser, *A Negociação da Identidade Nacional: Imigrantes, Minorias e a Luta pela Etnicidade no Brasil*, pp. 235-236).

Notícias Diretas da Terra Natal Comovem os Imigrantes

O cotidiano da comunidade japonesa estava se deteriorando a cada dia que passava. Aparelhos de rádio pertencentes a japoneses eram todos apreendidos, e seus donos imediatamente mandados para a prisão. Era a forma de evitar que notícias corretas e consistentes do Japão chegassem ao conhecimento das pessoas no Brasil, desmascarando as informações distorcidas que eram aqui publicadas. Era também uma tentativa de evitar que as violentas medidas repressivas aqui praticadas fossem difundidas para o resto do mundo. Para os japoneses, que atravessavam uma fase de extrema carência de notícias, o rádio era a única fonte de informações disponível[1].

---

1. "Foram proibidas as transmissões radiofônicas e a circulação de jornais, livros e revistas em língua estrangeira a partir de 7 de fevereiro de 1938, como parte da política de controle dos estrangeiros radicados no país. Dado o isolamento das colônias japonesas e o raro contato que elas tinham com os brasileiros – fato que dificultava a compreensão da língua portuguesa –, tal determinação colocou os japoneses numa situação difícil. Assim, era inevitável que surgissem casos de transgressão, descobertos, muitas vezes, via delações populares. [...] Atos como imprimir boletins informativos sobre a Guerra e escutar programas de rádio irradiados diretamente do Japão eram considerados como transgressões às leis de segurança nacional, cabendo julgamento pelo Tribunal de Segurança Nacional. Além de fiscalizar e reprimir a imprensa e as escolas japonesas, as autoridades policiais procuravam evitar o 'mau uso' do rádio através do confisco dos aparelhos dos nipônicos. Considerando-se o papel exercido pelo rádio nas décadas de trinta e quarenta, era comum o uso de rádio receptores para captar as notícias difundidas sobre a Guerra" (Márcia Yumi Takeuchi, *O Perigo Amarelo em Tempos de Guerra (1939-1945). Módulo III – Japoneses,* São Paulo, Arquivo do Estado e Imprensa Oficial, 2002, pp. 25-30).

112 ◆ ISOLADOS EM UM TERRITÓRIO EM GUERRA NA AMÉRICA DO SUL

Mesmo vivendo a milhares de quilômetros de distância, ao tomarem conhecimento da difícil situação que atravessava a longínqua terra natal, os imigrantes conseguiam manter acesa a chama da luta, com plena convicção de que tinham uma missão a cumprir e com renovada disposição para enfrentar toda a sorte de desafios e sacrifícios. Uma vez que o rádio era o único elo com o Japão, os imigrantes fizeram de tudo para ocultar da polícia seus aparelhos. Alguns instalavam seus rádios no sótão, outros os deixavam dentro de caixas escondidas em depósitos escuros ou, então, em algum espaço secreto da parede no subsolo. Às 21 horas, horário da transmissão do Japão, eles subiam para o sótão, dirigiam-se para a escuridão do depósito ou do subsolo e ficavam grudados nos aparelhos, ligados no volume mínimo para evitar que o som chegasse aos ouvidos de estranhos.

As informações, captadas assim com tanto sacrifício e risco, eram espalhadas entre os japoneses de boca em boca, com incrível rapidez.

Vinte e um de março de 1942, noite límpida de luar e céu estrelado. Agentes policiais disfarçados iam e vinham, percorrendo um trecho da rua várias vezes, atentos, à procura de algo. Às 21 horas, do rádio começa o tão aguardado noticiário do Japão:

Prossegue a escalada da ação repressiva das autoridades brasileiras. Diplomatas japoneses são detidos, imigrantes japoneses são confinados, dez dos quais foram presos apenas porque estavam ouvindo a transmissão da emissora de rádio de Tóquio. Além disso, já atinge a soma de 250 mil ienes o montante em espécie saqueado nas buscas domiciliares realizadas até agora. Durante os últimos trinta anos, os imigrantes japoneses contribuíram de modo expressivo tanto para o desenvolvimento econômico da nação quanto nas diversas atividades culturais e tecnológicas, notadamente na agricultura, segmento produtivo cujo progresso deve, em muito, à efetiva participação do imigrante nipônico.[...]

Inconformado com o tratamento hostil e desumano a que estão sendo submetidos os operosos e sempre pacíficos súditos, o governo japonês expressou, no último dia 7, seu veemente protesto por intermédio do cônsul-geral de um país neutro, a Espanha. Não tendo recebido nenhuma manifestação, enviou novo e enérgico protesto, também sem resposta até agora e, sem alternativa, decidiu apelar para um verdadeiro ultimato: o governo japonês responsabilizará o governo brasileiro por todas as consequências que os imigrantes japoneses venham a sofrer em virtude dos maus tratos praticados pelos órgãos policiais.

Ao ouvir essa enérgica declaração, todos os imigrantes choraram, emocionados pelo posicionamento da pátria, preocupada com o bem-estar dos súditos do além-mar. O Japão tinha tomado uma corajosa decisão, solicitando providências das autoridades brasileiras com o objetivo de proteger os imigrantes abandonados à própria sorte no outro lado do mundo. Como não ficar comovido? Todos, sem exceção, homens, mulheres, idosos e crianças, curvaram-se em direção ao oriente, numa silenciosa manifestação de gratidão e reverência à Sua Majestade, o Imperador, ao mesmo tempo que se sentiam revigorados para enfrentar todos os desafios e até a morte, se necessário fosse.

Da Rua Pacata para a Prisão

ATÉ PUBLICAÇÕES EM LATIM FICAM PROIBIDAS

Teiiti Suzuki, advogado graduado pela Faculdade de Direito da Universidade de São Paulo e funcionário da casa Tozan, conversava com um amigo, tomando café em um restaurante, quando um detetive se aproximou e anunciou:

– Vou prendê-los porque vocês estavam conversando em japonês[1].

Perplexo, o advogado retrucou:

– Nada disso, estávamos conversando em inglês. Creio que o senhor não ouviu bem e deve ter confundido japonês com inglês.

Contrariado, o detetive foi ríspido:

[1]. "A partir de 1938, além da imposição do ensino nacional, proibiu-se o uso da língua estrangeira em público ou em qualquer outro espaço comunitário. Sob a máscara do nacionalismo e da xenofobia, deu-se crédito às delações e tais restrições tornavam o ambiente cada vez mais tenso à medida que a Guerra evoluía na Europa e, principalmente, após o ingresso do Brasil ao lado dos Aliados. Todos aqueles que desrespeitassem as leis de nacionalização corriam o risco de serem presos como agentes inimigos. Nesse sentido, o caso de José Takayama é bastante ilustrativo. Embora nascido no Brasil, Takayama foi preso em 11 de janeiro de 1944 por se expressar em língua japonesa em público. Para ser colocado em liberdade, o 'criminoso' assinou um termo de advertência, documento em que se comprometia 'solenemente a, sob as penas da lei, não reincidir na infração, bem como a cumprir e acatar zelosamente todas as disposições legais e regulamentares em vigor, especialmente as decorrentes do atual estado de guerra'" (Termo de Advertência, 11.1.1944, pront. 1.768, José Takayama, Deops-SP, Daesp, em Márcia Takeuchi, *O Perigo Amarelo em Tempos de Guerra (1939-1945): Módulo III – Japoneses*, p. 22).

– Como? Estão duvidando de mim? Tenho certeza de que ouvi vocês conversando em japonês.

Suzuki então replicou:

– Uma vez que o senhor afirma ter ouvido nossa conversa em japonês, presumo estar de posse de alguma prova. Pode me repetir o conteúdo da nossa conversa? Sou advogado, formado no Brasil, e quero esclarecer tudo à luz da lei.

O detetive parecia não conhecer o idioma japonês e resolveu mudar o foco da acusação, apontando para o livro que Suzuki segurava na mão:

– Que livro é esse?

Entregando-lhe o livro Suzuki disse:

– É um livro para estudo do latim.

O detetive folheou algumas páginas e como nada tinha entendido, indagou indicando uma página:

– O que está escrito aqui?

Suzuki traduziu o que estava escrito: tratava-se de um relato sobre uma batalha travada na Grécia dois mil anos atrás.

– Livro que trata de guerra... Acompanhem-me até a delegacia, pois o conteúdo pode representar risco à segurança pública – sentenciou o detetive.

Tratava-se de um livro didático adotado nas escolas brasileiras para o ensino do latim. Como querer interrogar por causa do livro? Como estava evidente que o problema não era o livro, mas a intenção de prendê-los e, portanto, era inútil ficar argumentando, os dois japoneses foram até a delegacia para esclarecer tudo aos superiores do detetive.

Dois soldados armados com fuzis montavam guarda à frente do enorme portão da delegacia. Em seu interior, o detetive abriu a porta de um aposento, empurrou os dois japoneses para dentro e disse:

– Fiquem aguardando aqui!

Desapareceu após trancafiá-los com cadeado. Dentro do aposento havia cerca de dez presos, entre japoneses e alemães, súditos de países inimigos, todos com longas barbas, rostos emagrecidos e extenuados ao extremo, formando um quadro dantesco.

Eram todos mártires anônimos, encarcerados como vítimas da guerra que seus países de origem estavam travando.

PRESO POR ESTAR OUVINDO NOTÍCIAS
DA EMISSORA DE TÓQUIO

Na tinturaria Akiyama, localizada na rua Teodoro Sampaio, em São Paulo, o pessoal estava reunido ouvindo o noticiário do Japão das 21 horas. Ao ouvir batidas na porta, a dona da casa foi abri-la. Anunciando serem agentes da polícia, cinco truculentos detetives invadiram a casa, deram voz de prisão às seis pessoas presentes e ordenaram ao dono da lavanderia que lhes mostrasse todos os cômodos, os quais foram revistados minuciosamente aos gritos:

– Sabemos que há armas e munições escondidas aqui. É inútil negar, passem para cá imediatamente.

– Não temos essas coisas aqui.

– Se descobrirmos depois, a punição será mais grave. Se entregarem agora podemos contemporizar, ajeitando a situação...

– Infelizmente, nada podemos fazer, pois como entregar algo que não existe?

Irritado, um detetive apanhou o rádio e levou-o até o carro da patrulha. Em seguida anunciou que ia prender dois rapazes que já estavam dormindo e o chefe da família, que estava tomando banho; portanto, pessoas que não estavam ouvindo o noticiário. Quando ia se retirando, deparou-se com o terceiro filho da casa – um rapaz que trabalhava como motorista particular de um brasileiro abastado, morando inclusive na casa do patrão – que, sem saber de nada, tinha voltado para a casa de seus pais. Sempre irritado, o detetive berrou para ele:

– Você também está preso.

– O que está acontecendo? Por que vou ser preso se nada fiz de errado? – respondeu o rapaz, que não tinha a mínima ideia da situação.

– Você também deve ser um dos que vêm aqui todas as noites para ouvir a emissora de Tóquio. Acompanhe-nos[2].

---

2. "O fato de o governo de Tóquio ter organizado um programa radiofônico especial para seus nacionais na América e no Brasil, levado ao ar diariamente das 7 às 21 horas, deu margem a que os japoneses se reunissem nas residências dos patrícios portadores de rádio

118 ◆ ISOLADOS EM UM TERRITÓRIO EM GUERRA NA AMÉRICA DO SUL

– Eu não estava aqui, pois sou motorista particular da família do doutor Sodré. Se estão exigindo que os acompanhe, eu vou, mas permitam-me telefonar ao meu patrão para avisar o que está ocorrendo; caso contrário, ele ficará preocupado com a minha ausência.

– Pode telefonar.

Assim que teve permissão, o rapaz encaminhou-se ao telefone, quando foi agredido violentamente, seguidas vezes, pelo detetive.

O robusto rapaz de 25 anos ficou vermelho de indignação e quase revidou a agressão, mas, diante dos olhares de reprovação das demais pessoas, preferiu se acalmar e deixou que os detetives o prendessem.

Fui fazer uma visita para consolar as pessoas que ficaram na casa – mulheres e crianças, pois todos os homens tinham sido levados para a delegacia. A cena que presenciei deixou-me impressionado: a vovó lavando os ternos e demais roupas, a dona de casa passando a ferro e ainda orientando o trabalho dos demais empregados. A rotina da lavanderia prosseguia sem nenhum sobressalto, na mais perfeita normalidade, sob os cuidados das mulheres. Naquele momento, convenci-me da firmeza de caráter e da capacidade de luta da mulher japonesa em momentos de crise ou emergência. Em resposta às minhas palavras de apoio e solidariedade, a vovó respondeu de pronto:

– Não vejo nada de extraordinário. Quem emigrou para um país estrangeiro deve encarar tudo isso com naturalidade. Para os meus três filhos, será uma boa oportunidade para adquirirem mais vivência. Acho que passar algum tempo na prisão, enquanto jovem, será uma valiosa experiência para um imigrante japonês. Concorda comigo, professor?

As palavras ditas com toda a franqueza e coragem por essa anciã, de mais de sessenta anos de idade, traduziam em toda a sua plenitude a força

---

receptores, tanto em Lins como na zona rural. Os japoneses apreciariam as irradiações da rádio Tóquio em português e no seu idioma, adquirindo muitos receptores de ondas curtas e longas de boa marca para ouvirem as notícias transmitidas pelo *speaker* João Hirata, nascido no Brasil e bacharelado pela Faculdade de Direito de São Paulo" (Relatório "absolutamente reservado" de Paulo Cardozo de Almeida, delegado de polícia de Lins, para o delegado especializado em ordem política e social, Delegacia de Polícia de Lins, 12 de fevereiro de 1942, pront. 8.342, Niponismo, vol. 1, Deops-sp, Daesp, em Márcia Takeuchi, *O Perigo Amarelo em Tempos de Guerra (1939-1945): Módulo III – Japoneses*, p. 59).

de determinação da mulher japonesa que, quando as circunstâncias exigem, transfigura sua submissão em fortaleza, sendo capaz de absorver o choque da prisão dos filhos e poder afirmar, serenamente, que o sofrimento acabará sendo benéfico para eles.

RAPAZ É PRESO POR FALSA ACUSAÇÃO

Minoru Nakayama era um rapaz de 21 anos que tinha vindo do norte do Paraná. Trabalhava de dia no Kinrobu (tinturaria Aurora). Seu grande sonho era montar a própria indústria. Num domingo, aproveitou o dia para passear no jardim e, na volta, quando estava lustrando os sapatos com um engraxate da esquina, um homem de aparência não muito boa se aproximou, dizendo-lhe com muita intimidade:

– Oi, patrício, como vai? Também sou súdito de um país do Eixo. Os exércitos do Eixo estão vencendo grandes batalhas na Europa e na Ásia. É ou não é motivo para comemorarmos?

O homem falava sozinho. O rapaz preferiu não comentar as vitórias militares do Japão, pois estava em um logradouro público de uma grande cidade onde havia moradores de todas as nacionalidades. Por isso, continuou calado. O homem, no entanto, acercou-se mais e disse:

– Patrício, você está desconfiando de mim? Eu sou italiano, súdito de um país do Eixo. Nossos países estão lutando juntos, portanto não precisa se preocupar comigo. Vibrei com as notícias sobre as espetaculares vitórias do Japão em Hong Kong, Cingapura e Havaí. O problema reside nos Estados Unidos. Você sabe bem que o exército norte-americano está bem equipado e treinado. Você acha que o Japão derrotará os Estados Unidos?

Fazia menos de três meses que o ingênuo Nakayama tinha chegado a São Paulo, por isso não sabia ainda distinguir as pessoas da grande capital. Indagado se o Japão venceria ou não os Estados Unidos, caiu facilmente na esparrela habilmente armada pelo interlocutor e respondeu:

– Com certeza, o Japão ganhará.

O homem demonstrou surpresa e perguntou de novo:

– O que você disse? O que vai acontecer com o Japão?

– É claro que o Japão vai derrotar os Estados Unidos.

O rapaz não tinha nem mesmo terminado a frase quando o homem o agarrou fortemente pelo braço:

– Venha comigo à delegacia.

Ato contínuo, ordenou ao engraxate:

– Ligue para a polícia pedindo que enviem um camburão – indicando-lhe uma casa próxima que parecia ter telefone.

Só aí é que Nakayama compreendeu que o homem era um detetive. Mas que golpe baixo! Um agente policial fazer uso de um ardil para incriminar uma pessoa pelo simples fato de ela acreditar na evolução da Guerra favoravelmente ao seu país de origem! Que mal havia nisso? Por que teria que ser conduzido à delegacia em um camburão? Nakayama questionou a injusta prisão e, como resposta, foi agredido brutalmente pelo detetive. Quis reagir, mas, como se tratava de um agente policial, não teve alternativa senão suportar calado a agressão. Instantes depois, chegou o indefectível camburão azul-escuro, que o conduziu à delegacia.

No Kinrobu, todos os amigos de Nakayama estavam preocupados, pois, até a hora de dormir, ele não tinha voltado. Ninguém podia imaginar que ele tivesse sido preso. Quando, de tempo em tempo, começava a se ouvir o ruído cadenciado dos passos do guarda-noturno na calçada deserta, seus amigos corriam para fora na esperança de vê-lo chegando. O senhor Kani, supervisor dos estudantes internos, permaneceu acordado até a meia-noite e meia e, como Nakayama não voltou, foi se deitar. Mas, até o dia raiar não conseguiu sequer cochilar, imaginando que algo de mais grave tivesse acontecido com o rapaz.

Assim que o dia amanheceu, acompanhado de um estudante que frequentava o cursinho preparatório para o vestibular, fui até o Departamento de Segurança Pública, que ficava próximo à estação da estrada de ferro Sorocabana, para ver se ele se encontrava lá. Não estava, nem na delegacia central, onde passamos em seguida. Na polícia metropolitana, fomos informados de que um japonês tinha sido preso na tarde do dia anterior. Com certeza deve ser o Nakayama, concluí. Conduzidos ao subsolo por um sentinela de plantão, pedimos ao guarda encarregado que verificasse a relação dos presos, e lá estava o nome, "Minoru Nakayama, japonês".

Perguntei-lhe, então:

– Que crime ele cometeu para ser preso?

O carrancudo guarda, que ostentava um pomposo bigode à moda *kaiser*, depois de ler a descrição criminal, disse:

– Ele brigou, provocou arruaças na rua.

Como duvidasse de que um estudante do Kinrobu pudesse se envolver em briga de rua, indaguei:

– Com que tipo de pessoas ele brigou? Teria machucado outras pessoas?

– Os detalhes estão sendo apurados e ainda não foram esclarecidos... – foi sua resposta.

Um detetive tentou incriminar um inocente japonês. Não satisfeito, agrediu-o fisicamente com violentos golpes. E, para justificar a prisão, forjou a ocorrência de uma briga na qual Nakayama teria se envolvido.

A conclusão que se pode tirar desse lamentável episódio é que, quando o poder da nação é exercido por homens prepotentes, que não têm consciência de seus atos, todo o futuro dessa nação poderá, infelizmente, ficar comprometido.

Os Nisseis e o Serviço Militar

CONTERRÂNEOS ESCAPAM DE COMPLICAÇÕES
COM A POLÍCIA GRAÇAS À FIRME
INTERVENÇÃO DE UM NISSEI

Vinte horas. Quatro japoneses jogavam bilhar em um bar de Pinheiros. Em outra mesa, três japoneses tomavam café com alguns brasileiros. De repente, um homem de feições ríspidas, que andava rondando o bar havia algum tempo, entrou gritando:

– Japoneses que estão aqui dentro, não se mexam! Estamos fazendo uma investigação! Venham todos comigo à delegacia.

Após embarcá-los num caminhão estacionado nas proximidades, conduziu todos para o distrito policial.

O comissário de plantão nesse dia não era o de sempre. De imediato ele interrompeu o relato do afoito detetive, que queria se vangloriar do seu trabalho, e perguntou aos sete japoneses:

– Vocês sabem por que estão aqui?

– Não, não temos a menor ideia. Nós estávamos tranquilamente jogando bilhar quando, de repente, fomos presos.

– Nós estávamos tomando café e também fomos encanados. Estamos achando tudo isso muito estranho.

O comissário de plantão, então, virou-se para o detetive e disse:

– Pode me explicar o que aconteceu?

– Esses japoneses estavam reunidos em um bar conversando em japonês, sem parar.

– Estamos em época de Guerra e vocês devem saber que é proibido conversar em japonês em logradouros públicos – disse o comissário.

Nesse instante, um daqueles que estavam tomando café falou alto, em português fluente:

– O que o detetive afirmou agora é mentira! Eu estava tomando café com várias pessoas, inclusive brasileiros, e estes quatro japoneses estavam entretidos no jogo de bilhar. De repente, esse detetive entrou no bar e foi dando voz de prisão aos japoneses. Eu nasci no Brasil e tenho mais facilidade para falar o português do que o japonês. Quando estava tomando café com estes dois amigos havia outros brasileiros na roda da conversa e estávamos papeando em português. Eu vou chamar os amigos brasileiros que estavam conosco e eles poderão confirmar o que estou dizendo.

O comissário de plantão ouvia atentamente as alegações dos japoneses enquanto o detetive começava a dar sinais de que a situação estava ficando embaraçosa para ele. Temendo que o que estava dizendo poderia comprometê-lo diante do chefe, retomou a palavra alteando a voz:

– Esses japoneses estavam usando o idioma nipônico, falando mal do Brasil sem parar. Um rapaz indignado veio me avisar que não podia ficar calado ouvindo difamações que manchavam a honra e a boa imagem do Brasil. As palavras do rapaz merecem crédito, por isso encarcerei esses japoneses e os conduzi para cá.

Ao ouvir tais palavras, o jovem japonês nascido no Brasil deu um firme passo em direção ao comissário de plantão e, sem poder conter sua imensa indignação, disse:

– Sou um legítimo cidadão brasileiro que está servindo o exército, um soldado que prestou juramento de fidelidade à pátria diante da bandeira nacional. Lamento profundamente ser acusado de estar falando mal do Brasil. No meu entender, manchar a honra de um militar brasileiro, acreditando em declarações levianas e sem fundamento de um rapaz que transitava na rua, equivale a desonrar a dignidade e a respeitabilidade da nação brasileira. Minha carteira de identidade militar está aqui, o senhor pode conferir.

Depois de ouvir com atenção as firmes palavras do jovem nissei e concordar com elas, o comissário de plantão virou-se para o detetive:

– Faltou-lhe a devida prudência na ação que você acaba de praticar, ao prender até um soldado brasileiro baseando-se apenas num relato de um transeunte, em vez de certificar-se da veracidade da ocorrência. Do jeito que está, não dá para se saber se o detetive é você ou o transeunte. Prenda aqueles cujas infrações você tiver certeza, apurando os fatos com os próprios olhos e ouvidos.

Depois de ouvir a advertência, o detetive retirou-se apressadamente, e o comissário de plantão disse aos sete japoneses:

– Sinto muito! O detetive causou transtornos desnecessários a todos vocês. Foi uma falha, não fiquem muito aborrecidos com ele – e despediu-se com um tapinha cordial nas costas de cada um.

Os japoneses foram assim poupados do risco de serem presos graças à firme intervenção desse jovem nissei que rebateu, de pronto, as declarações do detetive. Após agradecerem de coração ao benfeitor, foram embora e, em menos de uma hora, todos já tinham chegado às suas casas.

O OFICIAL DO EXÉRCITO PAULO KATAYAMA

Por se tratar de uma grande capital, com moradores procedentes de todos os países, o noticiário internacional afixado no quadro de avisos montado ao lado do mercado central do Rio de Janeiro era motivo de alegria para uns e de tristeza e consternação para outros, podendo se perceber que, em meio aos encantos de uma metrópole internacional, as emoções e os sentimentos de diferentes povos eram conflitantes.

Nove horas da manhã. Como de hábito, uma multidão lia atentamente o noticiário afixado no quadro ao lado do mercado. Um japonês, aparentando 25 ou 26 anos, moreno, boca cerrada e olhar penetrante, era um dos que liam com vivo interesse os últimos acontecimentos.

Dois brasileiros que se posicionaram atrás, encontrando dificuldades para ler as notícias por causa da altura do homem, constataram tratar-se de um japonês. Um deles gritou:

126 ♦ ISOLADOS EM UM TERRITÓRIO EM GUERRA NA AMÉRICA DO SUL

– Ô, japonês, saia da minha frente, você está me atrapalhando.

O jovem japonês pareceu não ter ouvido a provocação e permaneceu imóvel. Irritado, o recém-chegado berrou, agora bem no seu ouvido:

– Japonês, não sabe que aqui é a capital do Brasil e não um território do seu império? Por isso, abra espaço para nós, brasileiros, e saia já daí.

O japonês voltou seu olhar intenso para os dois insolentes brasileiros, mas preferiu não dar importância à humilhação e continuou a leitura do noticiário. As atenções da multidão voltaram-se para os envolvidos, todos preocupados e antevendo a surra que o japonês levaria. Irritados e impacientes com a serena atitude do japonês, que, imperturbável, permaneceu onde estava, os dois brasileiros se sentiram feridos em seus brios, e um deles berrou:

– Japonês, nós somos detetives, está ouvindo? Desapareça já! Se você continuar nos provocando, vamos mandá-lo de volta para o Japão!

Como o jovem japonês se mantinha calmo apesar dos insultos e das ameaças, o detetive mais truculento perdeu a paciência e tentou aplicar-lhe um violento empurrão, gritando:

– Vá para o inferno, bastardo!

Num piscar de olhos, o rapaz desviou seu corpo do empurrão, fazendo o detetive cambalear dois ou três metros e bater o rosto nas pessoas à sua frente. Ao se recompor para voltar ao ataque, o rapaz lhe desferiu um violento murro no queixo, deixando-o prostrado no chão. Sem baixar a guarda, o rapaz o chamou para que atacasse novamente, mas o detetive não reagiu, pois tinha desmaiado com a potência do golpe.

O outro detetive, com medo de também ser golpeado, rapidamente desapareceu do local, enquanto a multidão, atordoada, não tirava os olhos do homem estirado no chão.

Até o trânsito da larga avenida começou a ficar congestionado com a confusão formada pelos curiosos que engrossavam a multidão e que, ignorando o que tinha acontecido, gritavam:

– O homem está morto! Um homem foi assassinado à plena luz do dia!

O jovem japonês, porém, permaneceu imperturbável, dando a impressão de que estava aguardando algo. Com efeito, menos de dez minutos depois, um camburão chegou e, de dentro dele, desceu um sargento do exército acompanhado de quatro soldados fortemente armados, com a missão de prender o jovem japonês. Abrindo um corredor entre a multidão, o sisudo sargento, que ostentava um basto bigode, ordenou arrogantemente ao japonês:

– Entre aí!

Calmamente o jovem tirou do bolso do paletó uma carteira e mostrou ao sargento. O documento era uma carteira de identidade militar expedida pelo Ministério do Exército, na qual estava impresso: "Paulo Katayama, primeiro-tenente da reserva do corpo de cavalaria do Exército", e na qual havia uma foto dele com uma impecável farda. Reconhecendo tratar-se de um oficial do Exército nacional, o sargento prontamente empertigou-se e bateu continência ao jovem, que respondeu ao cumprimento e disse:

– Leve esse indivíduo no camburão. Seguirei imediatamente atrás.

Em seguida, o jovem japonês entrou num veículo e deixou o local.

Os detalhes do incidente, enaltecidos por cerca de quinze ou dezesseis italianos que testemunharam o acontecimento e que ficaram satisfeitos com o desfecho final, espalharam-se rapidamente pela cidade do Rio de Janeiro, o que teria provocado uma diminuição na ocorrência de ofensas e humilhações contra os japoneses na cidade.

Esse jovem era um nissei engenheiro civil formado pela Universidade Federal do Paraná e primeiro-tenente do Exército, após ter concluído treinamento no Centro Preparatório de Oficiais da Reserva.

Gostaria, pois, de registrar aqui a corajosa postura assumida por Paulo Katayama, que, com sua decidida atitude, baseada no espírito de justiça contra as arbitrariedades, contribuiu para identificar a presença dos pacíficos, porém destemidos, imigrantes japoneses no seio da sociedade brasileira.

Japoneses Demonstram sua Capacidade de Luta e de Trabalho

A PRISÃO DO CORONEL WAKIYAMA

Os principais matutinos de São Paulo estamparam nas primeiras páginas dos exemplares de 22 de abril de 1942 a manchete "Polícia Prende Coronel do Exército Japonês, Jinsaku Wakiyama", causando grande exaltação nos seus leitores.

Eis o resumo da notícia sensacionalista:

> Jinsaku Wakiyama, que detinha a patente de coronel da infantaria do exército japonês, pediu baixa do serviço militar e veio para o Brasil em 1930, estabelecendo-se na colônia Bastos, localidade da Sorocabana, onde se tornou proprietário de terras. Enquanto ocupava o cargo de diretor de uma cooperativa agrícola da região, viajou ao Japão e recebeu importante missão de certas organizações, retornando ao Brasil pouco tempo depois. Foi preso quando do rompimento das relações diplomáticas entre Brasil e Japão. A propósito, consta que, ao ser preso, ele insistiu com o policial que queria receber tratamento condizente com o de um coronel[1].

---

1. "A presença de ex-militares japoneses nas colônias causou sobressaltos à polícia. O inspetor secreto (x.) comunicou que, através de informações fornecidas por um certo elemento japonês, existiam cerca de sessenta cooperativas agrícolas japonesas orientadas pelas organizações Bratac e K.K.K.K. Essas cooperativas recebiam assistências técnica, financeira e material do consulado japonês e dos seus agentes no interior. A companhia Bratac era dirigida, segundo o informante, por um coronel que controlava as referidas cooperativas e fazendas, dentre as quais a fazenda Bastos, cujo superintendente era Zuizak Wakigama, general reformado do exército japonês" (Informe de

As notícias que as emissoras de rádio de Washington, capital norte-americana, transmitiam para o mundo inteiro enfatizavam que "foi detido pelas autoridades policiais o coronel do exército japonês Jinsaku Wakiyama, dono de uma propriedade rural no Brasil. A polícia acredita que as atividades do referido coronel no Brasil têm importante ligação com o governo japonês, motivo pelo qual as investigações estão sendo conduzidas com o máximo rigor e sigilo".

Natural da província de Saga, consta que, no exército japonês, o coronel Wakiyama foi contemporâneo do general Honjo. Participou da guerra contra a Rússia, lutou na Manchúria, recebendo várias condecorações por seus atos de bravura. Combateu depois no cerco de Tsingtao e na campanha da Sibéria. Estava no comando do regimento de Nara quando solicitou baixa do serviço militar e decidiu servir a pátria como um soldado-operário. Desiludido, porém, com o futuro do Japão, esgotado economicamente em razão dos crescentes gastos militares, migrou para o Brasil e passou a se dedicar às lides agrícolas, após vencer o primeiro grande desafio como imigrante, o desbravamento das vastas matas virgens que se estendiam a perder de vista.

O bravo guerreiro, que tinha colecionado vitórias nas muitas batalhas de que participara, era agora apenas mais um camponês que, com muito suor e sacrifício, tirava o seu sustento da terra. Mas, para quem havia dedicado a maior parte de sua vida à pátria como militar, as novas atividades não significavam, absolutamente, que seus sentimentos de amor ao Japão tivessem mudado ou diminuído.

O coronel acreditava que, para o bem-estar e a felicidade de todos, o Japão deveria batalhar pela construção de um elo entre o centro industrial e cultural erigido pelos japoneses com o continente sul-americano, do outro lado do mundo. Confiante de que essa era a missão que cabia ao Japão desempenhar, o coronel dedicava-se ao paciente cultivo da terra no município paulista de Bastos.

x., chefia do s.s., Superintendência de Segurança Política e Social, São Paulo, 16.3.1943, pront. 8.342, Niponismo, vol. 1, Deops-SP, Daesp, em Márcia Takeuchi, *O Perigo Amarelo em Tempos de Guerra (1939-1945): Módulo III – Japoneses*, pp. 59-61).

MOVIDOS POR INTERESSES PARTICULARES, ALGUNS JAPONESES DELATAM UM COMPATRIOTA

Como simples agricultor, Jinsaku Wakiyama vivia pacificamente na imensidão das terras do interior paulista. A região de Bastos, onde cerca de mil famílias de japoneses detinham doze mil alqueires de terras, estava progredindo rapidamente; porém, sem uma forte liderança, apresentava sérias deficiências no seu processo de desenvolvimento. Ficava, então, à mercê de intermediários que, a preços irrisórios, se apoderavam de toda a produção agrícola.

Por esse motivo os agricultores aprovaram, depois de muitas reuniões e discussões, a fundação de uma cooperativa de produtores e solicitaram ao coronel Wakiyama que presidisse a nova entidade. Depois de muito refletir, ele aceitou a missão, proferindo as seguintes palavras:

Os japoneses que vivem no além-mar, longe da terra natal, são todos irmãos, membros de uma grande família. Isoladamente, a atuação de cada japonês é inexpressiva; porém, uma vez organizados e coesos, o conjunto se fortalece e poderá contribuir efetivamente para o aumento da produção e a melhoria do padrão de vida geral.

O futuro da comunidade japonesa nesta região do país está intimamente ligado ao sucesso ou não da cooperativa de produtores que hoje está sendo fundada, e sinto-me muito honrado por ter sido escolhido para administrá-la. Podem, pois, estar certos de que não medirei esforços a fim de corresponder à expectativa que os senhores depositaram em mim como dirigente máximo desta cooperativa, criada com o objetivo maior de promover o progresso e o bem-estar dos moradores deste núcleo colonial, que se tornou a minha segunda pátria!

Em seu rosto de feições corajosas, de imigrante que veio do outro lado do mundo para tentar a sorte em terras brasileiras, havia algo revelador da firmeza de caráter cultivada ao longo dos anos que viveu como militar nos campos de batalha.

Vestido com extrema simplicidade, o coronel saía cedo de casa para percorrer, a pé, os cinco quilômetros até a sede da cooperativa. Costumava também visitar as modestas casas dos agricultores, onde, entre uma xícara e outra de chá, ouvia suas reivindicações e traçava planos para o melhor funcionamento da cooperativa.

132 ◆ ISOLADOS EM UM TERRITÓRIO EM GUERRA NA AMÉRICA DO SUL

Os associados eram todos imigrantes japoneses, mas formavam um conjunto heterogêneo quando examinado sob a óptica da formação profissional de cada um. Muitos não tinham a necessária vivência em lides agrícolas. Por isso, em várias ocasiões, a cooperativa passou por momentos difíceis.

Mas, graças ao notável empenho e à inabalável determinação do coronel, que se dedicou inteiramente à causa sem nada reivindicar para si, a associação foi crescendo, e, após cinco anos, as cerca de mil famílias formavam um grupo coeso, chegando a contabilizar o invejável resultado líquido anual de trezentos contos, que foram integralmente distribuídos aos cooperados.

Todas as cerca de mil famílias de agricultores estavam eufóricas com os excelentes resultados, mas havia também pessoas nada satisfeitas. Eram os intermediários da cidade, que em várias ocasiões tentaram desestabilizar a coesão e a harmonia da cooperativa, chegando a auferir grandes lucros em algumas tentativas, aproveitando-se dos desentendimentos entre os cooperados.

Quando chegaram à conclusão de que, para alcançar seus intentos, não restava alternativa senão o afastamento do coronel Wakiyama da presidência, apelaram para o expediente de denunciar às autoridades, com a colaboração de comerciantes brasileiros, o suposto perigo que ele representava para a ordem pública da região, tendo em vista suas atividades subversivas[2].

Um abaixo-assinado, subscrito por inúmeros brasileiros, foi enviado às autoridades federais, denunciando ato atentatório à segurança nacional, com os seguintes termos:

O presidente da cooperativa dos produtores de Bastos, Jinsaku Wakiyama, é um ex-militar que detinha a patente de coronel do exército japonês. À primeira vista, apa-

---

2. "As cooperativas japonesas, antes cumprimentadas por sua produtividade, transformaram-se então em 'centros de sabotagem econômica', e 'a quinta coluna da alimentação'. Após Vargas ter deliberado o confisco das propriedades de empresas e indivíduos dos países do Eixo, a Bratac foi acusada de comandar subversivos. Suas colônias foram colocadas sob supervisão governamental, medida essa que, ao que consta, rendeu ao governo no mínimo 100 milhões de dólares" (*New York Times*, 12.4.1942, 4 e 29.10.1943; relatório do Deops de Amílcar Alencastre, 13.4.1943, APP, SJ pasta II, APE-RJ, em Jeffrey Lesser, *A Negociação da Identidade Nacional: Imigrantes, Minorias e a Luta pela Etnicidade no Brasil*, p. 238).

renta ser um simples lavrador; porém, na verdade, trata-se de um homem que veio para cá a mando dos militares japoneses com uma importante missão. Atualmente, está ministrando treinamento intensivo a trezentos rapazes de Bastos, e tudo indica que, por trás disso, está sendo montado um grave conluio secreto[3].

De posse dessas "informações" que causaram grande impacto na cúpula federal, as autoridades organizaram forte esquema policial, com a participação das forças armadas e das polícias federal e estadual. Agentes da polícia federal, reforçados com alguns policiais de elite da Força Pública do Estado, foram enviados para investigar todos os recantos da colônia de Bastos. Mas após cuidadosas diligências, ouvindo trabalhadores contratados pelos agricultores japoneses e relatos confiáveis de moradores brasileiros da cidade, nenhum dado ou subsídio indicativo de conspiração ou movimento armado ilegal foi constatado[4].

3. "No prefácio de seu livro *O Perigo Japonês*, 1942, Vivaldo Coaracy afirmou que a ação da polícia, após o rompimento do Brasil com os países do Eixo, revelou manobras de espionagem exercidas pelos japoneses no litoral, onde se faziam passar por pescadores e no interior do país, como lavradores. [...] Segundo o autor, o processo de aquisição de terras era patrocinado indiretamente pelo governo de Tóquio através das companhias de imigração destinadas a criar um Estado dentro do Estado. Sob essa ótica preconceituosa, os japoneses eram acusados de imperialistas. [...] Em suas andanças pelo interior, o que mais impressionou Lousada Rocha foi a colônia formada na fazenda Bastos (SP), que classificou como 'o maior quisto nipônico no exterior'. [...] Mas o que realmente chamou a atenção do delegado adjunto foi a constatação de que a produção e organização econômica, assim como os serviços públicos (correios, as redes telefônica e elétrica e transportes) da cidade de Bastos eram monopólio japonês. O delegado concluiu que existia na colônia uma organização que se assemelhava à do partido comunista em seus elementos principais: organização secreta sob a capa de inocente estrutura comercial, agrícola e industrial, organismos de direção controlando os diferentes setores de atividade e organização de base, de molde celular. [...] Como proposta de combate ao complô nipônico, o delegado sugeria a rápida nacionalização das cooperativas e outras organizações agrícolas, pois elas não passavam de representantes do governo japonês no Brasil" (Márcia Takeuchi, *O Perigo Amarelo em Tempos de Guerra (1939-1945): Módulo III – Japoneses*, pp. 16, 47 e 51).
4. Márcia Yumi Takeuchi descreve o prontuário "Niponismo" do Deops: "Esse prontuário, dividido em dois volumes, contém documentos referentes às atividades dos súditos japoneses, produzidos pela Superintendência de Segurança Política e Social com base nas observações de seus agentes enviados ao interior do Estado de São Paulo

134 ◆ ISOLADOS EM UM TERRITÓRIO EM GUERRA NA AMÉRICA DO SUL

Em resumo, os brasileiros declararam:

Jinsaku Wakiyama é um homem honrado, digno de confiança. Vem administrando com lisura e competência os negócios da cooperativa. Goza de bom conceito entre os agricultores brasileiros que se associaram à cooperativa e que estão satisfeitos com os bons resultados obtidos até agora. Os agricultores japoneses sempre estiveram empenhados na formação de sítios produtivos e na construção de uma cidade moderna e progressista. Observam à risca todos os preceitos legais, e não há nenhum registro de que eles tenham criado problemas ou perturbações à ordem pública. Tudo isso deve ser creditado ao senhor Wakiyama, que, com sua inata capacidade de liderança e retidão de caráter, vem conduzindo a operosa comunidade japonesa de Bastos rumo ao progresso e ao bem-estar por todos almejados.

Visivelmente irritados com a discrepância constatada entre a denúncia recebida e os resultados das investigações realizadas, os agentes federais chegaram à conclusão de que quem estava promovendo de fato perturbações e confusões na ordem pública eram os brasileiros que haviam assinado a falsa acusação. Ato contínuo, encaminharam-nos à prisão de Tupã.

e relatórios enviados pelas autoridades policiais locais. Essas investigações intensificaram-se a partir do rompimento do Brasil com os países do Eixo. O primeiro volume contém relatórios de investigação acompanhados de quadros estatísticos e listas de elementos influentes dos núcleos nipônicos. Tais documentos comprovam que a preocupação da polícia política era conhecer minuciosamente todos os aspectos da vida da colônia e observar os 'mentores', em especial os indivíduos que haviam pertencido ao Exército Imperial Japonês. Além dos aspectos culturais, as atividades econômicas dos japoneses (a organização das cooperativas, casas bancárias, transportes) são temas abordados pelos investigadores. Eles terminaram por concluir que os japoneses, além de totalmente voltados para o Japão, estavam organizados de maneira autônoma, sem a necessidade da convivência com os nacionais. Esse fato representava, na visão das autoridades, uma ameaça à segurança nacional" (Pront. 8.342, Niponismo, vol. 1, Deops-sp, Daesp, em *idem*, p. 163).

CORONEL WAKIYAMA É PRESO LOGO APÓS O ANÚNCIO DO ROMPIMENTO DAS RELAÇÕES DIPLOMÁTICAS ENTRE BRASIL E JAPÃO

Após o rompimento das relações diplomáticas do Japão com os Estados Unidos e a Inglaterra, o relacionamento do Brasil com o Japão parecia ir na mesma direção. No dia 26 de janeiro de 1942 finalmente foi anunciada a decisão do governo brasileiro de romper relações diplomáticas com o Japão. Como consequência desse ato foram fechados a embaixada e o consulado do Japão e, a partir daquela data, os súditos do Eixo (japoneses, alemães e italianos) só podiam viajar de posse de salvo-conduto expedido pela polícia.

Nesse período, Jinsaku Wakiyama estava na cidade de São Paulo, para onde havia viajado a fim de tratar de negócios da cooperativa. Concluídos os assuntos, Wakiyama dirigiu-se ao distrito policial para solicitar seu salvo-conduto, onde outros requerentes estavam recebendo seus documentos sem maiores problemas. Como seu pedido não fora deferido mesmo depois de uma semana, ele teve que ir ao Departamento Estadual de Ordem Política e Social de São Paulo (Deops) da polícia central. Enquanto aguardava ser recebido pelo chefe do Departamento, o detetive Olinto aproximou-se dele e perguntou:

– De onde o senhor veio?

– De Bastos.

– Então é o coronel da cooperativa?

Intrigado com a pergunta vinda de um desconhecido, retrucou:

– De onde você me conhece?

– Conheci o senhor quando participei de um trabalho de investigação em Bastos, no ano passado. Acho que vai ser difícil conseguir o salvo-conduto, pois o senhor está na lista de suspeitos...

O coronel percebeu que a situação estava ficando difícil, mas, graças ao empenho do advogado doutor Ferraz, conseguiu voltar para Bastos.

Nesse meio tempo, intensificavam-se as pressões da polícia brasileira sobre os japoneses. Ao tomarem conhecimento de que todos os acontecimentos estavam sendo transmitidos para o Japão, as autoridades brasileiras começaram a prender os veteranos de guerra japoneses, na ânsia de localizar os responsáveis pela transmissão das informações.

Considerando a possibilidade de que seus pertences pessoais, como uniforme, medalhas e outros objetos ligados à antiga vida militar fossem manuseados por policiais inescrupulosos, o que representaria uma injúria à honra de um soldado do Exército Imperial Japonês, o coronel Wakiyama, depois de muito refletir, colocou tudo numa mala, deixou-a aos cuidados de um amigo, R., que morava na cidade. Esse amigo era da mesma província no Japão, filho de um capitão com o qual o coronel havia mantido excelente relacionamento. Era, portanto, uma pessoa em quem podia confiar plenamente.

Logo depois, a polícia iniciou um minucioso trabalho de busca e apreensão nos lares das famílias japonesas de Bastos. A residência de Jinsaku Wakiyama foi também demoradamente vasculhada, mas, apesar do aparato e do empenho da polícia, nada foi encontrado que pudesse comprometer Wakiyama com o exército japonês. Por fim, os policiais se retiraram resignados, sem provas comprobatórias do alegado delito.

Pouco depois, o chefe da delegacia de polícia de Bastos foi chamado para a capital.

Com as mesmas roupas rústicas de costume, Wakiyama continuava seu trabalho no escritório da cooperativa, defendendo os interesses dos agricultores. Enquanto as demais pessoas mal conseguiam trabalhar direito, amedrontadas com os terríveis boatos que surgiam diariamente, Wakiyama continuava a sua rotina de trabalho na cooperativa como se nada tivesse mudado em sua vida.

Mas a difícil situação estava se agravando a cada dia que passava. À hora da saída, de manhãzinha, várias vezes Wakiyama deparou-se com desconhecidos corpulentos parados na frente do portão de sua casa, e era comum ser seguido silenciosamente nas estreitas estradas entre os cafezais quando voltava para casa, já tarde da noite. Wakiyama, porém, simplesmente os ignorava.

Certo dia, rompendo o silêncio da roça, um carro estacionou à frente do portão da casa de Wakiyama. Rapidamente, um inspetor da polícia, um soldado da polícia do exército e um trabalhador braçal saltaram do carro.

O inspetor, após cumprimentar o coronel, disse-lhe:

– Sou da delegacia de polícia de Tupã. O senhor e seu filho precisam acompanhar-me até lá, agora.

Sem proferir uma palavra, o coronel prontificou-se a seguir, mas seu filho, preocupado, perguntou:

– Quanto tempo vamos ter de ficar na delegacia de Tupã?

– Acredito que hoje à tarde vocês poderão voltar...

Desconfiando das palavras do inspetor, quis sair com trezentos mil réis no bolso, mas foi impedido de fazê-lo.

– Não precisa levar dinheiro, pois à tarde já poderão voltar.

O coronel continuou calado, sem dizer uma única palavra. O inspetor conduziu seu filho para um quarto ao lado e chamou o soldado e o trabalhador braçal. Agora, completamente transtornado, o inspetor disse para o rapaz com olhar ameaçador:

– Entregue-me o uniforme militar do coronel. Você deve conhecer este homem aqui. Ele trabalhou para seu pai como diarista e confirmou que viu esse uniforme militar. Nós sabemos também que vocês estão escondendo metralhadoras e bombas no porão da casa. Entregue já tudo para nós.

Muito tenso, o soldado da polícia do exército posicionou-se para qualquer emergência, empunhando uma pistola.

Sentindo-se encorajado com a atitude do inspetor e com a pistola do soldado da polícia do exército, o trabalhador braçal avançou um passo e vociferou:

– Garotão, sou o Antônio, que empreitou a derrubada das matas desta região há três anos. Vi muito bem seu pai mostrando um uniforme militar bordado com fios dourados aos japoneses, que, se curvaram diante dele. Presenciei tudo com estes dois olhos! Sei muito bem o que estou falando!

O soldado da polícia do exército continuou, de arma em punho, vigiando os movimentos do filho do coronel, atento ao menor ruído que vinha de fora. Alteando ainda mais a voz, o inspetor gritou:

– Como você está vendo, tenho testemunha e não admito que continue negando a existência do uniforme militar. Se você me entregar agora a farda de coronel do seu pai, assumo a responsabilidade de conservá-la com todo o cuidado e vocês serão liberados. Mas, se continuar escondendo, será pior para vocês, e não poderei garantir a integridade física do coronel...

O filho, I., cerrou os olhos e pensou: "Meu pai não é espião nem está planejando organizar uma conspiração ou algum movimento semelhante. É simplesmente um modesto lavrador japonês que ama o Japão. Se ocultou o uniforme militar e as medalhas, foi movido pela única preocupação de que esses símbolos da dignidade do imperador talvez fossem profanados".

Não havia motivos para se envergonhar em expor às autoridades policiais os pertences de seu pai, nem havia objetos que pudessem comprometer a boa imagem do Japão. E nem eram objetos tão valiosos, que justificassem arriscar a vida no afã de ocultá-los. A conjuntura mundial tinha colocado Brasil e Japão em campos antagônicos.

Estes policiais estão aqui cumprindo ordens superiores de interesse do governo, não estão sendo agressivos por motivos pessoais. Ao afirmarem que aqui estamos ocultando metralhadoras e munições, estão insinuando que suspeitam do envolvimento de meu pai em uma conspiração. Como filho, meu dever é provar a inocência dele. Por meio do comportamento exemplar de meu pai, urge esclarecer as inaceitáveis suspeitas que pesam sobre a nação japonesa.

Tomada a decisão, dirigiu-se ao comissário:

– Entregaremos o uniforme militar e demais objetos pessoais de meu pai que estão guardados na cidade. Quanto às metralhadoras, bombas e espadas, como nada sei a respeito, deixo a critério do senhor decidir o que fazer sobre o assunto.

Como o objetivo do comissário era aprisionar Wakiyama e apreender provas de que ele era coronel do exército japonês, partiu rapidamente em direção à cidade. Lá chegando, recebeu de R. a mala pertencente ao coronel e rumou para Tupã, levando também R., que estava guardando o uniforme, como prisioneiro.

VIDA EM RISCO SOB A MIRA DE UM REVÓLVER

Chegando à delegacia de Tupã, uma modesta cidade interiorana, o coronel Wakiyama, seu filho e o amigo R. foram encarcerados. Na delegacia reinava grande alvoroço com a prisão de uma pessoa importante, mas os policiais também estavam preocupados com a reação dos japoneses de Bastos, que poderiam partir para uma tentativa de assalto à delegacia para resgatar o coronel. O policiamento foi, então, reforçado em toda a cidade; o trânsito de veículos e a movimentação de pessoas foram bloqueados durante a noite inteira.

No decorrer da noite, porém, nada aconteceu. As baionetas dos soldados em prontidão refletiam apenas o suave brilho da Lua.

Passados dois ou três dias, o comissário disse:

– Coronel, o senhor precisa me acompanhar até a estação. Vai chegar um objeto e o senhor precisa estar presente.

Ouvindo essas palavras, R. teve o pressentimento de que o coronel seria mandado para um lugar distante, onde poderia sofrer muito. Pediu para acompanhar o comissário em substituição ao coronel, mas seu pedido foi recusado.

Escoltado por soldados da polícia, o coronel foi transferido de Tupã para a prisão de Bauru, onde ficou encarcerado durante 28 dias com outros prisioneiros. Em 17 de abril, foi mandado para São Paulo. Durante todo o trajeto, quatro soldados fortemente armados davam cobertura, para evitar qualquer tentativa de resgate do prisioneiro. Da estação, em São Paulo, o coronel foi conduzido por soldados da polícia especial diretamente para o Deops, da polícia central.

Naquela época, os cônsules dos Estados Unidos e da Inglaterra compareciam alternadamente ao Deops e, com base nas informações obtidas com os serviços de inteligência dos respectivos países, orientavam a cúpula daquele órgão policial e assessoravam o Departamento quanto ao tratamento a ser dispensado aos súditos do Eixo (japoneses, alemães e italianos)[5]. Por isso, era

---

5. "A partir de 1942, com o rompimento das relações diplomáticas com o Eixo, a aliança definitiva com os Estados Unidos e a entrada do Brasil na Guerra, o tratamento destinado aos 'súditos do Eixo' saiu do círculo das questões nacionais para projetar-se como um dos elementos de negociação no plano da política internacional. No contexto do conflito mundial e da política do Estado Novo, alemães, italianos e japoneses foram levados aos campos de concentração brasileiros como prisioneiros de guerra. [...] Colocar em prática um sistema de internamento de 'súditos do Eixo' tinha um signi-

comum ver agentes policiais de escalão inferior tratando com arrogância e truculência até mesmo funcionários graduados japoneses e alemães, no afã de agradar àquelas autoridades diplomáticas inglesas e norte-americanas.

Quando o coronel chegou ao Deops, o chefe de investigações estava ausente, e, por isso, ficou aguardando na sala de espera. Ao avistá-lo, um detetive disse para um colega:

– Este homem é detentor de patente de coronel do exército japonês e estava trabalhando na lavoura em Bastos.

– O quê? Um coronel trabalhando na lavoura? Deixe-me ver a mão – disse o outro detetive.

Embora julgasse desnecessário dar qualquer satisfação, o coronel estendeu calmamente a mão, a fim de evitar que o outro ficasse irritado.

Após examinar a mão, o detetive resmungou:

– Isso não é mão de lavrador.

Bateu com força na palma da mão. Quem se irritou bastante foi o coronel, mas apenas o mirou firmemente nos olhos, pois achou que não valia a pena reagir.

Atordoado com o olhar penetrante do coronel, que durante muitos anos comandou com mão de ferro milhares de soldados em um sem-número de batalhas, o detetive sacou o revólver da cintura e, com o dedo no gatilho, encostou o cano da arma no rosto do coronel.

ficado político mais voltado para o campo das negociações entre Brasil e Estados Unidos que propriamente uma necessidade de reclusão desses estrangeiros como prática de repressão. A criação dos campos de concentração brasileiros, adaptando presídios e colônias penais já existentes, representa uma iniciativa do governo brasileiro em corresponder aos anseios e às pressões dos norte-americanos sobre a América Latina [...] Situação semelhante ocorreu contra os japoneses que, de acordo com os interesses da política brasileira, foram confinados em suas próprias colônias ou removidos de áreas consideradas estratégicas, como o litoral paulista. Iniciativas assim iam ao encontro da política interna brasileira no sentido de conter o 'perigo amarelo', além de atender a pressões dos norte-americanos, que exigiam provas de alinhamento ideológico. Os Estados Unidos esperavam que o governo brasileiro, na condição de aliado, endossasse as medidas de repressão aos japoneses, incluindo seu afastamento das regiões litorâneas e o internamento em campos de concentração" (Priscila Perazzo, *Prisioneiros da Guerra: Os "Súditos do Eixo" nos Campos de Concentração Brasileiros (1942-1945)*, pp. 59, 75 e 351).

Era uma situação delicada, pois se tratava de homens que perdiam a noção das coisas quando muito enfurecidos. Para superar o confronto, o coronel manteve-se calmo e sereno, mas continuou fitando, sem pestanejar, os olhos do detetive.

Foi nesse instante que sons firmes de botas no piso anunciaram a aproximação, possivelmente, do chefe de investigações. O detetive rapidamente guardou o revólver no coldre e pegou um jornal para ler. O coronel não conseguiu evitar um sorriso de desprezo diante dessa farsa do detetive.

Nesse dia, o coronel não foi submetido a interrogatório. Ficou preso numa exígua cela com outros prisioneiros japoneses e alemães e só dois dias depois foi levado à presença do chefe de investigações.

Como já havia passado mais de um mês encarcerado, transferido de uma cidade para outra, e, nesse ínterim, minuciosamente interrogado, além de ter seus pertences apreendidos, o coronel postou-se na frente do chefe de investigações e disse, em alto e bom som:

– Senhor, permita-me perguntar o real motivo da minha prisão: seria para aprofundar algum processo de investigação ligado à segurança nacional ou é simplesmente por causa da minha patente de coronel? Caso seja para investigar eventual suspeita de minha participação em atividades conspiratórias, os senhores poderão fazê-lo à vontade com base nas informações já reunidas e nos materiais apreendidos. Mas se estou sendo preso por causa da minha condição de coronel, solicito tratamento condizente àquele que o governo brasileiro deve dispensar a um coronel do Exército Imperial do Japão. Desnecessário acrescentar que a patente de coronel não é exclusiva a mim, pessoa física, mas é uma divisa do império japonês. Considere minha solicitação porque o que está em jogo é a honra e o prestígio do império![6]

---

6. "No discurso do Ministério das Relações Exteriores, explicitado na correspondência das missões diplomáticas e órgãos internacionais, encontramos o termo prisioneiro de guerra utilizado para os alemães, japoneses e italianos internados nos campos e presídios brasileiros durante a Segunda Guerra Mundial. Era comum o ministro do Exterior solicitar aos ministros da Guerra e da Justiça que se procedesse ao tratamento dos estrangeiros presos de acordo com as regras da Convenção de Genebra de 27 de julho de 1929, relativa aos prisioneiros de guerra. Assim, tanto oficiais militares

142 ◆ ISOLADOS EM UM TERRITÓRIO EM GUERRA NA AMÉRICA DO SUL

O coronel proferiu essas palavras expondo com bastante clareza, lógica e firmeza sua reivindicação. O chefe de investigação, que não era um burocrata civil, mas um oficial militar, como o coronel, entendeu a mensagem e respondeu:

– O motivo da vossa prisão não é por suspeita de espionagem, é por causa da patente de coronel do exército de um país inimigo. Com relação à vossa solicitação, vou submetê-la à apreciação dos meus superiores e voltarei a vos informar oportunamente.

Um japonês que se encontrava na sala para também ser interrogado, após deixar a prisão, declarou entusiasmado e com toda a sinceridade:

– Até então, centenas de japoneses tiveram que engolir calados seus sentimentos de protesto e revolta contra o humilhante tratamento das autoridades policiais. Hoje, contudo, ao testemunhar a sóbria e serena atitude do coronel, que, com firmeza, porém com o devido respeito, conseguiu convencer o chefe de investigação a reconsiderar sua condição de preso, senti que as minhas angústias se desfaziam. Parecia que um sol brilhava sobre todos nós. As palavras do senhor Wakiyama soaram para mim como um brado heroico de um representante de todos os japoneses residentes no exterior[7].

---

presos como a comunidade estrangeira internada estiveram sob a proteção dessa Convenção.[...] Ao associar a característica da documentação do Ministério das Relações Exteriores às definições da legislação concernente, percebemos que os internos civis podem vir a ser denominados prisioneiros de guerra graças à brecha interpretativa do Artigo 3°. do Regulamento Anexo à Convenção de Haia de 1907, recuperado no Artigo 1°. das Disposições Gerais da Convenção sobre Prisioneiros de Guerra de 1929. Devido às posturas de reciprocidade estabelecidas entre os diferentes governos da Europa e da América, tal denominação tornou-se prática comum à época, e a legislação de proteção aos prisioneiros de guerra foi estendida aos internos civis entre os países envolvidos na Segunda Guerra Mundial" (Priscila Perazzo, *Prisioneiros da Guerra: Os "Súditos do Eixo" nos Campos de Concentração Brasileiros (1942-1945)*, p. 67).

7. É impressionante o balanço dos crimes de sangue praticados entre 7 de março de 1946, quando ocorre o primeiro assassinato, e 10 de janeiro de 1947, quando é cometido o último crime de morte por causa da divisão dos japoneses depois de terminada a Guerra. Haviam sido assassinadas 23 pessoas e 86 tinham sido feridas. Das 109 vítimas desse período, 66 eram esclarecidas e 43, "vitoristas" (Comissão de Elaboração da História dos Oitenta Anos da Imigração Japonesa no Brasil, *Burajiru Nihon Imin 80-nenshi*, pp. 292-294). "No dia 2 de junho, foi assassinado em sua casa, no bairro da

NA CALADA DA NOITE, MÃE E FILHA ENTERRAM
MANUAIS DE LÍNGUA JAPONESA

Quando os últimos raios de sol refletidos no alto dos prédios começavam a se esmaecer e as lâmpadas dos postes de iluminação estavam sendo acesas, uma menina de quatorze ou quinze anos, que tinha saído para fazer compras no centro da cidade, chegou em casa no bairro de Pinheiros dizendo:

– O pessoal está comentando que policiais andam fazendo revistas em todas as residências de japoneses da região central, apreendendo quaisquer objetos considerados suspeitos. E estavam falando também que, talvez a partir de amanhã, virão revistar as casas daqui de Pinheiros.

O irmãozinho de oito anos, que ouviu a menina falar com os olhos arregalados, como que assombrada por algum fantasma, disse:

– Aqui em casa o que será mais importante? Seja o que for, na hora de dormir vou escondê-lo debaixo do meu cobertor.

A irmã, de doze anos, retrucou:

– De nada vai adiantar. Os policiais vasculham tudo, desde a parte de cima do forro, embaixo do assoalho, os cobertores das camas, tudo, de cabo a rabo! Para mim, os objetos mais importantes são os livros e as publicações em japonês. Não é mesmo, mana?

– É verdade. Com dinheiro, podemos comprar quase tudo o que quisermos, mas as publicações em japonês não, porque, até terminar a Guerra, o comércio com o Japão está interrompido. E como ninguém sabe quando a Guerra vai terminar, será um desastre para nós se a polícia apreender nossos livros de estudo da língua japonesa. Sem poder estudar o japonês, vamos acabar ficando analfabetas. Os livros japoneses realmente são os objetos mais importantes! – comentou a irmã mais velha.

Saúde, em São Paulo, o coronel da reserva Jinsaku Wakiyama, companheiro de academia militar do principal líder da Shindo Renmei, tenente-coronel da reserva Junji Kikkawa, e que abria a lista dos signatários da carta de esclarecimento sobre o fim da Guerra distribuída aos japoneses" (Jorge Okubaro, "A Tragédia como Destino", em Jorge Okubaro e Shozo Motoyama (orgs.), *Do Conflito à Integração. Uma História da Imigração Japonesa no Brasil, vol. II (1941-2008)*, p. 163).

144 ◆ ISOLADOS EM UM TERRITÓRIO EM GUERRA NA AMÉRICA DO SUL

Ouvindo a conversa das crianças, a mãe, que estava cozinhando, parou para pensar e ficou um bom tempo absorta.

Ela falou para as crianças jantarem mais cedo e, com o auxílio da filha mais velha, embrulhou cuidadosamente os manuais escolares de língua japonesa, outros livros didáticos e demais publicações em japonês e acondicionou tudo numa lata vazia de querosene. Em seguida, colocou o volume em uma caixa de madeira, de modo que ficasse quase que hermeticamente fechado, sem risco de infiltração de água da chuva.

Tudo pronto, levaram a caixa para os fundos do quintal. Lá, reinava absoluto silêncio, e no céu, sem a presença da Lua, faiscavam milhares de estrelas, como uma chuva de granizos prateados. Escolhido o local, enquanto a filha protegia cuidadosamente a caixa, a mãe começou a cavar um buraco na terra com uma enxada.

Mesmo executando o serviço com todo o cuidado, o ruído da enxada cortando a terra ecoava na escuridão da noite, e, quando a lâmina se chocava com uma pedra, um som agudo quebrava a quietude.

Passados alguns minutos, a filha ouviu um pequeno barulho na cerca erguida entre o terreno da sua casa e o do vizinho. Procurou ver o que era, e, avistando um vulto movimentar-se, ficou emudecida de tanto susto. A mãe continuava cavando sem parar. Quando conseguiu cavar um buraco de aproximadamente meio metro de profundidade, tomou das mãos da filha a caixa com os livros, acomodou no fundo e cobriu tudo com terra, tendo o cuidado de esparramar em cima capim e gravetos, para disfarçar o local[8].

---

8. A escritora Lúcia Hiratsuka, em *Os Livros de Sayuri* – romance ficcional baseado em fatos reais –, descreve uma cena muito semelhante: "Parece um enterro. Mas ninguém morreu. No quintal, o sol bate forte no buraco cavado debaixo do abacateiro. [...] Numa parede, os retratos amarelados dos nossos avós, pais da minha mãe, que já morreram. Mais acima, o altar dos deuses. E, em outra parede, a prateleira quase vazia. Tão estranho… Nenhum livro. [...] Num caixote, forrado com palhas de milho e jornais, meus pais colocavam os livros. – Tragam os que estão com vocês – pediu a mãe. – Vem, Sayuri – chamou minha irmã e fomos para o quarto. Emiko, apressada, foi retirando e me passando os livros da prateleira. Voltamos, cada uma carregando uma pilha. [...] Todos os nossos livros iam ser enterrados. Nenhum podia ficar mais em casa. Nenhum.[...] O pai pegou a pá e foi jogando terra. E a caixa ficou enterrada. Como se os livros estivessem mortos. Ou como se fossem tesouros? [...] Meu pai disse

Voltando para casa, a filha tentou identificar o vulto que tinha visto, mas não conseguiu ver ninguém. Devia ser o vizinho, que, ao ouvir o ruído da enxada, tinha aparecido para ver o que estava acontecendo.... Assim pensou a filha e tranquilizou-se. A mãe também ficou descansada, supondo que tudo estava resolvido, e foi dormir.

Essa família tinha uma loja comercial na distante cidade de Marília, servida pela Companhia Paulista de Estrada de Ferro. As crianças frequentavam a escola de língua japonesa, mas, no ano anterior, todas as escolas do interior do estado tinham sido fechadas por determinação governamental, com exceção das escolas japonesas da capital, que continuaram funcionando. Preocupados com a educação dos filhos, os pais decidiram mandá-los para São Paulo, pois elas precisavam receber educação adequada, independentemente do custo, uma vez que o objetivo da família não era acumular riqueza.

Assim, o marido e o filho primogênito permaneceram em Marília cuidando dos negócios, enquanto a esposa e as crianças se mudaram para a capital. Mesmo ciente dos transtornos causados pela separação, com reflexo inclusive na atividade comercial, o casal tomou essa drástica decisão devido à responsabilidade, comum a todo integrante do povo japonês, de propiciar condições para que seus filhos pudessem frequentar uma escola japonesa.

No entanto, assim que o Brasil rompeu relações diplomáticas com o Japão, as escolas japonesas da capital também foram fechadas. Para contornar a situação, as crianças passaram a receber aulas particulares com a professora T., que lecionava na escola japonesa que elas vinham frequentando, mas cujas aulas foram canceladas por causa da intensificação da repressão policial. Dessa forma, os livros do curso de língua japonesa eram muito importantes para as crianças, um tesouro da família, algo insubstituível e de inestimável valor, que precisava ser preservado.

Na noite do dia seguinte, aproximadamente às 22 horas, uma viatura da polícia estacionou bem em frente à casa da família japonesa em Pinheiros.

em voz baixa: – Logo desenterraremos tudo.[...] Quando a Guerra acabar..." (Lúcia Hiratsuka, *Os Livros de Sayuri*, São Paulo, Edições SM, 2008, pp. 9-13).

Cinco detetives desceram da viatura e começaram a bater violentamente na porta. Assim que o marido, que havia chegado do interior, abriu a porta, os detetives, identificando-se como agentes da polícia, correram diretamente para os fundos do quintal e desenterraram a caixa com os livros, que, na noite anterior, mãe e filha tinham ocultado[9].

Aos gritos de "Encontramos!, Encontramos!", destamparam a caixa, mas, para decepção geral, encontraram apenas livros comuns e não as desejadas armas e munições. Decepcionados com o conteúdo da caixa, os detetives folhearam cuidadosamente os livros escolares na expectativa de identificar algum documento secreto. Sem encontrar nada de importante, um deles encarou firmemente o dono da casa e indagou:

– Que livros são esses? Por que enterraram a caixa?

– São livros didáticos usados no curso primário de língua japonesa. Acabei de chegar do interior e nada sei a respeito. O que realmente está acontecendo? – respondeu o dono da casa. Insatisfeito com a resposta, o detetive sentenciou:

– Não seja fingido. Vou levar estes livros para o distrito e você será interrogado!

Antevendo o perigo que o marido corria, pois de nada sabia, a esposa, que até então tinha permanecido calada, adiantou-se em direção ao detetive e disse:

– Eu explicarei tudo. São todos livros utilizados por minhas filhas na escola de língua japonesa. Com o rompimento das relações entre Brasil e Japão, ficou proibido o ensino da língua japonesa, e todo esse material ficou sem utilidade. Não achei conveniente guardá-lo em casa, pois poderia causar suspeitas às autoridades. Então, na falta de outro lugar apropriado,

---

9. "No interior, a polícia invadia casas de lavradores japoneses, à procura de livros e outras publicações em língua japonesa. Muitas famílias escondiam os livros no forro, quando havia forro nas casas, ou os enterravam, devidamente protegidos, para não serem encontrados numa batida policial convencional. Quando se sentiam seguras, essas famílias utilizavam esses livros para que seus filhos pudessem estudar japonês, o que, como se viu, estava proibido pelo governo estado-novista. Centenas de escolas de língua japonesa foram fechadas no Estado de São Paulo" (Jorge Okubaro, "A Tragédia como Destino", em Jorge Okubaro e Shozo Motoyama (orgs.), *Do Conflito à Integração. Uma História da Imigração Japonesa no Brasil*, vol. II (1941-2008), p. 131).

resolvi enterrá-lo. Meu marido não está ciente disso, pois acabou de chegar do interior, onde cuida de negócios. Fui eu a autora do ocultamento e, por isso, acompanharei o senhor ao distrito para ser interrogada.

Diante das firmes palavras da esposa, ditas com naturalidade e sem o mínimo sinal de receio, prontificando-se espontaneamente a prestar depoimento no distrito, o chefe dos detetives pareceu ter-se convencido da veracidade de suas palavras. Mandou carregar os livros na viatura, instruiu os demais detetives para fazer uma busca na casa e, como nada encontraram de suspeito, disse:

– Vou confiar nas palavras da senhora, e por hoje a diligência fica encerrada.

Foram embora levando apenas os livros.

O firme e sereno comportamento da mulher japonesa evitou o agravamento da delicada situação.

Apurou-se, mais tarde, que um vizinho brasileiro que tinha visto mãe e filha enterrando a caixa no quintal denunciou o fato à polícia, acreditando serem espiãs ocultando alguma coisa de valor[10].

---

10. "Temos aqui a oportunidade de vislumbrar os mecanismos que induziam a população ao colaboracionismo, postura que exigia um permanente estado de alerta. Em nome da segurança nacional, devia-se denunciar qualquer fato avaliado como relevante. Persistia o sentimento de que qualquer forma estranha de pensamento e de ação contrárias àquelas preconizadas pelo regime eram atitudes antipatrióticas. Para o Estado interventor, o terror e o medo eram elementos indispensáveis para garantir o ato de delação. Esse estado de espírito, nacionalista e xenófobo na sua essência, incentivava parte da população a agir como 'agente social', ato interpretado como 'um serviço prestado à Pátria e à família brasileira'" (Elizabeth Cancelli, *O Mundo da Violência: A Polícia na Era Vargas*, Brasília, Ed. UnB, 1993, pp. 139-140, em Márcia Takeuchi, *O Perigo Amarelo em Tempos de Guerra (1939-1945): Módulo III – Japoneses*, pp. 29-30).

Relatos da Vida na Prisão

FINALMENTE PRESO

Noite de 21 de março de 1943. Uma sensação de estranha ansiedade cobria as ruas feericamente iluminadas, de onde tinham praticamente desaparecido – em consequência ao racionamento de gasolina, prática comum em épocas de guerra – os carros que costumavam trafegar em alta velocidade, como as águas de um rio turbulento. Nos anos anteriores ao início do conflito mundial, tal cena era comum em noites domingueiras no centro de São Paulo, a terceira metrópole da América do Sul e aquela que se orgulhava de ser a cidade que mais crescia no mundo. Nas amplas avenidas, passavam apenas os barulhentos bondes, que logo desapareciam de vista, deixando para trás o zunido característico das rodas de aço sobre os trilhos, o qual também era rapidamente sugado pela fria e úmida noite escura.

Caminhei sozinho em direção à tinturaria Kinrobu, localizada na rua Teodoro Sampaio, para participar do culto dominical. No céu, a Lua solitária brilhava palidamente, e um friozinho anunciava o início do outono.

Ao empurrar o portão de ferro da entrada, avistei os rostos de duas mulheres brasileiras da casa vizinha, talvez mãe e filha, fitando-me agressivamente, sem pestanejar um segundo sequer! Uma delas devia ser a mulher que, há uns dez dias, fingindo apreciar o movimento da rua através da janela sempre escancarada, vigiava os movimentos das pessoas que chegavam e saíam do Kinrobu. No entanto, não me incomodei e continuei tranquilo, pois o local não estava sendo usado para reuniões secretas ou atividades ilegais.

Como, após a eclosão da grande Guerra, foi proibido realizar cultos em língua japonesa nas igrejas, bem como promover reuniões em geral, sem outra opção, passei a realizá-los nas noites de domingo no Kinrobu, reunindo moços e moças que moravam no internato. Embora fosse um culto familiar, o número de fiéis chegava, muitas vezes, até a quarenta pessoas, quase o equivalente ao de um culto numa igreja.

Corríamos sério risco de sermos enquadrados nas medidas baixadas pelo governo proibindo reuniões de súditos de países do Eixo. No entanto, à medida que se intensificavam as pressões das autoridades policiais, maior era a necessidade de fortalecimento do espírito de luta. Da mesma forma, a descoberta do verdadeiro sentido da vida requer a superação de todos os obstáculos, tal qual o esforço de um obstinado peregrino, que, mesmo em situação extrema de vida ou morte, prossegue serenamente seu caminho.

Desde a mais remota Antiguidade, milhares e milhares de mártires, vítimas de perseguições religiosas, foram sacrificados sob as mais variadas formas, porém, mesmo lançados em jaulas de leões famintos, torturados com água, fogo e até crucificados, não se intimidaram e pagaram com a própria vida porque inabaláveis eram suas crenças e convicções. A grandeza e a perenidade da fé religiosa é que fortalecem e engrandecem os fiéis, contribuindo para a salvação das sucessivas gerações. E é por isso que, quanto mais for reprimida a verdadeira fé religiosa, mais ela reage e ressurge com redobrada energia, como um turbilhão.

Mesmo isolados em território inimigo, entendiam que, sendo japoneses, nada mais natural do que professarem a religião utilizando o idioma japonês, origem da vida, da moral e do sentimento que acompanha e emoldura o caráter do cidadão japonês desde a infância.

Como dito, desde o início do conflito mundial todas as igrejas cristãs frequentadas por súditos do Eixo tinham sido fechadas pelo governo, e não restou alternativa senão reunir os alunos do internato no Kinrobu para fazer as orações. Não obstante as esporádicas ações policiais perscrutando nossas reuniões, continuamos professando nossa fé religiosa por cerca de um ano e meio, até que um dia aconteceu o que mais temíamos.

Às 20 horas do dia 21 de março, quando íamos iniciar o nosso culto familiar, o recinto foi subitamente invadido por oito detetives truculentos.

Para surpresa deles, que estavam preparados para uma eventual luta corporal, deixando de prontidão outros três detetives vigiando as portas de saída, ninguém se assustou nem esboçou reação alguma. Todos se mantiveram sentados, muito calmos.

Recobrando-se do impacto diante da absoluta calma do ambiente, tal como o do interior de uma igreja, reforçada com a incrível indiferença dos fiéis ante a súbita invasão, o chefe dos detetives pareceu tranquilizar-se um pouco, mas logo ordenou a um subordinado:

– Ligue à central pedindo para mandar urgente dois caminhões e uma viatura.

Após ordenar aos presentes que não se movessem um passo sequer do salão, instruiu os demais detetives para realizarem uma busca em todos os aposentos.

A lista de objetos apreendidos foi extensa: publicações em língua japonesa, livros e registros da loja com um mínimo de anotações em japonês, porta-retratos com fotos comemorativas dos estudantes do Kinrobu, apetrechos para jogos de beisebol.

Depois de revistado o conteúdo do cofre, seis jovens (moços e moças) maiores de 21 anos foram trancafiados em um camburão. As demais pessoas foram confinadas numa viatura maior, e todos encaminhados ao quarto andar do Deops, supervisionado diretamente pelo exército. O desfecho que tanto temíamos finalmente havia chegado.

Estávamos em época de guerra, por isso qualquer indivíduo suspeito era mandado para o cárcere, mesmo sem provas concretas que justificassem tal medida radical. Porém, somos japoneses! Serenamente encararemos a dura vida na prisão de cabeça erguida, para não desonrar o nome da nossa terra natal.

Naquela noite, sem serem submetidas a interrogatório, quatro pessoas (Kishimoto; o encarregado do Kinrobu, Takamura; o subencarregado do Kinrobu, Kubo; e o estudante interno Mochizuki) foram levadas do quarto andar para o subsolo, onde ficava a sala de revistas. Ali foram submetidas a rigorosa revista, tendo retidos todos os objetos pessoais. Foi permitido a cada uma continuar de posse de dinheiro até o montante de 50 mil réis, e em seguida foram conduzidas por um guarda, por um corredor escuro, até um local onde havia uma fileira de celas semelhantes a jaulas para feras[1].

De dentro delas e através de pequenas janelas, prisioneiros alemães, italianos e alguns brasileiros, todos com longas barbas e olhares insolentes, miravam-nos curiosamente. Os rostos emagrecidos e os olhos aprofundados formavam um quadro horripilante! Sabíamos que eram vítimas da Guerra em que seus países de origem estavam envolvidos[2].

Se se fizesse um levantamento de suas vidas pregressas, é bem possível que fossem homens instruídos e talentosos... Um súbito sentimento de amizade e solidariedade brotou em mim, e com um leve sorriso cumprimentei-os:

– Boa noite!

– Boa noite! – responderam, igualmente com um leve sorriso.

O carcereiro parou na frente da cela número cinco, destravou a pesada fechadura e conduziu-nos para dentro. Travou a fechadura e foi embora.

A cela media mais ou menos três metros por cinco. Junto às duas paredes laterais estavam distribuídos nove colchões, nos quais quinze japoneses se amontoavam. Havia figuras humanas de todos os tipos, feições e posições: só de cueca; com pijama decente; deitada no colchão com braços e pés esticados; deitada de bruços; deitada de lado com um cigarro aceso na mão;

---

1. "Preso em 21 de março de 1943 por realizar cultos religiosos em sua tinturaria na rua Teodoro Sampaio, no bairro de Pinheiros, o professor Koichi Kishimoto passou trinta dias na cadeia" (Jorge Okubaro, "A Tragédia como Destino", em Jorge Okubaro e Shozo Motoyama (orgs.), *Do Conflito à Integração. Uma História da Imigração Japonesa no Brasil, vol. II (1941-2008)*, p. 141).

2. "Tanto na Europa quanto no Japão, muitos brasileiros ficaram internados em campos de concentração para civis. No Brasil, o tratamento dado aos alemães, italianos e japoneses não foi diferente. Retirados de circulação, esses estrangeiros eram levados para presídios e delegacias do Estado, ou então confinados em colônias penais agrícolas ou, em alguns casos, ficavam reclusos até mesmo no próprio local de moradia, levando a cabo um aspecto da geopolítica interna de que o território é do Estado e não dos cidadãos" (Priscila Perazzo, *Prisioneiros da Guerra: Os "Súditos do Eixo" nos Campos de Concentração Brasileiros (1942-1945)*, p. 36).

com longa cabeleira até as costas; com vasta barba de quase doze centímetros; raquítica e com o rosto completamente pálido, como parafina branca.

Diante de cena tão dantesca, pressenti o rigor da vida numa prisão subterrânea e me preparei espiritualmente para não sucumbir no meio de tão horripilante ambiente.

Solidarizando-me com os patrícios que, bastante amargurados, estavam enfrentando dias difíceis, cumprimentei-os respeitosamente:

– Olá, pessoal! Como estão? A partir de hoje nós também vamos fazer companhia a vocês. Muito prazer.

Então, alguns dos que estavam deitados ou de lado nos colchões movimentaram-se, retesando os corpos, e não deixaram de responder:

– O prazer é nosso.

Fiquei muito satisfeito com essa demonstração de cortesia e consideração conosco. Passados alguns minutos, alguém disse:

– Vamos sentar, senhores, senão vão ficar cansados. Aqui dentro está um pouco quente, tirem os paletós e fiquem à vontade.

De fato, dentro da cela o ar estava quente, ao contrário do que eu imaginava, por falta de ventilação e por causa da temperatura dos corpos e da respiração das pessoas[3].

Como estávamos começando a dura vida na prisão, convinha fazer como os outros que já estavam lá, isto é, esquecer o passado, desfazer-se das roupas, ficar à vontade e, com inabalável disposição, encarar os novos desafios.

O importante era conscientizar-se de que era preciso lutar sozinho contra todas as adversidades, esquecendo títulos, regalias, posição social e riqueza a que estava acostumado.

Acatando sugestão dos mais antigos da cela, tirei a gravata, o paletó, os sapatos, e sentei-me sobre o colchão. Um jovem barbudo, no vigor de seus 28 ou 29 anos, gentilmente apanhou meus pertences e depositou-os cuidadosamente em um canto da cela.

---

3. "Na prisão faltavam camas e por isso colocavam três ou quatro colchões sobre chão de cimento, onde dormiam sete, oito e até dez pessoas. Dizia-se que o que mais incomodava é que as celas eram minúsculas com janelas altas e pequenas, causando sufocação por causa da precária respiração e da fumaça de cigarros" (Tomoo Handa, *O Imigrante Japonês: História de sua Vida no Brasil*, p. 635).

Em seguida, pediu a outros companheiros que estendessem os cobertores que eles estavam usando dobrados, deslocou os demais detentos para um lado, arrumou um novo espaço para nós quatro e disse:

– Fiquem à vontade aqui.

As palavras de estímulo e consideração desse jovem soaram profundamente no meu coração. Realmente é muito difícil descrever o que senti naquele momento.

Mais tarde, fiquei sabendo que o jovem era o irmão mais novo da esposa do senhor Segi, proprietário de uma próspera casa comercial em Marília. Esse jovem empresário veio como imigrante para o Brasil após concluir o curso regular no colégio Notsushi, de Kitami, Hokkaido.

Qualquer pessoa que, tendo deixado a família desamparada, fica encarcerado, lançado numa cela fria e suja, por mais forte e resoluto que seja, por mais que esteja preparado, começa a experimentar uma profunda sensação de depressão e tristeza. Por isso, uma pequena ajuda e uma palavra de estímulo são suficientes para que ela, no limite do desespero, comece a vislumbrar uma luz no fim do túnel, a sentir que existe um fio de esperança, e para que o sangue volte a palpitar mais quente em suas veias.

Cheguei, assim, à conclusão de que, na vida do homem, mais importante e valioso é o amor. No momento em que fui lançado na prisão e tive que enfrentar a pior das adversidades imagináveis, uma incrível força, uma verdadeira fé, começou a se desenvolver dentro de mim.

VIDA CARCERÁRIA

A cela da prisão é comumente chamada de chiqueiro. A designação faz sentido; eis que todos os atos do dia a dia ocorrem lá dentro: comer, evacuar, dormir e sentar.

A frente dava para o corredor, e só havia uma janelinha por onde o carcereiro fiscalizava os movimentos dos presos e outra maior, pela qual eram servidas as refeições. Na parte dos fundos, guarnecida com uma tela reforçada de ferro, onde ficavam as instalações sanitárias, havia outra janela, que servia para entrada de luz e ventilação.

Da janela dos fundos, avistava-se um terreno vazio, onde, à noite, guardas armados faziam ronda ininterruptamente, para evitar fuga dos presos. Era uma cena deveras terrível.

As instalações sanitárias ficavam no fundo da cela: vaso sanitário, chuveiro, pia, tudo visível através da janela aberta. A pia era utilizada para lavarmos o rosto de manhã, os pratos e talheres depois das refeições, às vezes para lavar verduras e *tsukemono* (verduras curtidas), que recebíamos de pessoas de fora, e ainda o pano de limpeza da cela.

Satisfazer as necessidades fisiológicas (evacuar, urinar) era o que mais constrangia a pessoa nos primeiros dias na prisão. Até se acostumar, era realmente muito angustiante evacuar no vaso, em recinto aberto. Todos ficavam muito envergonhados com o mau cheiro e o ruído que acompanham a evacuação, além de não ter como esconder as partes íntimas; mas, depois de uns três dias, como consequência de um estranho fenômeno, acabavam se acostumando com a nova situação.

A comida era sempre igual, 365 dias por ano. Às 8 horas era servido um pedaço de pão acompanhado de café em um copo de alumínio; às 11 horas vinha o almoço (arroz com feijão e alguns nacos de carne bovina cozida); às 17 horas era servido o jantar (arroz com feijão e carne). Apenas uma única vez por semana, na quarta-feira, eram acrescentados três ou quatro pedacinhos de batatinha na comida, mas verduras nunca. Por isso, uma vez por semana, pedíamos ao guarda carcerário para comprar bananas e tomates, na tentativa de preservar a boa saúde.

Na minha primeira semana de reclusão, como deixei de comer qualquer tipo de verduras ou frutas, começou a aparecer uma espécie de erupção cutânea em várias partes do corpo: barriga, braços e pernas. Como coçava bastante, instintivamente cravava as unhas sobre elas. Logo começavam a sangrar e o prurido não cessava; ao mesmo tempo, o organismo enfraquecia, adquirindo aspecto de um semienfermo. O meu autodiagnóstico sugeria que isso ocorria pela carência de vitamina A, ou seja, por não estar consumindo verduras cruas e frutas.

A ausência de verduras e de frutas cítricas nas refeições pode provocar o escorbuto, e pessoas portadoras de doenças crônicas como o beribéri e reumatismo podem sofrer com o reaparecimento de manifestações agudas dessas doenças. Também passei a sentir dores nas articulações das mãos e dos pés, a ter dificuldades para andar e respirar, e, por causa do coração debilitado, a ter tonturas e até ficar desequilibrado quando tentava me levantar rapidamente. Cheguei à conclusão de que, se não tomasse alguma providência, poderia vir a morrer na prisão. Resolvi, então, enviar uma correspondência secretamente.

O risco era grande, pois, se fosse descoberto, a penalidade seria muito rigorosa, mas, numa situação de vida ou morte, o homem tenta até o impossível.

Havia na cela, cuidadosamente escondida, uma pontinha de lápis que ninguém sabia quem tinha trazido. O papel do cigarro podia ser usado para escrever. Estavam reunidos os materiais para compor uma mensagem.

Restava o problema de como fazer chegar a mensagem ao destinatário. Decidi pedir a uma pessoa em quem pudesse realmente confiar entre aquelas que estavam presas acusadas do crime de estarem conversando em japonês em vários pontos da cidade. Geralmente, esses presos eram libertados após dois ou três dias. Foi então que dois jovens acusados dessa espécie de delito se juntaram a nós: Arima, natural da província de Kagoshima, e Morita, natural de Hokkaido.

Morita, um judoca de 1º *dan*, de físico robusto e cenho resoluto, inspirava confiança. Resolvi revelar a ele o caso da correspondência secreta. Após pensar por alguns segundos, respondeu-me:

– Deixe comigo; pode ficar tranquilo que darei conta do recado!

Combinamos, então, que ele ocultaria o papel do cigarro com a mensagem, devidamente dobrado, entre os dedos do pé, calçaria as meias e os sapatos. Não havia motivo para me preocupar; tudo correria bem. Mas, na hora de deixar a prisão, era preciso caminhar firme e serenamente, sem revelar nos olhos nenhuma preocupação ou medo, pois a mínima hesitação seria detectada pelo guarda.

Felizmente, o jovem Morita conseguiu passar pelos guardas sem maiores problemas. Em casa o pessoal tomou conhecimento dos graves problemas que eu estava enfrentando na prisão. Minha esposa, preocupadíssima com minha saúde, imediatamente mandou entregar uma porção de coisas: maçãs, tomates, couve, *sushi* de sardinha, *missozuke* (curtido de verduras no *missô*[4]), bolachas e roupas. Os demais detentos ficaram impressionados com tamanha quantidade de itens, que ultrapassava em muito o volume normalmente permitido para entrega aos detentos.

O efeito do consumo de verduras cruas e frutas foi imediato. Na parte da tarde, os pruridos que tanto me incomodavam, chegando a sangrar, já haviam cessado. No dia seguinte, as erupções cutâneas (na barriga, nas mãos e nas pernas) estavam reduzidas à metade e, no terceiro dia, desapareceram por completo, sem deixar manchas ou vestígios.

Até então, com o corpo em estado de dormência, eu ficava praticamente o dia inteiro deitado, mas depois me senti bem-disposto e rejuvenescido. Uma alegre sensação de ter renascido tomava conta de mim. Conscientizei-me da grande importância que as verduras exercem sobre o bom funcionamento do organismo e convenci-me de que elas superam, em muito, os remédios milagrosos ministrados para o tratamento de doentes terminais.

Fiquei sabendo igualmente que, às comidas servidas na prisão, eram adicionadas pequenas doses de nitrato de sódio, com o objetivo de reduzir o, às vezes incontrolável, apetite sexual dos detentos. Homens, entre 25 e quarenta anos, na plenitude do vigor sexual, são passíveis de cometer insanidades movidos pelo desejo sexual reprimido e provocar sérios distúrbios nas celas. Por isso, achei acertada a ideia de misturar nitrato de sódio na comida dos presos a fim de aplacar e conter o excessivo desejo sexual, que pode, em certas circunstâncias, transformar os homens em verdadeiros animais irracionais.

---

4. Pasta à base de soja fermentada.

Os Gemidos de Sofrimento
e a Vida Degradante na Prisão

CHEFE DE FAMÍLIA ACUSADO DE ESPIÃO

ESPOSA E FILHAS ABANDONADAS

NA RUA DA AMARGURA

Durante as duas primeiras semanas, a vida na prisão não chega a ser insuportável, porque ainda restam as lembranças do cotidiano e está vivo o impacto do novo ambiente. Entretanto, depois de uns vinte dias, pouco a pouco os detentos começam a experimentar um profundo sentimento de tristeza e depressão, em consequência do total isolamento e da dor que começava a fustigar, dia e noite, desgastando de forma irreparável a resistência física e mental das pessoas.

Não é de admirar, pois, que um indivíduo sem poder conversar ou se corresponder com pessoas do convívio social anterior, sem acesso à leitura de jornal ou revista, sem uma tarefa ou serviço para passar o tempo, trancafiado numa cela quase subterrânea e lúgubre, onde a luz solar não chega, sem nenhuma perspectiva de quanto deve durar a prisão e quais seus desdobramentos, chegue a se sentir como um morto-vivo. Mesmo se houvesse uma remota possibilidade...

Se os detentos pudessem ter uma perspectiva de libertação, se desenharia uma motivação para se animarem um pouco[1]. Além disso, se a direção da

---

1. "Muitos estrangeiros, primordialmente alemães, foram retirados de circulação e internados nesses campos enquanto vigorou o estado de beligerância entre o Brasil e o Eixo. Inúmeros deles desconheciam os motivos de sua detenção. Raramente interro-

prisão fixasse um serviço ou tarefa para executar, poderiam direcionar suas atenções para algo produtivo, suficiente para focarem as ações em determinada direção, aliviando um pouco o insuportável estado de tensão. Nada há de mais deprimente para um ser humano do que viver enjaulado como um animal, impedido de executar uma ação sequer por iniciativa própria.

Não! A situação dos detentos era bem pior do que a vida dos animais enjaulados, pois enquanto estes recebem a luz do Sol e podem ver a Lua e as estrelas, os detentos do Deops estavam em estado deprimente, completamente isolados da vida do lado de fora da prisão.

Era simplesmente indescritível a dor que um detento estava suportando, cuja família (esposa e filhas), abandonada na rua da amargura, vagava de um lugar para outro. O caso do senhor I., de 38 anos, companheiro de cela, é um bom exemplo. Há cinco anos, ele tinha vindo de Tóquio como imigrante. Havia prestado o serviço militar como soldado da força aérea japonesa e tinha exercido funções de instrutor para motoristas de veículos da polícia. Despretensiosamente, mostrou a vizinhos brasileiros fotos em que aparecia ao lado de generais e oficiais graduados do exército japonês.

Foi o começo do seu infortúnio, pois, após o rompimento das relações diplomáticas entre Brasil e Japão, aqueles vizinhos o denunciaram à polícia dizendo: "I. é um capitão da força aérea japonesa que veio ao Brasil enviado pelos dirigentes militares para atuar como espião"[2]. Condenado, ficou nove meses encarcerado na Ilha das Flores, prisão localizada numa ilhota longe

gados, eles quase sempre eram mantidos presos sem que qualquer crime lhes houvesse sido imputado" (Priscila Perazzo, *Prisioneiros da Guerra: Os "Súditos do Eixo" nos Campos de Concentração Brasileiros (1942-1945)*, p. 102).

2. "Eram divulgados artigos absolutamente falsos nos jornais. Fiquei pasmo quando, no dia 22 de março, um jornal do Rio publicou que um nissei havia escrito uma detalhada carta ao governo japonês sobre a situação interna da sociedade japonesa e sobre a organização militar existente dentro da cidade de São Paulo. Tamanha calúnia nos deixava atônitos. Quatro jornais escreveram com destaque que os japoneses haviam cercado a fábrica da Nitroquímica, em São Miguel, fora do município de São Paulo" (Tomoo Handa, *O Imigrante Japonês: História de sua Vida no Brasil*, p. 634).

do litoral, no Rio de Janeiro, e em seguida foi encaminhado para a prisão do Deops, de São Paulo, dividindo a cela comigo[3].

Sua esposa, de 34 anos, e as cinco filhas (a maior com dezessete anos) ficaram provisoriamente instaladas numa pensão japonesa em São Paulo. Durante algum tempo, elas receberam assistência da Kyūsaikai[4]. Mas essa ajuda era suficiente apenas para a alimentação do dia a dia, e a mãe se encontrava numa situação delicadíssima, pois tinha que sustentar as cinco filhas sem dispor de um único tostão. Sem alternativa, acreditou numa "ajuda amiga" de alguns conhecidos. Sem suspeitar que, atrás de belos gestos e belas palavras, se escondiam propósitos inescrupulosos, acabou concordando em empregar a filha donzela de dezessete anos como garçonete em um restaurante refinado, mediante pagamento antecipado de quinhentos mil réis. Ao ouvir esse relato por meio de um detento da capital que foi incorporado mais tarde à nossa cela, percebi que o senhor I. ficou profundamente preocupado.

Muitas vezes o surpreendi pensativo e calado, olhando fixamente para um ponto da parede cinzenta.

Um chefe de família é injustamente encarcerado e a filha é vendida para agentes que exploram atividades duvidosas à noite. E mesmo assim, o destino da esposa e das filhas continuava incerto, sem um único fio de esperança acenando por dias melhores. Eu não podia ficar indiferente diante do sofrimento cruel que essa família, vítima da Guerra, estava enfrentando em terras tão distantes da sua pátria.

---

3. "Partindo da praça Mauá, no centro da capital federal, levava-se aproximadamente uma hora de lancha até a Ilha das Flores, 'no fundo da Guanabara', onde estava situada a antiga Hospedaria dos Imigrantes do estado do Rio de Janeiro. Em 1942, ela foi transformada em campo de concentração, recebendo seus primeiros prisioneiros em 1º de abril. No meio da paisagem paradisíaca da Ilha, com praias encantadoras e alamedas tranquilas e ensombreadas, os súditos do Eixo ficavam acomodados em um pavilhão reformado, onde anteriormente hospedavam-se os imigrantes. Ao redor desse pavilhão existia uma cerca de arame farpado fortemente eletrificada, suas janelas foram fechadas com vergalhões de ferro, contando bem com um destacamento de 120 soldados do 5º Batalhão da Polícia Militar para controlá-los e vigiá-los" (Priscila Perazzo, *Prisioneiros da Guerra: Os "Súditos do Eixo" nos Campos de Concentração Brasileiros (1942-1945)*, pp. 133-134).

4. Entidade filantrópica fundada por iniciativa de japoneses com o objetivo de ajudar compatriotas em dificuldades.

– Senhor I., vou passar instruções à minha esposa solicitando empenhar-se no que for possível para salvar sua filha.

Visivelmente emocionado, ele respondeu:

– Muito obrigado. Para um pai nada é mais doloroso do que ver sua filha enveredar pelo caminho da perdição. Mas estou certo de que minha esposa não tinha alternativa. É extremamente doloroso admitir que minha filha maior teve que sacrificar-se para salvar da fome a mãe e as irmãs, mas tenho que me conformar. Quando for libertado, farei de tudo, até o impossível, para arranjar os quinhentos mil réis, pagar ao restaurante, reaver minha filha e cobri-la com todo o amor e carinho que ela merece.

Àquela altura, o senhor I. já estava totalmente resignado.

Teimosamente, sobre o campo em chamas,
O faisão continua sobrevoando,
Grua solitária em noite de luar...
O pai, com o coração dilacerado,
Não cessa de lamentar a desventura da filha...

O pai, que, deitado na fria cela chora pela infelicidade da filha, era o retrato do faisão, o qual, sobrevoando durante a noite inteira, não desiste de localizar o filhote desgarrado e abandonado à própria sorte no meio do campo em chamas.

– Senhor I., pode ficar tranquilo que vamos encontrar uma saída. Os japoneses, mulheres e crianças inclusive, têm que ser fortes. Jamais podem se dar por vencidos! Mesmo sendo arriscado, vou despachar imediatamente uma mensagem à minha mulher com instruções para tudo fazer até encontrar uma solução para este caso.

O senhor I. ouviu atentamente minha firme disposição em ajudá-lo e pude vislumbrar, no fundo do seu triste olhar, uma tênue esperança.

– Muito obrigado! Não encontro palavras para expressar o meu agradecimento. Para a minha esposa, atarefada com uma criança de colo, só o fato de uma boca a menos para alimentar representa um grande alívio. Se o senhor puder encaminhar a filha mais velha para trabalhar como doméstica numa boa família, será a suprema sorte e alegria para nós – disse o senhor I., que deixava escorrer lágrimas sobre o rosto inteiramente coberto por longos cabelos e barba.

Naquela noite, quando todos os detentos dormiam, aproximadamente a 1 hora da madrugada, o senhor I. resmungava e delirava como que tendo um pesadelo. De repente, levantou-se e, após certificar-se de que todos dormiam profundamente, dirigiu-se, pé ante pé, na direção da pia do banheiro. Encheu uma caneca com água, colocou-a no parapeito da janela e, erguendo o rosto em direção ao céu do lado do nascente, começou a rezar silenciosamente.

Com certeza estava fazendo orações aos deuses japoneses, com o peito estourando de preocupações com as filhas e a esposa. Presenciando essa dramática cena, altas horas da noite, comecei também a fazer minhas orações, tendo o cuidado de aparentar que dormia profundamente.

Quanto ao desfecho da delicada situação da filha mais velha do senhor I., ocorreu o seguinte: minha esposa, após receber a mensagem secreta, procurou imediatamente a senhora Watanabe, do Kyūsaikai, e conseguiu sustar a contratação da moça pelo restaurante; em seguida, encaminhou as duas moças (a mais velha, de dezessete anos e sua irmã, de quinze anos) para o Kinrobu do liceu Aurora, onde passaram a trabalhar de dia e continuar os estudos à noite.

O senhor I., que foi libertado mais tarde, reuniu a família (esposa e crianças menores) e estão atualmente morando numa dependência da minha casa. Muito animado e com grandes planos para o futuro, está trabalhando com muito afinco como empregado em uma loja de calçados.

Outro detento, o senhor Ryuei Shimba, que dormia ao meu lado, tinha chegado ao Brasil havia quatorze anos. Doutrinador budista de elevado grau da Kōyasan, dedicava-se à divulgação do *shingonshū* entre os imigrantes japoneses, celebrando cultos religiosos e fazendo pregações em um templo budista que havia construído na capital. Costumava trocar correspondências com seu irmão mais novo, que servia na polícia especial do Japão.

Numa busca realizada em sua casa, a polícia apreendeu uma carta em que ele criticava, sem rodeios, as relações bilaterais Brasil-EUA no episódio

164 ◆ ISOLADOS EM UM TERRITÓRIO EM GUERRA NA AMÉRICA DO SUL

do rompimento das relações diplomáticas entre Brasil e Japão. Sua prisão, por suspeita de estar exercendo atividades de espionagem, foi manchete em todos os jornais, que estamparam fotos e, em letras garrafais, o título "Preso Importante Espião Japonês"[5].

A notícia, evidentemente, causou grande impacto na população. O senhor Shimba foi interrogado e ficou preso durante cinco meses em São Paulo. Enviado para a prisão da Ilha das Flores, no Rio de Janeiro, lá permaneceu por nove meses e, em seguida, foi novamente transferido para a prisão de São Paulo onde eu me encontrava[6].

Todas as manhãs, ele se levantava às 6 horas e, mesmo estando numa cela, cumpria o ofício religioso diário de um sacerdote budista, sempre em busca do aprimoramento espiritual: leitura em voz alta do livro de orações aos deuses em posição *seiza* (sentado sobre as pernas dobradas). Mas, mesmo sendo um imperturbável seguidor e pregador do budismo, tinha ele também, como ser humano, suas preocupações.

Sua delicada esposa e suas três prendadas filhas, de 27, 24 e dezenove anos, moravam numa pensão de japoneses, frequentada tanto por homens abastados como por desocupados. Deixar filhas solteiras morando no mesmo local onde se hospedavam pessoas de todo tipo, de fato, era motivo de grande preocupação para o senhor Shimba.

Era possível que, como estavam morando de favor na pensão, as filhas se apresentassem para ajudar nas horas de maior movimento, a fim de su-

5. "Às vezes apareciam fotos dos que eram considerados componentes da quinta coluna: debaixo de uma bela foto de um monge budista apareciam explicações sobre a quinta coluna. Toda vez que apareciam os rostos de conhecidos e amigos ficávamos surpresos: hoje, foi presa tal pessoa, da próxima vez tais e tais pessoas já sabiam que iam ser elas e, assim, só se falava nisso. Chegavam notícias de que alguns tinham sido enviados aos presídios de presos políticos do Rio" (Tomoo Handa, *O Imigrante Japonês: História de sua Vida no Brasil*, p. 634).

6. Na tabela II – Colônias de Internamento e Presídios no Brasil (1942-1945) consta a presença de dois japoneses no presídio Ilha das Flores, podendo se tratar de Ryuei Shimba e do senhor I. (Fontes: *Correspondências Recebidas e Expedidas do Ministério das Relações Exteriores (1942-1945)*, Arquivo Histórico do Itamaraty, Rio de Janeiro, em Priscila Perazzo, *Prisioneiros da Guerra: Os "Súditos do Eixo" nos Campos de Concentração Brasileiros (1942-1945)*, pp. 98-99).

prir a falta de empregadas, que servissem bebidas aos fregueses por insistência deles, que recebessem expressivas quantias de dinheiro a título de ajuda, ou que fossem convidadas para ir ao cinema. Era o mesmo cenário de um pobre cordeirinho deixado à mercê do lobo.

Foi avaliando todas essas possibilidades que o senhor Shimba revelou para mim, que dormia a seu lado, grande preocupação:

– Se elas pudessem mudar o mais rápido possível para uma casa, por mais modesta que fosse, estariam a salvo das investidas e tentações de toda sorte, não me importaria em continuar preso quanto tempo fosse necessário. O que mais me preocupa é a insegurança atual e o futuro de minhas filhas.

Embora sendo um pregador cuja preocupação maior era o estabelecimento de um diálogo com Buda, ele estava angustiado com o infortúnio da família. Por isso, rezava suplicando proteção divina para amparar os entes queridos, sem pedir nada para si, resignado que estava para seguir os desígnios traçados pelo destino. Se, por um lado, suas preces tinham por objetivo pedir proteção no mundo material (sua família), por outro estava ele suplicando ajuda para se fortalecer, pois estava tentando trilhar o caminho da verdade que o conduziria ao encontro das graças de Buda.

Aconteceu numa noite muito calma. Quando o sino da torre da estação ferroviária, rompendo o ar desolado da cela, anunciou 1 hora da madrugada, o velho Shimba, que balbuciava com dificuldade palavras ininteligíveis, de repente lançou um violento grito:

– Yah!

Chegou a ficar sentado por algum momento, mas, em seguida, caiu de novo em sono profundo.

Senti a intensidade da dor e da angústia que o oprimia por dentro, pois era uma pessoa que não exteriorizava seus sentimentos. Uma indescritível sensação de pena e tristeza tomou conta do meu peito.

O som do sino, que ia reduzindo de intensidade lentamente até desaparecer por completo, trouxe-me de volta o som do templo da minha antiga aldeia japonesa. E então, ajoelhado, comecei a orar pedindo que, sobre a família desamparada do senhor Shimba, que perdera o seu chefe, fosse estendido um sólido manto protetor, e que as três jovens, com sua delicada mãe, fortemente unidas e como lídimas mulheres representantes do novo

Japão, pudessem enfrentar e vencer bravamente a batalha solitária nestas longínquas plagas do mundo.

Graças ao empenho do senhor Ishihara e de outros amigos do Kyūsaikai, o casal Shimba conseguiu se empregar em uma fábrica de estojos para material escolar na Vila Mariana, na qual é considerado exemplo de dedicação e produtividade; da mesma forma, suas três filhas, cada uma em seu emprego, estão trabalhando felizes, com os resultados que um trabalho honrado pode proporcionar.

A fim de preservar o verdadeiro estado emocional da época, decidi não fazer alterações no original, escrito ao sabor do que me vinha à mente e às escondidas do atento carcereiro.

POEMA ESCRITO NA PRISÃO
(1º DE ABRIL DE 1943)

(1) Mais de dez dias se passaram
Encarcerado na cela de um longínquo país
Dezenas de compatriotas também estão presos
Por causa da pátria em guerra.
Altas horas da noite, fantasmas vagueiam pelo corredor
Lágrimas de indignação rolam pelas faces.

(2) Vejam, nenhum compatriota aqui encarcerado
Foi incriminado especificamente.
Único crime, a identidade japonesa.
Todo patrimônio foi apreendido
Sem destino, a família desamparada
Em lágrimas, vagueia ao sabor do vento.
Esta página da história jamais será esquecida.

(3) Vinte anos já se passaram depois que deixei a pátria
Os negros cabelos d'antanho grisalhos ficaram
Desbravando matas no estrangeiro, envelhecido já estou.
Vento frio, outonal, varre a prisão.
Quem é que está cantarolando uma marcha militar?
Antigo vigor volta a pulsar dentro de mim.

COLEÇÃO DOS RABISCOS DA PRISÃO

Logo após a eclosão da Guerra milhares de súditos dos países do Eixo foram mandados para a prisão, e o incrível sofrimento a que foram submetidos pode ser avaliado pelas palavras e expressões que rabiscaram nas paredes da cela, algumas extremamente dolorosas, em seus respectivos idiomas. Eram expressões de saudade das pátrias que deixaram, tristes palavras de amor dedicadas às namoradas escritas ao entardecer e alguns desenhos obscenos que nem merecem comentários.

É interessante registrar que, em nenhum dos rabiscos feitos pelos japoneses, havia lamentações, como naqueles deixados por outros presos estrangeiros, quanto à própria desgraça ou ao infortúnio das suas famílias abandonadas.

Reproduzo, abaixo, alguns deles:

- 17 de fevereiro: chegam a esta cela vinte indivíduos que foram presos por estarem conversando em japonês.
- Os japoneses serão os líderes do mundo.
- 71 dias preso, sem perspectiva de libertação.
- Em nome da pátria, não me importo em ficar preso; fora já é outono.
- 24 dias já se passaram e catorze compatriotas continuam presos.
- Hegemonia total.
- 卍
- ●
- Saudades.
- No dia 11 de outubro de 1942, os presos Hase, Ogassawara, Saito e Okayama são transferidos para o Departamento de Imigração.
- O clima está mudando, saudades da terra natal, é outono na prisão.

168 ◆ ISOLADOS EM UM TERRITÓRIO EM GUERRA NA AMÉRICA DO SUL

- O sonho acabou, inscrevo na parede: noventa dias.
- Refeição fétida, fora é outono, a estação gastronômica.
- Japoneses jamais serão vencidos.

IMPRESSÕES DA VIDA CARCERÁRIA

Mesmo no Japão, quando visitamos famosos templos e santuários, muitas vezes nos deparamos com nomes de pessoas e datas inscritos nos portões e altares desses locais. É a prova de que as pessoas, instintivamente, querem deixar uma marca de suas passagens.

Nenhum detento havia sido condenado por fraude, roubo ou qualquer outro delito previsto em lei: o único crime de que foram acusados era o fato de serem patriotas-súditos de um país inimigo. Por isso, a prisão era o local em que ninguém jamais retornaria uma vez terminada a Guerra.

Sugeri então que, em vez de deixarem escritos rabiscos nas paredes, escrevessem em papel de maço de cigarros as impressões que cada um teve da vida carcerária.

O que segue abaixo são impressões escritas às pressas, aproveitando os raros momentos de desatenção dos carcereiros. São palavras e frases que expressam, com toda a franqueza e sinceridade, a emoção vivida pelos detentos; uma preciosa coleção de sentimentos que seria impossível reunir de outra forma.

Nome: Ryuei Shimba
Natural de: província de Shizuoka, regional de Ogasawara
Endereço: bairro de Santana, capital
Idade: 62 anos
Impressões: É possível descobrir coisas boas no meio da desgraça e do desespero.

Nome: Koichi Kishimoto
Natural de: província de Niigata, regional de Kitakambara
Endereço: bairro de Pinheiros, capital
Idade: 45 anos

Impressões: O japonês valoriza sua verdadeira identidade porque consegue preservar, na prisão, um ambiente de cooperação e amizade.

Nome: Buhei Takamura
Natural de: cidade de Yokohama, Honmaki
Endereço: rua Teodoro Sampaio, capital
Idade: 28 anos
Impressões: Foi um longo e proveitoso aprendizado. Estou satisfeito porque considero ter sido a melhor experiência vivida por um jovem japonês no Brasil.

Nome: Takeshi Kubo
Natural de: província de Ehime, regional de Kita
Endereço: rua Teodoro Sampaio, capital
Idade: 21 anos

Nome: Masayuki Shimoyama
Natural de: província de Kumamoto, regional de Shimomasugi
Endereço: Penápolis (SP), estrada de ferro Noroeste
Idade: 44 anos
Impressões: Descobri o sentido da vida na prisão.

Nome: Tadayuki Ogushi
Natural de: província de Nagasaki, regional de Nishikanoma
Endereço: São Paulo, capital
Idade: 22 anos
Impressões: Nascido homem e tendo convivido com homens, reconheço, com humildade, quanto estou atrasado em relação a eles. O frio outonal reforça esse sentimento. Na calada da noite, fui tomado de um profundo sentimento de gratidão e orgulho pela minha condição de súdito japonês. O sofrimento que estou compartilhando com meus compatriotas se transformará em força motora do progresso, em um futuro próximo.

Nome: Soiti Moshizuki
Natural de: Hokkaido, cidade de Asahikawa
Endereço: rua Teodoro Sampaio, capital
Idade: 18 anos
Impressões: Superando o sofrimento de hoje haveremos de descobrir um amanhã promissor; a determinação e a postura de hoje resultarão em progresso no meu futuro.

Nome: I.
Natural de: Tóquio
Endereço: Bauru (SP)
Idade: 38 anos
Impressões: Um longo ano de vida carcerária servirá de fonte de inspiração para o meu progresso futuro. Estou feliz por ter cumprido meu dever como súdito japonês.

Nome: Jukiti Yabuki
Natural de: província de Hiroshima, regional de Fukayasu
Endereço: Pirajuí (SP), estrada de ferro Noroeste
Idade: 44 anos
Impressões: Ser preso ou até morrer pela pátria, nada me amedronta. O sofrimento de hoje se reverterá em alegria e felicidade no futuro.

Nome: Mitsuru Kodama
Natural de: Hokkaido, cidade de Kitami
Endereço: Marília (SP), estrada de ferro Paulista
Idade: 24 anos
Impressões: Nós, jovens súditos do Japão, que seguimos progredindo a passos largos, haveremos de fincar raízes aqui em nome da amada pátria e somaremos esforços para participar do progresso da comunidade *nikkei*.

Nome: Masaji Narimatsu
Natural de: província de Kumamoto, regional de Shimomasugi

Endereço: colônia Kyōwa, Penápolis, SP, estrada de ferro Noroeste
Idade: 33 anos
Impressões: Gostaria de compartilhar com todos os compatriotas do Brasil o indescritível ambiente de amizade e união reinante entre os presos desta cela.

Nome: Itijiro Tetsuya
Natural de: província de Shimane, regional de Naka
Endereço: colônia Kyōwa, Penápolis, SP, estrada de ferro Noroeste
Idade: 52 anos

Nome: Masukiti Baba
Natural de: provincia de Kumamoto, regional de Hotiwa
Endereço: colônia Kyōwa, Penápolis, SP, estrada de ferro Noroeste
Idade: 56 anos

Nome: Hyakumatsu Kuwada
Natural de: província de Kumamoto, regional de Shimomasugi
Endereço: colônia Kyōwa, Penápolis, SP, estrada de ferro Noroeste
Idade: 63 anos

Nome: Kijiro Kai
Natural de: província de Kumamoto, regional de Shimomasugi
Endereço: colônia Kyōwa, Penápolis, SP, estrada de ferro Noroeste
Idade: 52 anos

Nome: Shigekiti Eguti
Natural de: província de Kumamoto, regional de Shimomasugi
Endereço: colônia Kyōwa, Penápolis, SP, estrada de ferro Noroeste
Idade: 30 anos
Impressões: Escrevi, li e ouvi. Senti na carne a dureza da vida carcerária, repleta de inocentes. São inocentes, mas tiveram participação em algum ato. Revendo o passado, escolhi o caminho que palmilharei daqui para a frente. Vivi uma grande experiência.

Nome: Jiro Tetsuya
Natural de: província de Shimane, regional de Naka
Endereço: colônia Kyōwa, Penápolis, SP, estrada de ferro Noroeste
Idade: 24 anos
Impressões: Depois de passar dias difíceis no cárcere, estou consciente do duro caminho que terei que vencer daqui para a frente. Agora estou seguro de que terei que ter muita paciência e coragem, mas me dedicarei, com afinco, para a construção do meu futuro.

Nome: Seijiro Kai
Natural de: província de Kumamoto, regional de Shimomasugi
Endereço: colônia Kyōwa, Penápolis, SP, estrada de ferro Noroeste
Idade: 56 anos

Nome: Dengen Joma
Natural de: província de Okinawa, regional de Kokutō
Endereço: vila Maria, capital
Idade: 39 anos
Impressões: Depois de viver dias horríveis, descobri a importância do Japão. Agora estou em condições de vencer todos os desafios.

Nome: Tokuzen Yonamine
Natural de: província de Okinawa, regional de Kokutō
Endereço: vila Maria, capital
Idade: 26 anos
Impressões: Compartilhando com amigos a dura vida carcerária, conscientizei-me da importância de pertencer ao povo japonês.

Nome: Tsutomo Kantō
Natural de: provincia de Okayama, regional de Maniwa
Endereço: colônia São José, Marília, SP, estrada de ferro Paulista
Idade: 30 anos
Impressões: Preso, fico imaginando quão preocupados estarão meus pais.

Nome: Sadaji Fujisawa
Natural de: província de Kagawa, regional de Shodo
Endereço: Cafelândia, SP, estrada de ferro Noroeste
Idade: 44 anos
Impressões: Quem suportar os sofrimentos até o fim será salvo (da Bíblia).

Nome: Masatada Yamada
Natural de: província de Hiroshima
Endereço: rua Thomaz de Lima, 278, capital
Idade: 45 anos

Nome: Katsuo Utiyama
Natural de: província de Niigata, cidade de Takada[7]
Endereço: São Paulo, capital
Idade: 33 anos

Nome: Ozeki
Natural de: nascido no Brasil (nissei)
Endereço: Mogi das Cruzes, SP, estrada de ferro Central do Brasil

Nome: Ogawa
Natural de: província de Fukushima
Endereço: Itapecerica da Serra, SP

Nome: Harada (pai)
Natural de: província de Fukuoka
Endereço: Suzano, SP, estrada de ferro Central do Brasil

Nome: Kenji Harada
Natural de: nascido no Brasil (nissei)
Endereço: São Paulo, capital

---

7. A partir de 1971 foi unida à cidade de Naoetsu e passou a ser denominada Jōetsu.

174 ♦ ISOLADOS EM UM TERRITÓRIO EM GUERRA NA AMÉRICA DO SUL

Nome: Oda
Natural de: Tóquio
Endereço: estrada de Santo Amaro, capital

Nome: Kamei
Natural de: província de Aichi
Endereço: Juqueri[8], SP

Nome: Abe
Natural de: ignorado
Endereço: desconhecido

Nome: Arima
Natural de: província de Kagoshima
Endereço: São Paulo, capital

Nome: Morita
Natural de: Hokkaido
Endereço: bairro do Ipiranga, capital

Nome: Hirakuri
Natural de: Hokkaido
Endereço: Catanduva, SP

Nome: Kamura
Natural de: província de Saga
Endereço: fazenda Koono, Marília, SP

Nome: Yamada
Natural de: província de Shizuoka
Endereço: São Paulo, capital

---

8. Antigo município formado pelos atuais: Mairiporã, Franco da Rocha, Caieiras e Francisco Morato. Em 1948, foi, oficialmente, renomeado como Mairiporã, sendo, posteriormente, desmembrado nas autonomias municipais anteriormente citadas.

Nome: Yamanoushi
Natural de: província de Kagoshima
Endereço: bairro de Santo Amaro, capital

Nome: Yamamoto
Natural de: Osaka
Endereço: Valparaíso, SP, estrada de ferro Noroeste

Nome: Kuriyama
Natural de: província de Akita
Endereço: fazenda Rikko, SP, estrada de ferro Noroeste

Outros presos:
português – jardineiro da prefeitura
espanhol – operário da Matarazzo
brasileiro – operário da Matarazzo
português – guarda-livros registrado na associação comercial
alemão – artesão
italiano – comerciante em Santo Amaro, capital

Curiosidades do Cotidiano na Prisão

A vida na prisão, assim como a vida normal das pessoas, tem aspectos interessantes. O episódio mais comum talvez seja a negociação entre prisioneiros e carcereiros. Mesmo ciente de que o carcereiro estava com a faca e o queijo na mão, era comum o prisioneiro fazer-lhe propostas arriscadas, aproveitando os momentos de ausência ou de descuido dos chefes.

FOGO PARA CIGARRO E AS PERIPÉCIAS DE UM COMPANHEIRO DE CELA

Na cela era permitido fumar, porém estava proibido o porte de fósforos. O mais comum era fumar pedindo fogo para o carcereiro, antes ou depois do café da manhã ou das refeições (almoço e jantar). Assim, fiquei muito intrigado ao ver que sempre havia alguém fumando e passei a ficar atento ao comportamento dos presos mais antigos, para descobrir como isso era possível.

O que ocorria era o seguinte: mediante uma boa conversa com um carcereiro mais benevolente, era possível obter sete ou oito palitos de fósforo, gratificando-o com mil réis. Cerca de uma hora depois, o mesmo carcereiro passava furtivamente uma caixa vazia de fósforos mediante outros mil réis.

Agindo dessa forma, passando separadamente os palitos e a caixa vazia, caso a infração fosse descoberta, o carcereiro tinha como se justificar, perante seu chefe, ao mesmo tempo em que conseguia guardar alguns trocados vendendo uma caixa de fósforos por cinco ou seis mil réis.

178 ◆ ISOLADOS EM UM TERRITÓRIO EM GUERRA NA AMÉRICA DO SUL

Um dia, porém, um preso recém-chegado, de uns 55 ou 56 anos, que desconhecia esse macete, quase provocou um grande desastre.

Numa manhã um pouco fria, esse preso, não conseguindo pegar no sono, levantou-se e começou a fumar, acendendo o cigarro com um fósforo que carregava escondido. O forte cheiro do cigarro que começou a fluir no ar fresco da manhã rapidamente chegou até as narinas do carcereiro, armado com um fuzil, forte e ágil como um leopardo negro, que estava a uns quinze metros da cela.

O relógio marcava 5 horas da manhã. Quem estaria fumando àquela hora? Desconfiando de que algo errado estivesse acontecendo, o carcereiro começou a perscrutar, cuidadosamente, cela por cela. Quando chegou na frente da cela número cinco, ocupada pelos presos japoneses, constatou que saía dela um tênue filete de fumaça violeta. Sem perda de tempo, vociferou:

– Você aí, como conseguiu fogo para acender o cigarro?

Pego de surpresa, o prisioneiro, que fumava tranquilamente, levou tremendo de susto e não conseguiu responder de pronto. Irritado, o carcereiro alteou ainda mais a voz:

– Como você acendeu esse cigarro?

Começou a socar ruidosamente o assoalho com o cabo do fuzil. Com o olhar penetrante, sua atitude era de que somente sossegaria depois de liquidar o prisioneiro ou castigá-lo impiedosamente, de modo a deixá-lo semimorto.

A gravidade da situação exigia uma rápida providência. Foi quando se apresentou o líder da cela, o jovem Kodama, que, com um sorriso nos lábios, disse:

– Bom dia! Ele acendeu o cigarro com o fósforo que ganhou, há pouco, do senhor Libeano. Se tiver dúvidas, pode perguntar a ele.

Libeano era o chefe de plantão dos carcereiros daquela noite. Evidentemente, foi uma invenção que ocorreu à mente de Kodama naquele momento.

Os olhos irados do carcereiro estavam pregados agora no jovem Kodama:

– O que é que você disse? Recebeu o fósforo do chefe Libeano? Vou perguntar a ele. Você tem certeza do que está falando?

– Claro, mas, em vez de ficar ouvindo minhas explicações, acho melhor você perguntar diretamente ao chefe.

As palavras eram polidas, mas Kodama falava com tanta convicção que não deixava a menor dúvida ao interlocutor.

Passando o fuzil de uma mão para a outra e pisando duro, o carcereiro encaminhou-se em direção à sala da chefia, seus passos rompendo o silêncio do corredor.

E agora? Todos os que tinham presenciado a cena aguardavam angustiados, respirando com dificuldade, o desenrolar dos acontecimentos. Se o carcereiro perguntasse mesmo ao chefe, certamente voltaria disposto a punir, com o máximo rigor e crueldade, o impostor... Dez minutos, quinze minutos, e um silêncio insuportável continuava. Trinta minutos se passaram e nada do ruído das botas do carcereiro.

Finalmente, os presos respiraram aliviados, todos concordando com as palavras de um deles:

– Fomos salvos no último minuto pela coragem e audácia do senhor Kodama.

Soube-se depois que o carcereiro foi até a porta da sala do chefe, mas retrocedeu, pois a atitude e as palavras do jovem Kodama indicavam que ele não estava mentindo. Além disso, considerando o fato de que os demais carcereiros confiavam no jovem há muito tempo, talvez o irado carcereiro tenha chegado à conclusão de que o chefe Libeano tenha, em caráter especial, permitido que Kodama guardasse fósforos para cigarro.

De qualquer forma, foi um fogo para cigarro arriscado demais para os presos.

TAXA DE TRANSFERÊNCIA PARA OUTRA CELA E A RETALIAÇÃO DO CARCEREIRO

Treze chefes de família japoneses da colônia Kyōwa, Penápolis, cidade servida pela estrada de ferro Noroeste, foram presos e, em seguida, transferidos para São Paulo a fim de serem interrogados, e divididos em quatro grupos. O senhor Shimoyama foi o primeiro a ser transferido. Outros quatro presos que chegaram uma semana depois e ficaram reclusos na cela número dois suplicaram ao carcereiro para ficarem na mesma cela do senhor Shimoyama.

– Se eu conversar com o chefe dos carcereiros, é possível que consiga transferi-los para a cela do senhor Shimoyama, porém... – respondeu o carcereiro, deixando implícito que, em troca do favor, queria receber algo para tomar uma bebida alcoólica.

– Pagaremos dez mil réis por pessoa, num total de quarenta mil réis como gorjeta, mas queremos ser transferidos agora, imediatamente – responderam.

– Vejam bem: terei que dividir os quarenta mil réis por três (eu, o chefe dos carcereiros e outro carcereiro). Só vai dar treze mil réis para cada um. Se não pagarem oitenta mil réis (vinte mil réis por pessoa), acho muito difícil atender ao pedido de vocês.

Nada mais humano e natural que o pedido feito pelos amigos da mesma colônia para ficarem juntos na mesma cela, compartilhando os sofrimentos e infortúnios que a eclosão da Guerra provocou. Já que o dinheiro resolveria o problema prontamente, concordaram em pagar os oitenta mil réis. Certo de que os quatro detentos estavam de acordo com a sua exigência, o carcereiro transferiu-os para a cela número cinco e ficou aguardando, na porta, o pagamento.

Profundamente indignado com a atitude velhaca do carcereiro, que tentava extorquir quase cem mil réis dos indefesos presos, o jovem Kodama murmurou:

– Que sujeito cruel! Vou negociar com ele. Passe-me, cada um, cinco mil réis, por favor.

Alisando a barbicha e quase nu, só de cueca, aproximou-se do carcereiro, entregou-lhe os vinte mil réis e disse:

– Tome uns tragos com isso.

– Parado aí! Isso aqui é só de uma pessoa. Cadê os sessenta mil réis das outras três pessoas? – indagou o carcereiro após contar o dinheiro.

– Não podemos pagar tanto. Deixe por cinco mil réis por pessoa.

– Assim não dá. Tenho que dividir com o chefe dos carcereiros e o outro carcereiro. Vinte mil réis não são suficientes.

– Guarde esse dinheiro só para você! Explicarei depois, direitinho, para o chefe e para o outro carcereiro.

A difícil negociação entre o carcereiro, do lado de fora, e o prisioneiro do lado de dentro, feita em voz baixa, era um diálogo realmente inusitado, só possível de acontecer em um país tranquilo como o Brasil.

Não podendo reclamar abertamente, o carcereiro guardou o dinheiro no bolso e foi embora. Mas o caso não foi encerrado, e logo em seguida ele se vingou.

Na cela número cinco, que até então estava reservada para receber somente presos japoneses, até quinze ou dezesseis, nessa noite o carcereiro colocou mais sete ou oito pessoas. Resultado: completamente lotado, os presos ficaram praticamente imobilizados, com dificuldades até para respirar por causa da fumaça dos cigarros e do calor que os corpos exalavam. Para agravar a situação, como só havia nove colchões para 22 pessoas, eles tiveram que dormir apertados como fatias de *sashimi,* enfileirados, uns amontoados em cima de outros.

Duas pessoas começaram a sangrar pelo nariz. Idosos como o mestre Shimba, com mais de 62 anos, permaneciam deitados, sem pronunciar uma só palavra, de tão enfraquecidos que estavam.

– O mestre Shimba tem permissão para receber tratamento especial por causa do estado de saúde. O major autorizou. Como o senhor pode ver, ele está acamado e passando mal. Não daria para abrir um pouco a janelinha? – perguntou um dos presos ao novo carcereiro de plantão, mais ou menos às 22 horas.

Ao ouvir que o major tinha autorizado, o novo carcereiro prontamente abriu a janelinha. Embora estreito, o espaço aberto foi suficiente para a renovação do ar, e uma fresca brisa como o saudável vento da manhã invadiu a cela, expulsando o pesado e sujo ar. Finalmente todos conseguiram dormir.

Enquanto estava vivendo em um ambiente de total liberdade, eu não dava o mínimo valor para a importância do ar, mas agora, trancafiado numa cela sem ventilação, dividindo o reduzido espaço com uma multidão, fiz novas e importantes descobertas. De fato, quando já me sentia asfixiado por falta de oxigênio no ar, o efeito da massa de ar puro que invadiu a sala foi fantástico.

Só depois de preso numa cela apertada e desconfortável é que descobri o valor e a importância da luz solar, do ar e das verduras frescas. Nesse as-

LEITE MISTURADO COM ÁGUA, E CAFÉ COM SAL

Na monótona rotina da prisão, o café da manhã era servido às 8 horas, e o jantar, às 17 horas. Ninguém tinha sono. O tempo demorava para passar e nada havia que ajudasse a preencher o tempo ocioso.

Todas as noites, lá pelas 21 horas, os presos pediam ao carcereiro que comprasse um litro de leite e um litro de café. O bar cobrava o dobro do preço praticado na época: dois mil réis o litro do café e 2,4 mil réis o litro do leite (o preço normal era mil réis e 1,2 mil réis, respectivamente). Mesmo sabendo que estavam sendo explorados, não podiam reclamar.

O problema maior era outro: o café vinha quente e o leite vinha bem morno, porque os carcereiros ficavam com meio litro de leite e completavam com água. Era leite ralo como água de lavagem de arroz, mas o pessoal tomava aquele líquido assim mesmo, pois um mínimo de nutrientes devia conter.

Porém, à medida que a Guerra prosseguia, o governo começou a racionar o consumo de açúcar. Com a redução do seu fornecimento no mercado, o sabor do café foi ficando cada vez mais amargo, chegando a se transformar em uma bebida intragável.

Como já estava ruim demais, um jovem misturou um pouco de sal no bule, chamou o carcereiro e disse:

– Esse café que você comprou e trouxe agora há pouco para nós está sem açúcar. Acho que o dono do bar colocou pouco açúcar ou então mandou esta porcaria porque sabe que é para os prisioneiros. De qualquer modo, acho que a polícia deve fiscalizar todo produto que é entregue na prisão, e o ato de os comerciantes venderem produtos de qualidade duvidosa constitui não só uma grave afronta à gloriosa polícia brasileira, mas é também um imperdoável desrespeito às autoridades do presídio. Por favor, experimente tomar um pouco desse café para ter uma ideia do abuso que os comerciantes estão fazendo conosco.

Como fazia sentido a reclamação, o carcereiro não teve alternativa: fazendo pose de quem entendia do assunto, tomou um gole do café. Logo fez cara de quem não gostou e disse:

– Realmente, esse café está sem açúcar.

– É inadmissível que continuem vendendo café tão ruim. Por favor, mande colocar mais açúcar. A polícia pode perfeitamente exigir isso dos comerciantes e proibi-los de praticar atos desonestos como esse – retrucou imediatamente o jovem.

O carcereiro afastou-se desajeitadamente, levou a garrafa até a copa, colocou uma porção de açúcar e devolveu-a ao jovem dizendo:

– Agora deve estar melhor.

Depois desse episódio, não houve mais problemas com café sem açúcar.

PREGAÇÕES, CONVERSAS LIBIDINOSAS E VOZES DE MULHERES

Uma vez na prisão, predicados como sabedoria e conhecimentos filosóficos tornam-se inúteis, e toda pessoa fica na expectativa do aparecimento de uma força superior e salvadora.

Mesmo ateus bravateiros, depois de sofrerem um bom tempo na prisão, deitados, sem ter o que fazer, passam a sentir que tanto o vigor físico quanto o mental começam a fraquejar. Uma instintiva percepção de que estão correndo risco de morte passa a dominar suas preocupações, e o primeiro pensamento que lhes vem à mente é o amor materno.

Todos sentem a urgente necessidade de balbuciar mamãe. E o homem, humildemente, começa a rezar, emocionado com a lembrança do amor e do carinho maternos que o protegeram na infância. Em seguida, ele já está orando e procurando proteção divina, uma graça que possa trazer tranquilidade e paz à sua alma solitária.

É o homem em busca da tranquilidade espiritual, do caminho que o conduzirá a um mundo onde saberá vencer todos os obstáculos e encontrará a eterna paz... É o homem prostrado diante da grandeza divina, balbuciando o nome do seu Deus e procurando encontrar a libertação dos sofrimentos da vida terrena, em busca da verdade salvadora.

Na prisão, depois do café das 21 horas, o reverendo Shimba, divulgador da igreja budista, de Kōyasan, às vezes fazia sermões abordando temas como bem e mal, carma, gratidão e amor. Tais sermões eram sempre bem recebidos pelos demais presos porque, em vez de monótonas explanações teóricas, eram baseados em experiências que ele próprio vivenciara.

Após o sermão, a conversa tomava outro rumo e cada um contava os seus causos: histórias de amores não correspondidos, conquistas amorosas na mocidade com negras e italianas e relatos pornográficos. Muitos preferiam esse tipo de conversa e se divertiam com as histórias recheadas de fantasias que cada um inventava.

Essa súbita mudança de assunto, de monges e de paraíso na concepção budista para histórias de mulheres e prazeres da carne, reflete bem o que existe no íntimo de cada um: se aproximar de Deus e se preocupar com assuntos e bens materiais.

Passando dia após dia numa cela melancólica, qualquer ser humano tende a ficar depressivo e é natural que procure ficar alegre, divertindo-se com conversas inconsequentes. Mas, mesmo nessas circunstâncias, é preciso se esforçar para refletir e fazer exercícios de reavaliação sobre a importância da natureza humana.

Ao compararmos o comportamento dos povos primitivos – que de manhã reverenciam a magnificência do sol e à noite se entregam como que ensandecidos à prática de danças e orgias – com o cotidiano dos povos modernos, constatamos que a diferença é apenas aparente, pois o sentimento que predomina na natureza humana é comum aos dois povos.

Nos ensinamentos da ética, bem como nas pregações religiosas, é imprescindível ressaltar esse aspecto da natureza humana. Todas as tentativas com vistas à formação do homem, à força ou mecanicamente, submetendo-o a moldes preestabelecidos, serão infrutíferas, pois resultarão em multidões sem autenticidade, bonitos apenas superficialmente, como os fariseus. Os verdadeiros amigos de Cristo foram os ladrões, as prostitutas e os velhacos. Ninguém se compadeceu e chorou por eles como Cristo o fez, porque Ele compreendeu a essência da natureza humana e se identificou com ela.

Antes de ditar preceitos proibitivos ou fazer pregações moralistas é preciso ter o coração puro e franco para receber, de braços abertos, todos os homens; ter espírito de compaixão, identificando-se profundamente com a natureza humana; chorar, penalizado, com a desdita dos abomináveis ladrões e das pobres adúlteras, compartilhando o sofrimento deles. Somente assim será possível acontecer a "salvação" e preparar-se para palmilhar o "caminho da ressurreição".

Somente depois de removido o fosso espiritual que separa o pregador (que está no alto do púlpito) dos devotos (que estão num plano abaixo) é que todos estarão irmanados do verdadeiro espírito de companheirismo e fraternidade. Assim, apoiando-se mutuamente, poderão desfrutar de um mundo mais autêntico e iluminado.

Dizem que o que mais alegra os soldados que estão combatendo nos sangrentos campos de batalha são fotos ou as cartas que lhes chegam de mulheres. Na prisão não é diferente: o que mais interessa aos reclusos são as mulheres.

De vez em quando chegavam até a cela, vindas da sala dos carcereiros, vozes melodiosas de mulheres. Nessas ocasiões, como que hipnotizados pela misteriosa força de atração que as vozes femininas exercem sobre os homens, todos ficavam eufóricos, com a sensação de que uma agradável onda de calor aconchegante invadia e aquecia a gelada cela.

Certo dia, eram mais ou menos 14 horas. Todos os presos estavam deitados sobre os velhos colchões, dormindo ou simplesmente mirando fixamente o teto. Reinava o maior silêncio quando, de repente, soaram, nos ouvidos dos presos, doces e sonoras gargalhadas de mulher vindas da sala dos carcereiros.

Yonamine, um jovem bastante extrovertido, que até então estava deitado, num pulo pôs-se em pé, correu até a porta da cela, encostou nela o ouvido e tentou escutar o que a mulher estava falando.

Cinco ou seis presos também se levantaram e ficaram esperando que Yonamine lhes contasse o que ele estava ouvindo, mas parece que estava difícil de entender a conversa da mulher. Às vezes ouvia-se apenas a gargalhada dela, mas, depois de uns cinco minutos, emudeceu por completo.

Quando o carcereiro passou alguns minutos depois, o jovem Yonamine perguntou-lhe com um ar indiferente:

– Aquela mulher que estava conversando até agora pouco veio visitar alguém?

– A mulher de agora há pouco? Era apenas uma mulatinha que veio entregar mercadorias.

Foi deveras engraçado ver o desapontamento estampado nos rostos dos presos, pois a figura da mulher encantadora por todos imaginada não passava de uma menina de cor escura[1].

A propósito, contou-me o jovem Kodama que, uma semana antes de o nosso grupo chegar aqui, três garçonetes de um restaurante japonês ficaram encarceradas na cela número um. Todos os presos ficaram muito alvoroçados ao ouvirem suas suaves vozes.

Altas horas da noite, no absoluto silêncio da prisão podiam-se ouvir as moças, que, não conseguindo conciliar o sono, passaram a cantar quase num murmúrio, sentadas na gelada cela, uma saudosa canção.

Aquelas colinas e margens dos riachos
Do sagrado sangue estão impregnadas.
A flor que desabrochou no seio desse sangue
És tu, formosa, alva orquídea.

Quando aquela suave, delicada e indescritível melodia chegou aos ouvidos dos presos, quem já estava deitado pôs-se imediatamente em pé para captá-la melhor, e consta que alguns até começaram a chorar, tão comovidos que ficaram, pois jamais imaginavam poder ouvir na prisão tão maviosas vozes cantando uma composição musical japonesa.

---

1. Muito se debateu entre a família, no momento da adaptação do texto, a supressão deste trecho notadamente racista. No entanto, optamos por mantê-lo entendendo-o como parte das contradições e da complexidade que esse texto traz, revelador de uma mentalidade social de uma época e de grupos específicos, das quais discordamos, mas preferimos não apagar.

Nada mais natural! Haveria japonês que não se deixasse emocionar ouvindo, na condição de preso, numa cela de um país estrangeiro, canção japonesa entoada por tão melodiosas vozes femininas, reavivando-lhe lembranças da amada e distante terra natal? De qualquer forma, a simples presença de uma mulher tem o efeito de serenar aquele ambiente árido e carregado, característico das prisões masculinas.

Vivendo na prisão, senti na própria carne a importância da mulher, e me conscientizei plenamente de quão triste e insípida, como num desolador deserto, é a vida sem a sua companhia. Compreendi que a presença dela é necessária para amenizar o penoso dia a dia dos homens.

De que Crimes Foram Acusados os Compatriotas Presos?

Consta que, desde o início do conflito mundial, cerca de dez mil japoneses já foram aprisionados. Vejamos de que crimes foram acusados os inúmeros compatriotas que chegaram à prisão, e os sofrimentos a que foram submetidos, durante um mês da minha permanência ali.

RYUEI SHIMBA: SUSPEITA DE ESPIONAGEM

Transcrevo, a seguir, as manchetes publicadas em letras garrafais pelos principais jornais do Brasil na época.

Mais um Espião Japonês Preso em São Paulo
(Folha da Noite, edição de 18.3.1942)[1]

Sacerdote budista, irmão do inspetor-geral da polícia metropolitana de Tóquio, estava engajado em atividades altamente atentatórias à segurança nacional

A nossa polícia civil, sempre alerta na prevenção e repressão de ações contra a soberania e interesses nacionais organizados por súditos dos paí-

---

1. Na capa da referida edição do jornal, a notícia era anunciada com a seguinte chamada: "Mais um espião japonês preso em São Paulo. O bispo budista desenvolvia intensa atividade nociva ao Brasil. É irmão do chefe de polícia de Tóquio e do preceptor dos filhos do imperador Hiroito" (*Folha da Noite*, São Paulo, 18.3.1942, capa. Disponível em https://goo.gl/39UweM. Consultado em 15.4.2018).

ses do Eixo, tem conseguido desbaratar as inúmeras e graves tentativas de conspiração contra a nação e o povo brasileiro, graças ao incansável trabalho desenvolvido pelo major Olinto da França, superintendente da polícia, e pelo promotor público do Departamento Estadual de Ordem Política e Social, senhor Ribeiro da Cruz, sob a orientação geral do interventor no Estado, senhor Fernando Costa, e do diretor de Segurança Pública, senhor Cássio Nogueira.

Preso mais um Perigoso Espião

Até agora a polícia tinha prendido todos os súditos do Eixo suspeitos e hoje aprisionou mais um perigoso japonês, acusado de grave crime contra os interesses do país. Trata-se de Heitaro Shimba, 61 anos, residente na rua Conselheiro Saraiva, nº 813, o qual, vestindo indumentária própria da religião budista, aparentava ser um devotado pregador religioso, sob o nome de reverendo Ryuei. Era visto percorrendo, com certa regularidade, o interior, em visita aos núcleos coloniais de japoneses onde moravam seus devotos. Sua residência na capital era frequentada por muitos japoneses.

De Lavrador a Pregador Religioso

Segundo interrogatório conduzido pelo promotor público Ribeiro da Cruz, Shimba chegou ao Brasil em 1928 como um simples camponês e, de fato, durante algum tempo dedicou-se às lides do campo.

Entretanto, em 1938 uma ordem de origem misteriosa nomeou-o pregador, e logo depois passou a apresentar-se como sacerdote de alto nível. Seu trabalho de difusão religiosa estava sendo patrocinado pelo governo do Japão imperial.

Seus irmãos ocupam importantes cargos públicos: um deles é o atual inspetor-geral da polícia metropolitana de Tóquio e outro é conselheiro do palácio imperial. Em 1940 desembarcou no Brasil certo cidadão chamado Shimiti Imai, membro da Câmara dos Nobres e oficial graduado do palácio imperial, especialmente destacado como assessor de Shimba.

Espião de Alta Periculosidade

Como resultado do rigoroso interrogatório a que foi submetido, apurou-se que Shimba, na qualidade de um perigoso espião, estava desenvolvendo intensa atividade de propaganda do ultranacionalismo japonês entre os imigrantes dos núcleos coloniais.

Shimba tinha também enviado a um dos irmãos (Hiroshi Shimba) farto material de informação e documentos de máxima relevância. Pela constatação de outras correspondências enviadas ao citado irmão, ficou evidente que se tratava de um elemento altamente nocivo e lesivo ao país.

Nas citadas correspondências, Shimba, depois de relatar que estava cumprindo à risca a tarefa de difundir entre os compatriotas aquela "fé", de significado incerto, conclui dizendo que o

[...] governo, bem como o povo brasileiro, vem, de forma geral, manifestando hostilidade em relação aos súditos do Eixo, mas as manifestações de antipatia e rejeição contra os japoneses chegam a ser exageradas. Além de proibir a publicação de jornais e revistas, as autoridades impingiram-nos toda a sorte de perseguições e ofensas. O sofrimento dos japoneses é algo inacreditável, e muitos acontecimentos trágicos já ocorreram. Contudo, mesmo diante de tantas adversidades, nossos compatriotas estão tentando superá-las porque têm plena consciência dos sacrifícios que os soldados japoneses estão fazendo nas frentes de batalha, defendendo a pátria. Estou disposto a cumprir à risca a importante missão que me foi confiada, até com o sacrifício da minha própria vida.

Consta que, após imprimir pessoalmente (em mimeógrafo rudimentar) panfletos com suas ideias, os distribuía entre os imigrantes pelo mesmo processo usado para difundir os ensinamentos da religião budista, tendo, porém, o cuidado de selecionar os destinatários considerados de absoluta confiança.

Shimba comentou, ainda, que "não estranhava a violenta ação repressiva e punitiva das autoridades contra mim e contra os compatriotas, mesmo porque o povo deste país é atrasado, bárbaro, ignorante e acostumado a viver servilmente sob a proteção e o interesse dos Estados Unidos".

Mais adiante, Shimba acrescentou que estava sendo organizado um esquema de formação de *shirokai*, isto é, uma nova organização para recolher informações, com o objetivo de tentar obstruir futuras ações das autoridades.

A seus auxiliares diretos, Shimba expedia instruções detalhadas sobre todos os procedimentos a serem observados na execução das ordens e posteriores desdobramentos. Entretanto, disse ao oficial no final do interrogatório: "Nós não vamos ficar calados e resignados indefinidamente diante de todas essas pressões e humilhações..."

O teor do noticiário era mais ou menos esse, mas era evidente que estava falseando a verdade ao afirmar que o irmão de Shimba era inspetor-geral da polícia metropolitana de Tóquio, pois, na realidade, não passava de um servidor do departamento da polícia especial do palácio imperial. Para ser mais exato, de concreto mesmo, havia, além de o irmão dele ser um servidor da polícia especial, o teor das cartas, que, embora muito contundente, traduzia o sentimento de extremo desespero dos japoneses oprimidos. Mesmo não tendo sido apurada a menor prova de que atuava como espião, Shimba ficou encarcerado na prisão militar da Ilha das Flores, no Rio de Janeiro. Posteriormente, foi transferido para outras prisões do exército e, embora tivesse transcorrido mais de um ano, continuava recluso.

TSUTOMO KANTŌ: CRIME IDEOLÓGICO

Trata-se de um jovem sempre bem-disposto e ativo. Fiscalizava os trabalhadores da propriedade rural da família, próxima a Marília, a qual cultiva algodão em grande escala.

Ficava ouvindo, sem dar muita atenção, as gozações dos trabalhadores, que, aos domingos, frequentavam bares da cidade e ficavam sabendo, por meio de conversas com bêbados e desordeiros, de comentários sem fundamento sobre o curso da Guerra e se deliciavam com as balelas sobre os malogros dos exércitos alemães e japoneses.

Certo dia, ao aproximar-se casualmente de um grupo de trabalhadores que conversavam animadamente, um deles lhe disse na cara:

– Ó, Kantō, parece que a Guerra já está chegando ao fim, não é? Estão comentando que Tóquio foi severamente bombardeada por aviões americanos! Se Tóquio, que é a capital do Japão, foi implacavelmente atingida, não tem mais jeito, hahaha...

Kantō não aguentou a provocação e replicou:

– João, ouça bem o que vou lhe dizer. É verdade que cinco aviões americanos atacaram o Japão. Se esses aviões tivessem atacado fábricas ou instalações militares, tudo bem, teriam cumprido seu papel. Mas, não! O que eles fizeram foi lançar bombas sobre escolas da periferia de Tóquio, matando inocentes crianças. E todos foram derrubados, com exceção de um avião, que, conseguindo escapar do fogo antiaéreo, mudou de rumo e voou para a China, onde conseguiu pousar.

– Kantō, você então está insinuando que os Estados Unidos vão perder a Guerra?

– Infelizmente essa é a realidade! Basta ver os resultados das batalhas travadas até agora. Contudo, a afirmação da vitória inquestionável do Japão não é consequência do meu sentimento nacionalista. Minha opinião baseia-se nos resultados efetivos da Guerra até agora.

Conversar com pessoas do país inimigo sobre a Guerra era um tabu que devia ser evitado a todo custo, porém a inexperiência e a precipitação do voluntarioso jovem pôs tudo a perder.

O diálogo acima aconteceu na época em que eu fui detido, isto é, na época em que o Brasil rompeu relações diplomáticas com o Japão; não foi, portanto, na fase final da Guerra.

Cerca de cinco dias depois, Kantō recebeu uma intimação para se apresentar na delegacia de polícia de Marília. Aquele trabalhador com quem discutira no outro dia o tinha denunciado.

Dizer que os Estados Unidos seriam derrotados equivalia a dizer que o Brasil, membro da coalizão, seria também derrotado, o que constitui grave ofensa a qualquer brasileiro. Conformado, Kantō decidiu apresentar-se ao delegado de polícia.

Sua grande surpresa, durante o interrogatório, foi constatar que o autor da denúncia era João, o empregado da fazenda, e que três trabalhadores avulsos, da vizinhança, haviam assinado a denúncia como testemunhas. As acusações, que exageravam o teor da discussão com o empregado e estavam repletas de afirmações que ele não tinha feito.

Desistiu de se defender diante da existência das três testemunhas, achando que todo o esforço seria inútil. Da mesma forma que ele defendeu a posição japonesa, os patriotas brasileiros saíram em defesa da honra e dignidade do Brasil[2].

Mesmo discordando dos disparates da denúncia, Kantō, sem alternativa, assinou, reconhecendo a acusação. Ato contínuo, foi encaminhado à prisão do Deops de São Paulo, onde se encontra há mais de noventa dias.

Ele tinha uma bela noiva. Será que continuará aguardando por ele até ser libertado? Preocupações anuviavam-lhe o rosto uma vez ou outra.

KURIYAMA: CRIME IDEOLÓGICO

Atendendo ao convite de um amigo e uma vez que estava de folga, Kuriyama foi até a casa de uma fazenda na grande comunidade *nikkei* de Bastos para participar de uma reunião da filial brasileira da Taiseiyoku Sankai. "Os japoneses que estão vivendo no Brasil devem dirigir-se aos territórios que o Japão anexou recentemente e, sob a égide da bandeira japonesa, participar da nova política de liderança internacional do Japão." Era esse o assunto que estava sendo discutido na reunião, com cerca de vinte pessoas, as quais solicitaram que Kuriyama ingressasse na associação como simpatizante dos ideais do grupo.

Kuriyama, ex-terceiro-sargento da marinha japonesa, judoca (2º *dan*), cidadão estimado por todos, generoso e possuidor de ideias liberais, achou melhor indagar se o plano fora concebido pelo governo japonês ou se estava sendo desenvolvido por iniciativa de particulares.

Responderam-lhe, então:

2. "A obrigatoriedade de o estrangeiro informar a polícia local, no prazo de dez dias, sua nova residência para a devida anotação na carteira modelo dezenove, obrigatória a todos os estrangeiros, ou certidão modelo vinte comprova a intenção de controlar a população cadastrada. O fato de a imprensa local divulgar a lista dos 'novos residentes' incitava a população a tornar-se um agente-colaborador, visto que qualquer cidadão poderia (e deveria) informar as autoridades sobre atitudes suspeitas. Desse modo, tanto a população como a imprensa eram incitadas a participar da vigilância instituída pelo Estado autoritário" (Márcia Takeuchi, *O Perigo Amarelo em Tempos de Guerra (1939-1945): Módulo III – Japoneses*, p. 39).

– A embaixada e o consulado geral, órgãos representativos do governo japonês, não apoiam este movimento, mas pretendemos entrar em contato diretamente com as autoridades do alto escalão japonês para transmitir-lhes o grande anseio dos compatriotas residentes no Brasil e, por meio de gestões nos Ministérios das Relações Exteriores, da Colonização, do Exército e da Marinha, pretendemos dar início efetivo ao nosso movimento.

– Concordo com a ideia de vocês, mas não posso assinar o documento de adesão na qualidade de simpatizante, pois preciso examinar mais a fundo e refletir antes de me integrar em um movimento que não conta com o apoio do embaixador e do cônsul-geral, que estão servindo no Brasil como legítimos representantes do governo japonês.

– Não, não. Se você concorda com a nossa ideia, você já é um autêntico simpatizante.

Assim falando, um dos líderes do movimento inscreveu o nome de Kuriyama no livro de associados, e no espaço destinado à profissão, anotou: mestre de artes marciais.

Kuriyama não achou necessário exigir o cancelamento do seu nome do livro porque, independentemente do sucesso ou não do movimento, ele próprio, na qualidade de súdito japonês, identificava-se com o sentimento de amor à pátria e de união do povo japonês. Sua imprudência deixando de tomar alguma atitude, contudo, acabou trazendo-lhe graves consequências mais tarde.

Quando o Brasil rompeu relações diplomáticas com o Japão, os líderes desse movimento foram presos e todos os documentos encontrados foram confiscados e remetidos ao Deops, que ordenou a prisão de todas as pessoas neles relacionadas.

Rigorosa busca domiciliar realizada pela polícia encontrou um álbum da época em que Kuriyama serviu na marinha japonesa: uma foto o mostrava perfilado junto ao comandante do navio e a um grupo de oficiais; outra exibia o navio de guerra em que ele servia adentrando um porto dos Estados Unidos, com a bandeira japonesa airosamente desfraldada; e, numa outra, ele aparecia ladeado por loiras americanas.

De posse desse material, a polícia chegou à conclusão de que ele era um elemento enviado pelo exército japonês para organizar algum movimen-

196 ◆ ISOLADOS EM UM TERRITÓRIO EM GUERRA NA AMÉRICA DO SUL

to atentatório à ordem social. Ato contínuo, ordenou sumariamente sua prisão[3].

Após passar seis meses encarcerado, foi libertado no final de dezembro. Sua família, contudo, tinha deixado Bastos e estava morando no núcleo Rikkō da colônia Ideal, próxima à estação Lussanvira da estrada de ferro Noroeste, município de Pereira Barreto, SP.

A viagem até a nova residência parecia nunca chegar ao fim. Como teria sido o sofrimento da esposa para sustentar sozinha a casa e cuidar dos três filhos, que ficaram privados da companhia e da proteção do pai? Não estaria ela diante de dificuldades financeiras, enfrentando situação delicada como a de Yoshiko, de que fala a canção *Hito tsuma tsubaki*?

Com as preocupações avolumando-se cada vez mais, aguardou impacientemente o fim da longa viagem de trem, de mais de oitocentos quilômetros, até chegar, na tarde do dia seguinte, à estação Lussanvira. Teria que pernoitar em Tietê, porque não havia condução, tal como uma jardineira, até o núcleo colonial. Desafiou a jornada de quinze quilômetros a pé, tão ansioso que estava para reencontrar a família. Quando finalmente chegou em casa, depois de percorrer o longo caminho poeirento e deserto, os filhos o encararam boquiabertos, talvez não reconhecendo a fisionomia do pai, totalmente desfigurada devido aos sofridos dias na prisão.

Durante sua ausência, a esposa tinha lutado com fé e determinação, cuidando sozinha da casa e das três crianças e, ao mesmo tempo, tocando, praticamente sem dormir à noite, a criação de bicho da seda. A mulher é delicada, mas, como mãe, é uma fortaleza.

Tomado de profundo sentimento de gratidão à esposa, que tanto se sacrificara durante sua ausência, Kuriyama dedicou-se de corpo e alma à tarefa de reconstrução do lar, tendo o cuidado de fazer com que a esposa descansasse um pouco. No início de abril, porém, um indivíduo de olhar intenso, desconhecido nas imediações, aproximou-se e disse:

---

3. "Quanto aos japoneses, não encontramos entre as causas de internamento motivos ligados às atividades de cunho político, como foi constatado em relação aos alemães e italianos" (Priscila Perazzo, *Prisioneiros da Guerra: Os "Súditos do Eixo" nos Campos de Concentração Brasileiros (1942-1945)*, p. 88).

– Oi, Kuriyama! Trabalhando bastante?

Depois de lançar um olhar feroz para a esposa e as crianças, tirou do bolso um documento e mostrou-o ao homem:

– Olhe, você precisa acompanhar-me até a delegacia de Tietê.

Como o documento tinha o timbre do Deops de São Paulo, Kuriyama compreendeu que o desconhecido era um detetive que viera da capital com uma ordem de prisão, mas, para não atemorizar a esposa e as crianças, dissera apenas para acompanhá-lo até a delegacia de Tietê.

Novamente encarcerado, três meses depois de ser libertado? Kuriyama não conseguia compreender por que tanto infortúnio o perseguia. A família ficaria novamente abandonada. Contendo, a muito custo, o forte sentimento de ódio que parecia explodir dentro do seu coração, acariciou a cabeça das três crianças:

– O papai vai até Tietê resolver um problema. Obedeçam à mamãe e procurem ajudá-la sempre, entenderam?

As três crianças responderam um sim quase inaudível, olhando assustadas, sem pestanejar, o pai e o desconhecido.

A esposa, como que já conformada, disse-lhe tranquilamente:

– Não se preocupe com a nossa casa. Tome cuidado com a saúde!

Escoltado para a prisão, deixando para trás os entes queridos, enfrentou oitocentos quilômetros de viagem de trem... Durante a viagem, o detetive balbuciou:

– Kuriyama, sinto muito! Com pena da sua esposa, não pude dizer que o levaria para São Paulo. Sua esposa é mesmo uma infeliz!

O sentimento de solidariedade não tem fronteiras. O detetive, que precisa agir como um carrasco, é também um ser humano. Obrigado a arrastar o pai para longe da desamparada família, repetiu várias vezes durante a viagem:

– Coitados!

O detetive contou-lhe:

– Parece que você foi condenado à pena de sete meses de reclusão pelo tribunal que julgou o caso do movimento ideológico em que você esteve envolvido anteriormente...

Chegando a São Paulo, Kuriyama foi levado para a cela número cinco do Deops e, logo depois, encaminhado para a penitenciária.

198 ◆ ISOLADOS EM UM TERRITÓRIO EM GUERRA NA AMÉRICA DO SUL

Segundo informações de pessoas libertadas mais tarde, tinha sido condenado a quatro anos de prisão.

Até quando vai continuar o sofrimento da esposa de Kuriyama? Apesar de tudo, ela certamente lutará com todas as suas forças para honrar a coragem e o brio da mulher japonesa.

Aproveitando a oportunidade, gostaria de levar ao conhecimento do povo japonês que a Guerra travada pelo Japão interage, de variadas formas, até com os compatriotas que vivem nestas longínquas terras do outro lado do mundo.

YAMAMOTO: CRIME IDEOLÓGICO

No sítio em que Yamamoto estava formando café por empreitada, com contrato de quatro anos, na região pioneira de Valparaíso, estrada de ferro Noroeste, trabalhava um senhor antipático chamado Sebastião que, após passar por várias localidades, acabou ficando por ali. Como sabia ler e escrever um pouco, gostava de discutir. Presunçoso e estimulado pelos companheiros, era comum fazer pedidos descabidos, mas nunca atingia seus objetivos, diante das hábeis ponderações do patrão.

Sendo Sebastião um grande apreciador de pinga, Yamamoto dava-lhe um copo de bebida todos os dias, à tardezinha, na hora do jantar. Sebastião, em vez de mostrar gratidão, começou a abusar da boa vontade do japonês.

Um dia, depois do jantar, apareceu com um litro vazio e pediu, encarando desafiadoramente o patrão:

– Dá para me vender um litro de pinga? Pago no final do mês. Sem pinga parece que fico fraco e não consigo render bem no serviço...

Mesmo sabendo que era conversa fiada, típica de trabalhador temporário, Yamamoto atendeu ao pedido.

– Obrigado! Com esta pinga, amanhã vai ser outro dia legal...

Lambendo os beiços de satisfação, retirou-se.

Encorajado com o precedente, no dia seguinte Sebastião procurou de novo o patrão para pedir mais pinga, sem esconder a arrogância. Sem discutir, Yamamoto entregou-lhe mais um litro. O garrafão já estava quase no fim.

Na noite seguinte, Sebastião apareceu novamente. Yamamoto, pacientemente, lhe respondeu:

– Bastião, a pinga acabou. Se fosse como antigamente, ainda se dava um jeito, mas agora que está faltando gasolina, não dá mais para ir correndo de caminhão até Valparaíso para comprar pinga. Tenha um pouco de paciência!

Sebastião olhou desconfiado para a cozinha. De repente, saiu correndo e desapareceu.

No outro dia, Yamamoto foi procurado por Antônio, um homem que morava nas imediações. Considerado líder da região, desde o início da Guerra atuava como uma espécie de policial local. Com ar enigmático e um amplo sorriso, falou:

– Yamamoto, é verdade que, ontem à noite, você disse ao seu empregado Sebastião que a Guerra vai acabar logo porque o Brasil está sem gasolina? O Sebastião está muito irritado, dizendo que você ofendeu o Brasil e está disposto a dar queixa na polícia de Valparaíso. Disse-lhe para esperar um pouco e vim aqui para apurar a verdade.

– Antônio, isso é um absurdo! Ele está distorcendo a verdade. Eu disse apenas que, como estava sem gasolina, não podia ir à cidade para comprar pinga. Por favor, não acredite num absurdo desse tipo.

– Yamamoto, o Sebastião está danado para dar queixa na polícia. Você não quer que eu resolva esta questão? Conversando, tudo se resolve. Se você der um trocadinho para ele comprar um pouco de pinga, posso convencê-lo a desistir da queixa.

– E quanto seria?

Sem pronunciar uma palavra, mostrou cinco dedos, isto é, queria que Yamamoto lhe entregasse quinhentos mil réis, o que era uma importância descabida, fora de qualquer cogitação.

O que aquele homem queria, em conluio com o empregado que Yamamoto tinha acolhido tão bem e, agora em retribuição, tentava entregá-lo à polícia, era simplesmente inadmissível! Decidido, disse:

– Olhe, não me interessa o que vocês estão planejando. Irei à polícia se me chamarem.

– Que arrogância, hein? Depois não adianta chorar. Vai se arrepender!

Resmungando, Antônio foi embora.

Passados dois dias, chegou uma intimação para Yamamoto comparecer à delegacia de Valparaíso. Tranquilo, ele se apresentou, julgando que, se contasse a verdade, a polícia entenderia o que tinha acontecido.

Mas, na delegacia, ficou muito surpreso ao se deparar com um depoimento assinado por três trabalhadores confirmando a seguinte declaração atribuída a Yamamoto: "Está começando a faltar muitos produtos no Brasil, destacando-se a drástica redução no fornecimento de gasolina. O governo não está mais autorizando o consumo de gasolina pela população. Produto valioso como o próprio sangue que corre nas veias, a falta desse combustível está enfraquecendo tanto a produção industrial quanto a ação das forças armadas do país..."

O documento concluía que, falando assim aos moradores da região, Yamamoto estava procurando transmitir um sentimento antibélico à população brasileira.

Yamamoto tentou mostrar ao delegado que a conclusão da investigação era inexata, que o conteúdo do depoimento não condizia com a realidade, mas foi tudo em vão. Mesmo porque, entre a declaração de um homem oriundo de um país inimigo e a de um brasileiro, a tendência da polícia era acreditar nas palavras do último. Era, até certo ponto, compreensível. Estava diante de um comportamento natural da polícia naquelas circunstâncias, sobretudo com as assinaturas das três testemunhas.

Mandado diretamente para São Paulo, ficou preso e só foi libertado seis meses depois.

Em casa, o filho mais velho, de dezesseis anos, ajudava a mãe a cuidar dos irmãos menores, além de trabalhar exaustivamente na lavoura, tentando suprir a ausência do pai.

Em um dia de forte chuva, todos estavam reunidos em casa, pois era impossível sair para trabalhar. Os irmãozinhos, tristes e cabisbaixos, estavam em volta da mãe. Nisso alguém começou a bater ruidosamente na porta, mas todos continuaram quietos, pensando tratar-se de algum intruso indesejável. Continuando a bater, o recém-chegado disse:

– Sou eu, o papai!

Era aquela saudosa voz do pai, que não ouviam havia seis meses. Sem conseguir conter tanta emoção, os cinco filhos correram para abrir a porta. Encontraram o pai que tinha voltado, molhado da cabeça aos pés. Preocupadíssimo com a família, ele tinha caminhado sem se incomodar com a forte chuva, o frio e a fome. Sua única e maior preocupação era bem cumprir o papel de pai e esposo.

Três meses depois da volta para a casa, a filha de sete anos foi acometida de grave doença, de causa desconhecida. À medida que os dias passavam, a criança ia definhando, gemendo dia e noite. Desesperado, Yamamoto pediu a um vizinho que possuía um caminhão para levar a criança até a cidade para consultar um médico. O diagnóstico indicou que o estado de saúde dela era muito grave, e o médico disse que não podia garantir a sua recuperação.

Quase desfalecendo de tão esgotado que estava, Yamamoto aguardava o farmacêutico preparar o medicamento, com a criança agonizante no colo, quando um robusto desconhecido se aproximou e perguntou-lhe:

– Você é o Yamamoto?

– Sim, sou eu mesmo. Alguma coisa comigo?

Exibindo a carteira de identidade, o desconhecido disse:

– Sou detetive do Deops de São Paulo. Por ordem superior, o senhor precisa me acompanhar até São Paulo.

– Por que o destino é tão cruel comigo? Estou com uma filha no colo, gravemente doente, e aparece um detetive para prender-me!

Era demais, mas não tinha outra saída. Chamou um carro de praça e voltou para casa acompanhado do detetive para deixar a filha doente sob os cuidados da esposa. Temendo que pudesse ser a última vez que via a filha, beijou-a longamente nas faces e disse:

– Papai vai ter que ir novamente a São Paulo. Quando voltar, quero vê-la curada e forte. Não me esquecerei de trazer uma linda boneca para você...

A voz foi enfraquecendo e não conseguiu dizer mais nada, enquanto lágrimas sentidas caíam sobre o rosto da filha. Tudo o que queria era ficar junto dela enquanto estivesse viva. Faria todos os sacrifícios que estivessem ao seu alcance para aliviar seu sofrimento, mas ordens superiores do país inimigo iriam afastá-lo para longe dela.

A esposa, desesperada com a gravidade da doença, não se afastava da criança um minuto sequer, mas disse serenamente ao se despedir do marido:

– Querido, não se preocupe conosco. Com a ajuda dos nossos filhos, cuidarei bem da lavoura...

Assim, Yamamoto chegou escoltado a São Paulo, deixando para trás o sítio que formou com tanto esforço e dedicação, os cinco filhos carinhosos e a amada esposa, já no limite do esgotamento físico e do sofrimento espiritual.

Mirando fixamente o teto e com os olhos rasos de lágrimas, intimamente devia estar clamando:

– Sou um representante do povo japonês que está lutando bravamente em um campo de batalha em um longínquo país. Fui forçado a abandonar meus amados filhos e, mesmo inocente, estou detido, mas suportarei serenamente todos os sofrimentos, pois é um sacrifício em prol da construção de um novo e glorioso Japão.

Poucos dias, depois ele foi transferido para um presídio, e consta que foi condenado a três anos de reclusão.

TODOS OS CHEFES DE FAMÍLIA DE UM NÚCLEO COLONIAL SÃO PRESOS, E DEPOIS LIBERTADOS GRAÇAS AO EMPENHO DO PREFEITO

Um fato sem precedentes na história dos quarenta anos dos núcleos coloniais do estado de São Paulo aconteceu na colônia Kyōwa, próxima à estação de Penápolis, estrada de ferro Noroeste: todos os chefes de família do núcleo colonial foram presos, vítimas de uma denúncia sem fundamento[4].

O incidente começou com o envolvimento de uma mulher – formosa senhora casada, de 41 anos, senhora U. – com um rapaz de 27 anos que morava nas imediações. Não era um caso de todo incomum, sobretudo nas comunidades rurais. No entanto, devido ao ambiente carregado, próprio da época de Guerra, o assunto evoluiu descontroladamente, até se transformar em um incidente com conotação internacional.

4. "A violência policial institucionalizou-se, permitindo a aplicação de punições severas, nem sempre decorrentes de sentenças judiciais, como a deportação para colônias agrícolas em áreas de fronteira, o confinamento e a expulsão do país" (Márcia Takeuchi, *O Perigo Amarelo em Tempos de Guerra (1939-1945): Módulo III – Japoneses*, p. 32).

Em vez de repreender a esposa, o senhor U. quis atribuir a culpa somente ao rapaz e tentou incriminá-lo, processando-o por crime de estupro. Mas, o tiro saiu pela culatra, diante da clara evidência do relacionamento amoroso entre os dois, e o senhor U. se transformou em alvo de referências maliciosas entre os moradores da região. Logo se deu conta de que as falsas acusações que fez poderiam voltar-se contra ele. Adotando a prática de se antecipar ao inimigo e antes que as coisas se complicassem mais, passou ao ataque e entregou os "segredos" da comunidade japonesa.

Os "segredos" que ele denunciou à polícia foram:

1. Os japoneses do núcleo colonial Kyōwa estão mantendo, às escondidas, cursos de ensino da língua japonesa;
2. Sem tomarem conhecimento das determinações que proibiam a organização de associações e realização de reuniões, os imigrantes fundaram a associação dos japoneses, com reuniões periódicas;
3. Os japoneses estão permanentemente em contato entre si, comunicando-se amiúde por telefone (entre Penápolis e a sede do núcleo colonial);
4. Os japoneses estão planejando o assassinato do delegado de polícia de Penápolis;
5. Os japoneses estão se organizando para libertar da cadeia o líder do núcleo colonial, Masaharu Narimatsu.

Os cinco itens constituíam denúncias falsas, pois qualquer atividade associativa dos japoneses estava terminantemente proibida, mas a polícia ficou chocada com a possibilidade do assalto, pelos japoneses, à delegacia e, sobretudo, com a ideia, mesmo que remota, de um atentado contra a vida do delegado. Por isso, mais que rapidamente montou um esquema de segurança e despachou, a toda velocidade, uma viatura com seis soldados fortemente armados, além de contingentes da polícia militar e um secretário para o núcleo colonial Kyōwa.

Demorada busca domiciliar foi realizada em todas as casas, mas não encontraram nenhuma arma nem munições, apenas dois ou três livros para o curso primário de estudo da língua japonesa. Todos os moradores estavam tranquilos. Nenhum sinal ou aparência de estarem tramando alguma conspiração.

Os treze chefes de família do núcleo colonial, entretanto, foram presos arbitrariamente e encaminhados para a cadeia de Penápolis.

Todos estavam perplexos. Ninguém sabia por que tinham sido presos, mas à medida que o interrogatório prosseguia as coisas foram se esclarecendo: eles foram vítimas da deslealdade e da má-fé do senhor U.

Terminados os depoimentos dos treze homens, mesmo diante da inexistência de evidência de delito, o investigador se empenhava em encontrar algum motivo para incriminá-los. À pergunta "Quem você acha que vai ganhar a Guerra, Japão ou Estados Unidos?", um dos presos percebeu que o investigador tinha outras intenções e, por isso, com o máximo de cuidado, respondeu inocentemente:

– Nós somos camponeses e damos duro o dia inteiro na roça, por isso não temos tempo para ficar discutindo sobre os desdobramentos da Guerra.

– Você não entendeu! O que eu quero saber é o que você pensa sobre o assunto... Você deve ter preferência por um dos lados, deve torcer para um deles. Só quero saber isso.

A maioria respondeu:

– Como sou japonês, quero que vença o Japão.

Enquanto isso, o escrevente ia registrando tudo no papel, com a máquina de escrever.

Um deles, mais tarimbado e matreiro, respondeu com outra pergunta:

– Se o senhor estivesse no Japão e uma autoridade lhe perguntasse qual país, Brasil ou Alemanha, preferia que ganhasse a Guerra, como o senhor responderia? Com toda a certeza, o senhor não diria que gostaria que a Alemanha ganhasse. Toda pessoa exige respeito e consideração ao seu país, orgulha-se dele. Nosso sentimento é igual ao que o senhor tem em relação ao Brasil. Nós, japoneses, em particular, colocamos a honra e a dignidade da nossa pátria acima de tudo e estamos dispostos a morrer por ela, de modo que nossa postura é muito clara. Não precisamos responder à pergunta do senhor...

Pronunciadas com serenidade, mas demonstrando inabalável convicção de quem está disposto a sacrificar-se pela pátria, essas palavras deixaram o investigador bastante impressionado.

Animada com o inesperado sucesso, por ter chegado aos segredos do núcleo colonial por meio de um elemento da própria comunidade japonesa, a polícia de Penápolis mobilizou toda a sua equipe de investigadores para reunir mais detalhes, porém, tudo em vão.

A investigação do caso foi transferida para a competência da polícia de São Paulo, e apenas um japonês – Masayuki Shimoyama, proprietário de um hotel na cidade, apontado como o mentor do movimento subversivo supostamente em organização pelos japoneses – foi escoltado para a capital. Uma semana depois, foram para lá mais quatro suspeitos: Kijiro Kai, Masukiti Baba, Shigekiti Eguti e Jiro Tetsuya.

Os senhores Kai e Baba eram dois líderes do núcleo colonial. Estavam há mais de trinta anos no Brasil e haviam construído seus patrimônios à custa de muita dedicação e sacrifício. Cidadãos de forte personalidade, íntegros a toda prova, sempre estiveram ligados à lavoura. Suas posturas para enfrentar e vencer quaisquer desafios, encarando todas as adversidades, contribuíram sensivelmente para desanuviar o sombrio ambiente reinante na cela.

Serenamente, mas com o peso da fala de um velho guerreiro que batalhou por mais de trinta anos no além-mar, o senhor Kai resumiu assim o que pensava a respeito da sua prisão:

– Com relação ao problema da esposa do senhor U. com o rapaz, empenhei-me para arrumar um desfecho satisfatório para ambas as partes. Também fiz o possível para ajudar o senhor U. a ampliar seus negócios. À primeira vista, o que ele fez foi imperdoável, mas, refletindo melhor, interpreto a minha prisão como uma convocação, na qualidade de japonês, para a luta em um campo de batalha. Não guardo rancor por ter sido preso, porém faço questão de apurar a verdade sobre o plano subversivo que estaria sendo organizado pelos japoneses do núcleo colonial Kyōwa. Solicitei ajuda ao prefeito de Penápolis e estou disposto a bancar todas as despesas que forem necessárias para o seu cabal esclarecimento.

O senhor Baba, na juventude, alistara-se nas forças armadas e servira no Exército de Defesa da Fronteira com a Coreia. Há mais de trinta anos no Brasil, tornou-se próspero proprietário de cinquenta alqueires de terras, e, a exemplo do senhor Kai, amealhou um patrimônio de centenas de contos de réis. Diariamente, quando o velho monge Shimba se levantava, bem cedo, e começava a ler em voz alta o livro de orações, mais que rapidamente se levantava, sentava-se sobre as pernas, tronco ereto e cabeça inclinada para a frente, e acompanhava o mestre na oração. Sua postura, de extrema modéstia e parcimônia, não obstante a enorme riqueza acumulada, e seu sentimento de insignificância diante da ordem universal, impressionaram-me bastante. Assim, ficou fortemente gravada em minha memória a generosa personalidade do senhor Baba.

Eguti era um cidadão impetuoso e comunicativo. Trabalhava como dinâmico corretor de produtos agrícolas em uma firma de brasileiros. Foi qualificado pelas autoridades como importante elemento do movimento subversivo por ter servido de intérprete no incidente em questão.

Jovem amável e honesto, Tetsuya, de 27 anos, estava injustamente recluso, juntamente com o pai.

Uma semana depois, chegaram mais quatro presos: Kisaburo Kai, Momomatsu Kuwata, Kazujiro Tetsuya e Masaji Narimatsu, todos lídimos representantes do núcleo colonial, não só econômica, mas principalmente pelas suas inegáveis qualidades de liderança e discernimento. Entre eles, Narimatsu era o mais desafortunado: estava sendo preso pela segunda vez, pois quarenta dias antes tinha sido libertado depois de cumprir pena de sete meses na penitenciária.

Decorridos outros sete dias, chegaram mais quatro jovens com quem não pude conversar com calma, pois logo foram transferidos para outra prisão. Essa prisão em massa de japoneses poderia afetar drasticamente a produção agrícola do núcleo colonial de quatrocentos alqueires e até mesmo a economia da região, razão por que se transformou em preocupação da classe dirigente brasileira, em particular, e das pessoas conscientes e responsáveis, em geral.

De sua parte, os japoneses decidiram empenhar-se ao máximo. Procuraram o prefeito de Penápolis para esclarecer toda a verdade envolvendo o incidente. Ao pedido dos japoneses para ajudá-los a provar a inocência no caso, o prefeito demonstrou vivo interesse e prometeu investigar a fundo para, em seguida, encontrar a melhor solução. Análise minuciosa permitiu a ele concluir que tudo era fruto de um sórdido golpe tramado por um despeitado, que, para se desforrar de uma humilhação, tinha forjado a farsa para iludir a opinião pública.

Imediatamente emitiu uma nota esclarecendo que

> [...] os treze japoneses presos são desbravadores que vieram para o município de Penápolis décadas atrás, derrubaram a mata virgem e transformaram o local numa região de alta produtividade agrícola; todos são dedicados agricultores que contribuem extraordinariamente para o progresso do município. Inúmeras famílias brasileiras vivem satisfeitas e felizes com as condições de trabalho oferecidas em suas propriedades. As safras produzidas nas propriedades dos japoneses têm contribuído para a expansão do comércio, não só do município de Penápolis como também das regiões circunvizinhas. O senhor Kijiro Kai e outros doze proprietários de terras, em particular, são agricultores pacatos e bem-intencionados, que têm ajudado de bom grado a administração desta prefeitura, colaborando na construção de diversas benfeitorias públicas, e são, sem a menor dúvida, merecedores do justo reconhecimento da cidade e de seus habitantes. Não têm aspirações políticas e jamais ouvi algum comentário sobre o envolvimento deles em agitações ou algum tipo de insubordinação às autoridades constituídas...

Com esse atestado assinado pelo prefeito, teve início um movimento para a libertação dos japoneses.

Essa iniciativa, que ocorreu durante a Guerra, do prefeito e de lideranças da cidade em prol da libertação dos presos japoneses – súditos de um país inimigo – foi um ato sem precedentes, digno de registro para a posteridade.

Pode-se afirmar que tal manifestação foi consequência do reconhecimento da atuação do imigrante japonês, que nunca mediu esforços para o progresso da região. E é muito importante para todos nós, da comunidade japonesa, conhecer o longo e sofrido caminho trilhado neste novo mundo pelos laboriosos compatriotas daquela região.

O prefeito, acompanhado de um advogado da cidade e do primogênito do senhor Baba (que já havia completado o serviço militar), viajou de trem até a capital para dar encaminhamento à libertação dos treze japoneses, mas, devido ao feriado da Semana Santa, não conseguiu marcar audiência com as autoridades competentes e, por isso, teve que retornar a Penápolis.

208 ◆ ISOLADOS EM UM TERRITÓRIO EM GUERRA NA AMÉRICA DO SUL

Uma semana depois o prefeito foi de novo à capital, entrevistou-se com oficiais do Exército e com o interventor no Estado e finalmente conseguiu provar a inocência dos treze japoneses presos, que foram libertados depois de permanecerem três meses na prisão.

A justiça finalmente tinha falado mais alto, e uma incontida onda de exultação e alívio inundou o núcleo colonial. Em todos os lares, desamparados e angustiados com a prisão dos respectivos chefes de família, mães e crianças agora se abraçavam a eles e choravam de alegria, satisfeitas com o feliz desfecho.

Tudo isso foi resultado da ação corajosa do prefeito de Penápolis, que, não obstante o complicado ambiente da época de Guerra, ignorou a beligerância que, infelizmente, contrapõe povos inimigos entre si e saiu em defesa dos injustiçados imigrantes japoneses, sem se intimidar com críticas, condenações e comentários hostis da opinião pública.

O espírito de compreensão e generosidade que norteou a postura do prefeito foi, também, reflexo do fecundo trabalho desenvolvido, discreta e ininterruptamente, pelos japoneses nos dez anos anteriores, que contribuíram decisivamente para o engrandecimento do município.

HISTÓRIAS DE PESSOAS QUE FORAM PRESAS POR ESTAREM CONVERSANDO EM JAPONÊS NA RUA

A) Kenjiro Harada era um nissei, cidadão brasileiro, que, após concluir o curso militar, estava cursando o quarto ano da Faculdade de Direito. Aluno brilhante e promissor, certa vez, já tarde da noite (23 horas aproximadamente), estava caminhando em direção à casa de um conhecido, acompanhado do pai, que tinha chegado do interior para visitá-lo. Como fazia muito tempo que não se viam, pai e filho conversavam em japonês, o primeiro contando as novidades do interior, e o filho, relatando ao pai o cotidiano da vida acadêmica.

De repente, vinda de trás, uma voz:

– Esperem! Vou prendê-los porque vocês estavam conversando em japonês.

O jovem Kenjiro, estudante da melhor faculdade do Brasil, era mais fluente em português do que em japonês. Seu pai, japonês integrante da primeira leva de imigrantes que aportaram no Brasil, também não tinha dificuldades para se expressar em português. Não obstante, na maior naturalidade, preferiram usar o japonês, pois era o idioma com que o pai se comunicava com o filho desde os primeiros anos de vida, e era a linguagem mais apropriada para expressar algo mais sutil ou sensível. Que ironia do destino! Do comovente e fugaz reencontro inapelavelmente para a amarga prisão.

B) Arima e Morita. Esses dois jovens, ao saírem do hotel onde almoçaram para tratar de negócios, foram presos somente por terem dito em japonês: "Vamos, então?". Ficaram encarcerados durante três dias.

C) Dengen Uema e Tokuzen Yonamine ficaram jogando bilhar até altas horas, em uma noite de sábado. No ponto do bonde, já passava da meia-noite e nada de o bonde chegar, quando, bocejando, um deles disse em japonês: "O que será que aconteceu?" Eis que surge inesperadamente, pois à primeira vista não havia mais ninguém no lugar, um detetive anunciando: "Estão presos!". Ficaram quinze dias na prisão.

D) Masatada Yamada e Katsuo Utiyama. "Chūsan" Yamada era um nome muito conhecido, não só na comunidade nipônica como também na sociedade brasileira como um todo. Dominava bem o português. Katsuo Utiyama era ex-jornalista do jornal *Nippaku Shimbun*. Um dia, os dois se encontraram em frente à loja Comercial Nakaya, na rua Conde de Sarzedas.
– Você sabe quais as providências que se devem tomar para fazer o sepultamento de uma pessoa? Meu cunhado está passando muito mal.
Utiyama nem bem terminou a pergunta e ouviram a ordem de voz de prisão. Ficaram encarcerados durante três dias.

PRESOS COMO SUSPEITOS DE SEREM ESPIÕES[5]

A) Hirakuri. Depois que aprendeu a tirar fotos com uma minicâmera, tomou gosto pelo passatempo. Quando voltava de Araraquara para Catanduva fez, da janela do trem, algumas fotos da multidão espremendo-se na plataforma da estação. Foi o suficiente para chamar a atenção de um agente policial, que o prendeu por suspeita de espionagem – tirar fotos de prédios e instalações do país inimigo – e o encaminhou para rigoroso interrogatório.

B) Kamei. Após desligar-se de uma fazenda em Juqueri, fez as malas e rumou para a capital, onde chegou de madrugada. Ainda antes do amanhecer, perambulava nas imediações do mercado central à procura de alguém que pudesse lhe oferecer um emprego quando foi interpelado por um detetive:

– Você aí, o que está fazendo a esta hora?

– Olhe, estou à procura de algum patrício que possa arrumar-me um emprego.

– Bem, quero ver o que você carrega nessa mala.

Tranquilamente, Kamei abriu a mala. Dentro havia um mapa – publicação que veio como encarte ilustrado em um jornal brasileiro, mostrando a distribuição das forças do Eixo e dos Aliados, um caderno com anotações de dados estatísticos sobre as instalações militares do Brasil publicados numa revista uns três ou quatro anos antes e uma cópia da documentação entregue ao consulado japonês referente à sua permanência no Brasil.

De posse desse material, o detetive prendeu-o por suspeita de estar envolvido em atividades de espionagem.

---

5. Com a ruptura das relações diplomáticas e a declaração de guerra ao Eixo, os estrangeiros oriundos desses países emergiram como disseminadores dos perigos à segurança nacional, suspeitos em potencial de atos de sabotagem e espionagem. O controle dos "inimigos" pelo Estado fazia-se através da polícia política que, munida de mecanismos sistemáticos de vigilância, procurava registrar comportamentos, ideias e virtualidades desviantes. De acordo com os critérios policiais, os cidadãos "em foco" eram avaliados de forma generalizada, como "altamente implicados ou culpados, agindo no país às ordens dos seus governos" (Márcia Takeuchi, *O Perigo Amarelo em Tempos de Guerra (1939-1945): Módulo III – Japoneses*, p. 31).

C) Oda. Após concluir, no Japão, o curso ginasial, prosseguiu os estudos ingressando no curso colegial, mas mudou de ideia e transferiu-se para o curso de magistério. Formado, chegou ao Brasil como imigrante e trabalhou como professor em escolas de língua japonesa em vários núcleos coloniais e como colaborador em associações de difusão do ensino da língua japonesa. Com a eclosão da Segunda Guerra e o posterior rompimento das relações diplomáticas entre Brasil e Japão, fixou-se como lavrador nos arredores da capital, na estrada de Santo Amaro. Um dia, depois do serviço, foi à venda da redondeza para fazer compras, sem trocar de roupa. Estava conversando animadamente em inglês com o dono da venda quando um detetive que lá estava começou a olhar desconfiado para ele.

Intrigado, o detetive conjecturava: este lavrador japonês, malvestido, que fala tão bem o inglês, não deve ser um camponês qualquer. Deve ser uma pessoa instruída, disfarçada, que veio para cumprir alguma missão importante. Dizem que o Japão despachou para diversos países agentes instruídos para recolher informações militares, e este japonês também deve ser um espião. Caso contrário, como explicar o domínio do inglês?

Convencido de que se tratava de um espião, o detetive disse, endurecendo a voz:

– Você aí, mostre-me a carteira de identidade!

– Antes de pedir que exiba minha carteira de identidade, não seria mais coerente identificar-se para depois exercer a sua função? Por isso, antes de mostrar a minha carteira, quero ver a prova da sua identificação profissional – respondeu tranquilamente Oda.

Visivelmente irritado com a resposta, o detetive vociferou:

– Acompanhe-me até o distrito policial que fica aqui perto. Lá esclareceremos tudo!

Assim que chegaram, o detetive ligou para o Deops. Com voz exageradamente alterada, começou a falar:

– Mande imediatamente uma viatura para recolher um japonês suspeito que acabei de deter... Sim, sim, prendi-o por suspeita de ser um agente espião. Está malvestido como um pobre camponês, mas fala muito bem o inglês. Reagiu quando o interpelei e por isso o prendi.

Diante dessas informações absurdas e exageradas, em menos de cinco minutos uma viatura policial chegou e levou Oda para o Deops, onde ficou trancafiado na cela número cinco.

~

Em linhas gerais, são esses os crimes de que eram acusados os trinta japoneses que dividiram a cela comigo durante quase um mês. Com os outros que chegaram depois deve ter acontecido algo semelhante.

Radicado que estou em um país inimigo, tenho que aceitar, até com naturalidade, esse tipo de perseguição e sofrimento; preciso conformar-me com a perda dos bens duramente amealhados num país distante, padecer na prisão, presenciar dolorosas cenas de morte e separação de pais e filhos, de destruição de famílias, de esposas e filhas desamparadas e maltrapilhas vagando pelas ruas geladas...

Essa é a batalha que nós, compatriotas radicados no exterior, temos que enfrentar. Mas é desafiando e vencendo esta luta silenciosa que conquistaremos dias melhores para o nosso povo, porque até os homens e as mulheres que, momentaneamente, estão desamparados e vagando, trazem arraigados, no íntimo, o espírito de luta do povo japonês.

Essa firme determinação de não se entregar e aceitar desafios quase insuportáveis pode ser equiparada à energia e à coragem do soldado em um verdadeiro território em guerra.

Sim, todos os compatriotas radicados no além-mar estão combatendo no território em guerra em um país estrangeiro!

Interrogatório

Depois de passar uma semana detido, colocaram-me frente a frente com o oficial de investigação, no quarto andar do edifício.

Os interrogadores eram o doutor Campos e o doutor Mário Miranda, este, ex-bolsista no Japão com pleno domínio da língua japonesa[1]. Os principais pontos do interrogatório foram:

1. "Mário Botelho de Miranda, advogado, atuou como intérprete nos interrogatórios ao longo do inquérito policial sobre a organização Shindo Renmei, auxiliou nos interrogatórios e participou de ações da polícia de busca e prisão de suspeitos de pertencerem à organização. É autor de um livro sobre esse período" (Jorge Okubaro, "A Tragédia como Destino", em Jorge Okubaro e Shozo Motoyama (orgs.), *Do Conflito à Integração. Uma História da Imigração Japonesa no Brasil, vol. II (1941-2008)*, p. 141). "O governo, ele próprio passando por um momento de transição, ficou igualmente preocupado com sua incapacidade de controlar uma guerra civil interna a uma colônia imigrante. O resultado foi uma aliança entre esclarecidos e governo, que tentava mostrar os integrantes das sociedades secretas como um pequeno bando de criminosos. Numa carta escrita à *Folha da Manhã*, de São Paulo, em fins de 1945, um *nikkei* exigia que a polícia reprimisse os 'criminosos'. [...] Essa aliança se tornou ainda mais clara quando Mário Botelho de Miranda, um advogado que havia passado vários anos no Japão, foi designado como intérprete da polícia no caso Shindo Renmei, tendo como assistentes dois jornalistas *nikkeis*, Hideo Onaga e José Yamashiro. Onaga e Yamashiro haviam trabalhado juntos no Gakusei e na Transição, tendo também fundado o *Paulista Shimbun*, um jornal explicitamente 'esclarecido', que atacava a Shindo Renmei e seus partidários em todos os seus números" (Jeffrey Lesser, *A Negociação da Identidade Nacional: Imigrantes, Minorias e a Luta pela Etnicidade no Brasil*, p. 245).

1. *Qual a finalidade do Kinrobu?*
Resposta: Oferecer condições para que rapazes e moças sem recursos possam frequentar os cursos desejados, trabalhando durante o dia.

2. *Atualmente, quantos jovens estão trabalhando e onde estão estudando?*
Resposta: Aproximadamente quarenta. Os rapazes, em sua maioria, frequentam escolas de comércio ou ginásio, e quase todas as moças frequentam escolas de corte e costura.

3. *Com que finalidade estavam reunidos?*
Resposta: Estávamos reunidos para celebração de culto evangélico. Entendemos que é preciso nos preocupar também com a formação moral dos jovens, pois não basta estarem motivados para o estudo: eles podem se tornar presas fáceis de tentações, dificuldades e vícios de toda sorte a que ficam expostos no dia a dia. A orientação moral enfatizada nas reuniões tinha por objetivo evitar que os jovens saíssem à procura de prazeres no Aoyagi (restaurante japonês com atendentes femininas).

Relaxando a feição sisuda, o doutor Campos sorriu e brincou. O bom humor dele contribuiu para amenizar um pouco o ambiente pesado, e pude respirar aliviado.

Prosseguindo, foi a vez de o doutor Mário Miranda, que falava e escrevia japonês com desenvoltura, continuar o interrogatório, agora sobre o material apreendido. Entre os vários objetos, havia uma carta escrita por um rapaz do Kinrobu com a seguinte frase: "Estou estudando na escola de língua japonesa".

4. *O senhor mantinha um curso de língua japonesa, não é?*
Resposta: Depois que o Brasil rompeu relações diplomáticas com o Japão, no ano passado, desativei a escola. No entanto, parece que os rapazes mais jovens continuavam, nas horas de folga, estudando por conta própria e, quando tinham dúvidas, procuravam os companheiros de nível mais adiantado para pedir esclarecimentos.

5. *Encontrei nas margens das páginas dos cadernos e nas laudas de redação correções e comentários que parecem ter sido feitos por um educador profissional. O senhor ministra aulas de japonês?*

Resposta: Alguns funcionários do Kinrobu são pessoas que concluíram os cursos ginasial e colegial. Acredito que eles tenham procurado ajudar os rapazes mais novos fazendo essas anotações. Não estou atuando como professor de japonês. O senhor pode se certificar disso comparando minha grafia com as letras das correções e comentários apostos à margem do caderno.

Com isso, o interrogatório preliminar terminou. Uma semana depois, fui novamente levado à presença do doutor Campos, que fez as seguintes perguntas:

1. Nome do navio e data (dia, mês e ano) da chegada ao Brasil.
2. Tipo de serviço a que se dedicou e durante quanto tempo permaneceu em cada lugar.
3. Nome e endereço dos funcionários contratados pela escola desde a sua fundação.
4. O senhor recebeu subsídios do governo japonês para manter a escola? Se negativo, esclarecer como conseguia mantê-la.
5. Além do objetivo precípuo de proporcionar orientação moral aos rapazes e moças, as reuniões dominicais não se destinavam a outras finalidades ocultas?
6. Com relação ao ensino da língua japonesa, o senhor declarou que o aprendizado se resumia à ajuda ocasional que o funcionário Takamura (o supervisor era o Kani) dava aos rapazes do Kinrobu, que se esforçavam em estudar por conta própria. Pode confirmar novamente?

O interrogatório terminou com a aposição da minha assinatura, reconhecendo a autenticidade das declarações.

Mais tarde, fiquei sabendo que o doutor Campos tinha ido pessoalmente até o Kinrobu para conferir o que tinha ouvido de mim e à residência da professora de português, dona Lígia, para aprofundar as investigações. Soube também que ele mandou chamar algumas mulheres que trabalhavam no Kinrobu a fim de obter informações adicionais, mas nenhuma irregularidade ou fato novo foi apurado.

Assim estava concluída uma etapa das investigações e, no décimo quarto dia, Kubo e Motizuki foram libertados. Porém, o funcionário Takamura e eu continuamos detidos.

De qualquer forma, meu coração batia forte e alegre pela libertação dos dois jovens.

Na noite de 21 de março fui preso e trazido para esta cela apenas com a roupa branca que usava na ocasião. A luz azulada do luar era tão forte que até parecia dia, mas se podia ouvir o suave murmúrio dos insetos escondidos no meio da capoeira, como o ruído das águas de um córrego deslizando sobre os seixos. Depois que fui encarcerado, muitas pessoas chegaram e outras foram embora. O tempo demorava a passar, mas o vento frio que soprava na janela da cela indicava a chegada do outono. Outros indícios, como as vozes das aves de arribação que passavam voando sob o frio luar, reforçavam a indizível tristeza que a aproximação do outono provocava em nós.

Depois de 25 dias, eu já era veterano da turma da cela número cinco e fiquei mais conhecido entre os carcereiros.

Não me era permitido tomar banho de sol nem apreciar o luar. O ser humano, quando completamente isolado, sem contato com os fenômenos naturais, como a chuva e o vento, calado como um mudo numa cela cinzenta, começa a irritar-se com qualquer coisa, a entristecer-se sem motivo, a ficar com os nervos à flor da pele. Na minha cela, dois ou três presos já se encontravam em tal estado.

Nessas circunstâncias, ocorreu-me que era necessário ter coragem e firme postura religiosa para suportar, quanto tempo fosse necessário, permanecer na prisão.

Alguém já disse que "a luz era mais do que a treva..." Porém, mesmo numa deprimente cela, está presente a graça da vontade divina, que transcende o universo. Mas, antes de qualquer coisa, é preciso esquecer o mesquinho ego e esforçar-se para a descoberta do outro "eu" que se desenvolverá no âmago da grande vida sem fronteiras, que representa o nascimento da alma e que, por sua vez, cresce a partir da individualidade para o interior da alma do Criador. Se o ser humano não se deixar vencer pelo desespero, é possível descobrir a existência de uma nova vida, plena de novas esperanças, concomitantemente com o sentimento de profunda gratidão. A fé em algo em que acreditamos pode proporcionar-nos o milagre da ressurreição.

Na prisão, nos perigos e nas incertezas, na pobreza, na doença, em qualquer lugar ou circunstância de nossa existência, está presente a grande vida do universo, a partir da qual os homens se movem, crescem, desaparecem ou evoluem, a vontade divina se destacando acima de tudo.

Na percepção da minha modesta visão, cheguei a acreditar que tinha sido bruscamente lançado à mais profunda desgraça, mas constatei mais tarde que eu estava diante de um grande desafio, no caminho para alcançar a mais almejada redenção da vida.

No entanto, onde estava o exato caminho que me permitiria chegar airosamente ao âmago da grande graça divina?

Para mim, era impossível vislumbrar qualquer senda enquanto teimava em afirmar "eu quero, eu posso". Só consegui isso no momento em que, totalmente prostrado, me conscientizei de que minha posição social, fortuna ou poder nada representavam, eram impotentes para salvar-me. No exato instante em que deixei de me olhar e – despido do vil sentimento de arrogância humana, ajoelhado – procurei o caminho que deveria percorrer, exclamei "Oh, Deus! Salve-me!" é que encontrei a verdadeira salvação.

Como diz o ditado, "quem goza de boa saúde não precisa de médico". Enquanto tudo estiver correndo às mil maravilhas, acostumamo-nos a extrapolar nossa capacidade e nos esquecemos da importância da graça divina, porém, quando ficamos encurralados, sem saída nem perspectiva de sobrevivência, aí a alternativa é implorar salvação ao Todo-poderoso.

"Volte, retorne para o nada! Aproxime-se do estado de plenitude! Transcenda até ficar alheio a si mesmo!" são frases que estamos cansados de ouvir. No entanto, o conceito de Deus que adquirimos a partir do raciocínio fica armazenado no cérebro e passa por um processo de purificação quando nos defrontamos com uma grande adversidade, e então se transforma em algo inabalável. Por isso, a fé é produto da nossa crença absoluta.

Deus está presente na luta que travamos para vencer as adversidades da vida, principalmente quando estamos no fundo do poço, e podemos sentir Sua mão salvadora à medida que vamos vencendo os obstáculos do caminho. E é justamente quando nos encontramos no limite do sofrimento, ao nos dirigirmos ao Ente Superior que governa o universo que temos a sensação de que uma poderosa e misteriosa força amiga vem ao nosso encontro, envolvendo-nos completamente. Nos meus 25 anos de vivência com a fé que sempre me ajudou, já tinha conseguido, em quatro oportunidades, vencer situações de extrema dificuldade, de vida ou morte, e agora outra preciosa experiência estava acontecendo.

Mensagem Secreta – Impasse se Agrava

Na noite em que fui detido, depois que todos os presos dormiram, comecei a orar intensamente e, de repente, tive uma estranha inspiração. Alguma coisa, um sussurro, parecia dizer: "Você vai ser libertado dentro de um mês". Na primeira oportunidade, comentei esse fato com o jovem Takamura.

Os companheiros de cela achavam que o meu delito era muito grave e diziam:

– O senhor deve se preparar para ficar aqui durante uns seis meses.

De fato, as pessoas que estão na prisão – não sei por quais razões, talvez por intuição ou experiência – costumam fazer previsões que muitas vezes se confirmam.

No meu caso, a pena seria provavelmente de uns seis meses de reclusão, uma vez que eu estava promovendo um ato proibido durante a Guerra, qualificado como "reunião de súditos de país inimigo".

O responsável que foi detido durante a realização de uma reunião da seita religiosa *tenrikyō* passou um ano na prisão. Mas, depois que tive aquela inspiração eu tinha quase certeza de que seria libertado um mês depois. Entretanto, não é fácil percorrer o caminho da fé: gigantescos obstáculos precisam ser vencidos.

Durante minha permanência na cela, um dia tive finalmente que enfrentar um enorme desafio. Tratava-se do envio de uma mensagem secreta, conforme já relatado, para socorrer a filha do senhor I., e deu tudo certo graças à colaboração do jovem Morita.

Dessa vez havia dois assuntos para resolver: 1. alertar o professor Toita sobre o perigo que ele corria, tendo em vista as investigações em curso para prender professores de língua japonesa; 2. providenciar o encaminhamento da filha mais velha do senhor I. para deixá-la aos cuidados de uma boa família.

Detalhei tudo por escrito e fiquei aguardando a primeira oportunidade, quando, de repente, o carcereiro anunciou:

– Jukiti Yabuki, prepare-se para deixar a prisão.

O senhor Yabuki, de 44 anos, homem discreto e esclarecido, proprietário de uma fazenda de duzentos alqueires na região da estrada de ferro Noroeste, foi acusado de estocar gasolina em quantidade acima do permitido por lei. Teve o automóvel, o caminhão e trinta contos de réis[1], em espécie, apreendidos pela polícia local, e foi encaminhado para a prisão da capital. Abastado que era, parece que tinha contratado um renomado advogado para defendê-lo, mas até aquele momento nada havia conseguido. Por isso, a inesperada chamada para deixar a prisão deixou-o muito emocionado. Aprontou-se rapidamente e ficou aguardando pacientemente ser solto.

Foi aí que um companheiro de cela sugeriu que eu pedisse ao senhor Yabuki para ser o portador da mensagem. Achei boa a ideia, mas tive um mau pressentimento, por isso deixei bem claro a ele:

– Se o senhor, em vez de ser libertado, for transferido para outra prisão, por favor rasgue a mensagem e dê um sumiço nela.

Minutos depois que o senhor Yabuki saiu, perguntei ao carcereiro que passou para fazer a ronda:

– O senhor Yabuki foi libertado ou transferido para outro local?

A resposta dele, em voz baixa para não ser ouvido pelos demais carcereiros, deixou-me bastante chocado:

– O crime do Yabuki não é leve; por isso, tão cedo não será libertado. A decisão do julgamento acaba de sair e ele será mandado para a penitenciária.

---

1. Trinta contos de réis (1.10.1942) comprariam sessenta mil exemplares de jornal, sendo equivalentes a R$ 240 mil (ferramenta disponível em acervo.estadao.com.br, consultado em 2.4.2018) ou US$ 75,950.00 (1 dólar = R$ 3,16). A partir de 5.10.1942, a moeda vigente passou a ser o cruzeiro.

Minha preocupação maior era o destino da mensagem. O senhor Yabuki não teria tempo suficiente para desfazer-se dela, pois o tempo necessário para chegar do Deops à penitenciária, transportado em camburão, seria de uns cinco minutos. A mensagem estava colada na sola do pé, coberta pela meia e pelo sapato. O atento vigilante que o escoltava não deixaria passar nada, e como o senhor Yabuki ignorava para onde estava sendo levado, quando desse conta já estaria dentro da penitenciária. Lá chegando, seria revistado da cabeça aos pés, e seria quase impossível passar qualquer detalhe sem ser descoberto.

Se a mensagem, uma tentativa de comunicação de dentro para fora da prisão, fosse encontrada, o delito seria qualificado como gravíssimo, e fatalmente duas ou três pessoas seriam incriminadas. Minha pena, então, poderia ser aumentada.

Ficar mais tempo na prisão não seria problema maior para mim, mas o que mais me preocupava eram as duras consequências que outras pessoas dependentes de mim sofreriam. Duas viúvas com respectivos filhos viviam em minha casa, além de duas infelizes meninas, M. e S., que perderam o pai, vitimado por doença pulmonar, enquanto a mãe se restabelecia num sanatório serrano. Moravam ainda lá os quarenta jovens, rapazes e moças, que trabalhavam para custear seus estudos, cujas agruras nem queria imaginar, pois muitos até teriam que abandonar seus cursos. Só de pensar que, por causa da minha prisão prolongada, a obra que os jovens vinham construindo até então, com tanto sacrifício, poderia ruir e os obrigar a tomar rumos diversos, sem amparo nem orientação, aumentava a minha angústia a cada dia que passava.

As palavras do carcereiro de que Yabuki seria mandado para a penitenciária calaram fundo no meu peito. Parecia que uma massa de chumbo quente descia pela minha goela abaixo.

Mas, pensando bem, na vida não são raras ocorrências dessa espécie. Quando montamos um plano, todos nós o fazemos crentes de que atingiremos o objetivo, porém nem sempre é assim. Muitas vezes acontecem imprevistos e temos que encarar a pior das situações. E aí, como devemos nos posicionar nessas ocasiões? Jamais devemos nos conformar com a derrota.

O destino, isto é, a vontade divina preside os desígnios dos homens, de modo que cabe a nós, ao mesmo tempo que confiamos Nele como o supremo orientador do caminho certo, batalhar incessantemente para atingir o objetivo almejado, tornando viável o que parecia impossível. A força divina manifesta-se quando o ser humano está encurralado, completamente sem saída.

Eu já tinha feito o que era humanamente possível, porém tudo continuava inútil. Mas não havia perdido a última esperança: minhas asas foram quebradas e não podia me mover, mas o meu indômito espírito podia fluir livremente. Em nome da honra e da lealdade, não hesitarei em sacrificar--me e, assim como a verdadeira força de vontade é capaz de mover montanhas, farei orações com todas as minhas forças...

E orei, orei sem parar. O suor escorria na minha face e por todo o corpo. Não parei um instante, até esqueci de me alimentar.

E os companheiros da cela demonstravam solidariedade e preocupação comigo: um ficava pensativo, olhando fixamente para um ponto da parede; outro em atitude meditativa, com os olhos cerrados; um terceiro rezava compenetrado, com um rosário na mão. Todos faziam orações pedindo para que nada de ruim recaísse sobre mim.

Decorrido algum tempo, o senhor I., aquele ex-capitão da força aérea do Japão acusado de espionagem, disse:

– O senhor pode ficar tranquilo. Não sei me expressar direito, mas uma inspiração me revelou que o senhor está a salvo de desgraças. Estou falando por experiência própria, não estou simplesmente querendo consolá-lo.

No outro canto da cela, o senhor Shimba, o velho monge também acusado de espionagem, que, vestido com roupa de sacerdote, sentado sobre as pernas, torso ereto, calmamente fazia orações da seita *shingon*, disse após uma pausa, serenamente:

– De acordo com as revelações da seita *shingon*, a carta continua colada numa parte do corpo do senhor Yabuki; portanto, não há motivo para maiores preocupações.

Confesso que fiquei muitíssimo emocionado com as atitudes dos meus companheiros, solidarizando-se com minhas preocupações e inquietações.

As palavras reconfortantes dessas duas pessoas, indicativas de que a mensagem não tinha sido apreendida pelos guardas carcerários tranquilizaram-me bastante, porém, enquanto não me convença por completo, ficava uma ponta de dúvida, e por isso continuei orando até enquanto dormia. Então, de madrugada tive um estranho sonho.

Estava perdido na capital, sem saber para onde ir, nas proximidades do jardim da Avenida Paulista, quando a minha filha mais velha, Matsue, que tinha morrido vinte anos atrás, na região da estrada de ferro Noroeste, apareceu e disse: "Papai, o senhor está no caminho certo. Fique aqui descansando um pouco". Enquanto esperava, a névoa foi se dissipando. Consegui avistar o local para onde pretendia seguir, e lá chegando fui recebido por meus radiantes familiares.

Pouco depois, sonhei que estava andando na minha cidade natal, Shibata, Japão, pouco antes do pôr do sol, e não conseguia encontrar o caminho de volta para casa. Começava a escurecer. Já não enxergava onde pisava, e não havia nenhuma pessoa nas imediações. Meio apavorado, permaneci parado na beira da estrada, quando então apareceu minha mãe, que falecera depois que emigrei para o Brasil, dizendo: "Olhe bem! Não está avistando a casa que você procura?" Olhei outra vez com mais atenção e percebi que eu me encontrava no caminho do *hakken machi*, que na infância, há trinta anos, percorria diariamente para ir à escola. Estava, pois, na direção do local que estava procurando. Muito emocionado, continuei olhando fixamente a minha casa mais adiante, mas aos poucos a imagem foi se diluindo para o interior da névoa, e de novo tinha voltado ao mundo real.

Bastante surpreso com a extrema semelhança dos desfechos dos dois sonhos, nos quais mamãe e minha filha sinalizavam para mim o caminho que procurava, tive – reforçada com o sagrado ensinamento "Basta seguir, sem hesitar, o caminho que lhe foi indicado" – total convicção de que aquela mensagem que havia deixado com o senhor Yabuki tinha seguido para o seu destino sem mais contratempos. Mais tranquilo, adormeci até o raiar do dia.

Cerca de dez dias depois, finalmente completei trinta dias de reclusão, tempo que ficaria detido conforme me foi vagamente intuído na noite em que me prenderam.

O anúncio dos nomes a serem libertados era feito normalmente às 11 ou às 15 horas, mas naquele dia nada aconteceu em tais horários. O jantar foi servido às 17 horas e nada! Mas eu tinha absoluta certeza de que seria chamado.

Após o jantar, comecei a orar intensamente e, extasiado, sonhei que estava viajando para minha terra natal. Pouco antes de chegar à estação de Shibata o trem enguiçou e ficou imóvel. Já podia avistar a cidade, mas não conseguia descer do trem. Quando temia que um desastre estivesse prestes a acontecer, minha finada mãe abriu a porta do trem e me levou até a casa em que nasci.

Alguns minutos depois, sonhei que a minha filha Matsue novamente me conduziu de um local tenebroso para outro feericamente iluminado, onde várias pessoas – a senhora Tanaka, do Exército da Salvação, que estava internada no sanatório de Campos do Jordão, minha esposa e meus filhos – estavam me aguardando, todas sorridentes.

Quando despertei do sono profundo, fiquei refletindo sobre o significado dos sonhos, nos quais, em duas oportunidades, minha filha e minha mãe surgiram para indicar o caminho que eu tanto procurava. Ajoelhado no meio da cela, agradeci aos céus e estava mais do que convicto de que seria libertado naquela noite, trigésimo dia de detenção.

Despi-me rapidamente, tomei um banho e estava vestindo uma camisa nova quando ouvi o som das botas do carcereiro que se aproximava. Parou na frente da nossa cela, a de número cinco, e anunciou:

– Kishimoto e Takamura, preparem-se para deixar a prisão!

Olhei o relógio. Que surpresa! No momento da libertação os ponteiros marcavam 20h30, a mesma em que, exatamente há um mês, vim conduzido para cá numa viatura da polícia!

Foi, sem dúvida, uma feliz coincidência, uma providência divina.

Durante um mês, tive a felicidade de sentir o impressionante poder da fé e vivi uma grata experiência, de que jamais me esquecerei pelo resto da minha vida!

Libertação

Foi quase indescritível a emoção que senti ao ouvir a ordem "Preparalem-se para deixar a prisão", depois de passar um mês detido numa cela cinzenta, completamente isolado do mundo exterior, sem contato com a luz do Sol, com a Lua, com a chuva e o vento, abatido e deprimido, transformado em um verdadeiro farrapo humano.

Lá fora reencontraria a liberdade, espaços cheios de luz e ar puro, na forma de perfumada aragem. Poderia conversar com pessoas, movimentar-me livremente... Parecia que estouraria de tanta felicidade. Não sabia como conter tanta alegria!

Com efeito, o ser humano só fica sabendo o que é rir de alegria depois de passar por todos os sofrimentos e humilhações imagináveis. É nesse momento que ele valoriza a importância do convívio e do calor humanos.

Chegou, enfim, a hora da libertação! Despedi-me de todos apertando fortemente a mão de cada um e de todos recebi calorosos parabéns.

Alguns, mais íntimos, abraçaram-me demoradamente dizendo:

– Estamos realmente muito contentes em poder cumprimentá-lo pela libertação. Muitas felicidades!

– O senhor foi muito atencioso comigo, muito obrigado! – disse-me outro, visivelmente emocionado.

Nessas curtas frases, pude sentir o grande carinho que todos tinham por mim, e por alguns segundos lamentei ter que abandonar o convívio daqueles amigos.

Pouco depois, o carcereiro voltou, perguntando:

226 ♦ ISOLADOS EM UM TERRITÓRIO EM GUERRA NA AMÉRICA DO SUL

– Já está pronto?

Destravou o cadeado da pesada porta. Saí e fui caminhando pelo corredor, sentindo no corpo inteiro os olhares lancinantes e aflitivos dos presos. Todos, com longas barbas por fazer, fitavam-me de dentro das celas, dispostas como jaulas de um jardim zoológico.

– Vou na frente, cuidem da saúde! – disse-lhes em voz baixa para evitar que o carcereiro ouvisse.

– Obrigado, japonês! – responderam alguns, sorrindo desajeitadamente.

Dirigi-me ao gabinete da chefia, recebi de volta os objetos pessoais que lá havia deixado quando fui detido e entreguei trinta mil réis ao chefe da carceragem e dez mil réis a cada um dos dois carcereiros, a título de gratificação. Agradecidos, abraçaram-me e, batendo de leve no meu ombro, disseram:

– Passe bem e disponha da gente.

Surpreso com a inesperada manifestação de urbanidade, segui-os até o portão de saída, onde me despedi deles.

Até que enfim estava fora da prisão: um prédio alto com paredes externas cobertas de tijolos vermelhos. Senti, com imensa satisfação, a lufada de ar frio que passava soprando no meu colarinho. À minha frente, lâmpadas multicoloridas de intensa luminosidade deixavam a rua clara como a luz do dia, e os bondes passavam ininterruptamente, apinhados de passageiros. Automóveis também cruzavam em vários sentidos, como que costurando o mar de luzes de néon. Na larga avenida, elegantes mulheres ricamente vestidas passeavam despreocupadamente.

Esse panorama pareceu-me irreal e deixou-me com a impressão de que estava num distante mundo de sonhos.

Quanto a mim, percebi que estava com longa cabeleira, barba por fazer, parecendo mais um assaltante do mato. Constrangido em tomar o bonde naquelas condições, peguei um táxi rumo à minha casa.

Durante a minha ausência, depois que fui detido, inúmeros amigos e conhecidos visitavam frequentemente meus familiares para expressar solidariedade, além de obsequiá-los com alguns mimos e valores em espécie. Enquanto isso, alguns voluntários do Kinrobu procuraram amigos advogados e promoveram solicitações junto a altas autoridades do Deops para agilizar a minha libertação. A essas pessoas e a outras que anonimamente se empenharam por minha causa, quero externar aqui o meu reconhecido agradecimento.

As palavras e os atos de carinho e solidariedade dos amigos calaram profundamente na minha alma e tive plena consciência de como tais manifestações são reconfortantes para animar um homem sofrido e atormentado.

Dia da Rendição dos Amigos Alemães

Sete de maio de 1945, 9 horas da manhã. A branca névoa que cobria a cidade do planalto havia dissipado, e tênues luzes da manhã de fim de outono iluminavam suas ruas.

Subitamente, o alto-falante começou a anunciar a grande notícia: "A Alemanha apresentou o pedido de rendição incondicional, e o almirante Dönitz ordenou a todos os oficiais e soldados que depusessem as armas!"[1]

A Guerra acabou! Ganhamos a Guerra! A multidão, em delírio, começou a percorrer desordenadamente as ruas da cidade. Dezenas de milhares de

---

1. "O quadro militar na Europa já se consolidara. A rendição alemã ocorrera em 7 de maio de 1945, com a assinatura, em Reims, do primeiro documento de rendição da Alemanha (o documento final de rendição seria assinado entre a noite do dia 8 e o início da madrugada do dia 9 de maio). O mundo ainda seria surpreendido com as estarrecedoras revelações do que havia acontecido a milhões de judeus nos campos de concentração montados pelos nazistas nos territórios que haviam dominado. No Brasil, entre os imigrantes japoneses, passou quase despercebida a decisão do governo brasileiro de – cumprindo a decisão da conferência pan-americana de 1942 de manifestar solidariedade continental a qualquer nação da região agredida por potência de fora do bloco – declarar guerra ao Japão no dia 6 de junho de 1945 (Centro de Estudos Nipo-brasileiros, 1996, p. 101). Naquele momento, a declaração não teria mais nenhum efeito prático externo, dado o exaurimento das forças japonesas; dentro do país, as medidas de repressão e controle dos súditos do governo imperial japonês já haviam produzido os efeitos desejados pelo governo getulista e por parte da população" (Jorge Okubaro, "A Tragédia como Destino", em Jorge Okubaro e Shozo Motoyama (orgs.), *Do Conflito à Integração. Uma História da Imigração Japonesa no Brasil, vol. II (1941-2008)*, p. 146).

propagandas lançadas por um avião em voo rasante começaram a cair suavemente sobre as casas e ruas como uma chuva de flores. As sirenes das fábricas começaram a urrar em uníssono, como feras irritadas, e os fogos de artifício espocaram nas alturas, exaltando o ânimo das pessoas, que pareciam ter se esquecido do ambiente sombrio da Guerra predominante até ontem.

Todas as escolas interromperam as aulas. A bandeira nacional foi içada no alto do mastro e os alunos cantaram, com muita vibração, o hino nacional. Gritavam "Viva o Brasil, viva os Aliados" e "Acabou a Guerra, acabou a Guerra!" A multidão, que não parava de engrossar, foi concentrando-se na praça central.

Os bondes passavam superlotados. Alguns passageiros mais afoitos subiam no seu teto, perto das linhas de alta-tensão. O regozijo era total. As lojas fecharam as portas por recomendação das autoridades, e, no meio desse verdadeiro turbilhão humano, homens e mulheres alemães passavam cabisbaixos, expressões faciais duras como pedras, desolados com a notícia da derrota da terra natal.

Entre os alemães, uma jovem senhora, profundamente abatida, caminhava usando tarja preta e, como os demais, estava com os olhos umedecidos com sentidas lágrimas.

Alguns italianos, não obstante a notícia de que Mussolini fora executado e de que o país vivia situação caótica, estavam eufóricos e gritavam:

– Acabou a Guerra, acabou a Guerra! Vamos comemorar com cerveja!

Mas, uma senhora estrangeira, presenciando a cena, parecia não aprovar essa inusitada forma de manifestação.

Sem pronunciar uma única palavra, lábios cerrados, os japoneses mantinham a postura de sempre e caminhavam silenciosamente, olhando firme para a frente. E aos poucos o manto escuro da noite foi cobrindo a grande capital cosmopolita, onde o fim da Guerra, para uns, era motivo de alegria e comemoração, enquanto, para outros, representava a pior desgraça e tristeza.

Miríades de lâmpadas, que iluminavam a noite, para os vencedores certamente formavam uma cena deslumbrante, mas para os vencidos representavam um aterrador quadro ensanguentado.

Os estridentes alaridos e a confusão formada pela multidão foram aumentando em volume e intensidade à medida que a noite avançava, e ecoavam como violenta trovoada numa noite de tempestade.

Ao mesmo tempo que manifestávamos nosso sentimento de pesar e solidariedade aos amigos alemães derrotados, tínhamos que tomar consciência da nova realidade: o Japão teria que continuar lutando, agora sozinho contra todos os inimigos, e nós, aqui no Brasil, tínhamos que renovar nossa disposição de cumprir à risca a missão de levar avante o inabalável espírito de luta e determinação do povo japonês.

O sangue circulava cada vez mais quente, e do fundo do peito de todos nós um agudo grito explodia: "Uma nova página da história está sendo escrita com lágrimas. O espírito japonês não se abaterá, quaisquer que sejam os futuros desdobramentos".

DIÁLOGO DE TRÊS ALUNAS ALEMÃS
COM A PROFESSORA

A exemplo do que ocorreu nas demais escolas, tão logo a emissora de rádio transmitiu a notícia do fim da Guerra e as sirenes das fábricas começaram a urrar, o diretor do grupo escolar da rua da Consolação suspendeu as aulas e instruiu os professores para que os alunos entoassem o hino nacional em comemoração à vitória dos Aliados.

De todas as salas de aula chegavam as vozes entusiasmadas dos alunos cantando o hino nacional, e os gritos de "Viva! Viva!" chegavam a sacudir as paredes do prédio escolar. No meio desse alvoroço, uma jovem professora falou calmamente para seus alunos da quarta série:

– Hoje as aulas estão suspensas. Vamos, todos em pé, cantar o hino nacional.

Três meninas alemãs estudavam naquela sala de aula. Inteligentes e muito sensíveis, logo perceberam, pela atmosfera reinante, que a Alemanha finalmente perdera a Guerra, permanecendo caladas e cabisbaixas. Algumas alunas ingênuas perguntavam:

– Professora, hoje é feriado? Professora, por que estamos cantando o hino nacional?

A jovem professora ficou bastante perturbada com essas perguntas.

Não restavam dúvidas de que cumpria a ela transmitir aos alunos o significado da glória e a alegria que a palavra vitória encerrava.

Ela estimava muito todos aqueles alunos, mas alguns estavam profundamente abatidos e humilhados, por causa da derrota da pátria de seus pais. Que culpa teriam? Todos eram bons discípulos, aos quais ela queria muito bem. A melhor providência seria, pois, proteger as meninas do ambiente hostil, sem exacerbar os ânimos dos demais alunos.

Convencida de que a orientação adequada que uma educadora brasileira devia adotar no momento seria protegê-las e amenizar suas dores mais do que agravar seus sofrimentos, a professora preferiu calar-se e não respondeu àquelas perguntas.

Perfilados, todos começaram a cantar o hino nacional em tom e entusiasmo iguais ou superiores aos dos colegas das demais salas de aula. Parecia que o semblante da professora, de ordinário muito alvo, estava um pouco empalidecido.

Dos olhos das meninas alemãs, cabisbaixas e rígidas como pedra, brotavam lágrimas. Quando os alunos terminaram de cantar o hino nacional, a professora dispensou-os e, da porta da sala de aula, acompanhou com demorado olhar os trêmulos passos das meninas alemãs, que se afastavam lentamente.

Sentindo que alguém as observava, elas pararam, olharam para trás e viram a figura simpática da meiga professora. Muito sensibilizadas com o carinho e a compreensão da mestra, as meninas, balbuciando palavras de agradecimento do fundo do coração, acenaram para ela e desapareceram no meio da multidão desvairada, que não se cansava de exaltar e comemorar a vitória dos Aliados:

– Muito obrigada, professora! Estamos muito gratas pela atitude da senhora, deixando de responder às perguntas dos alunos! A senhora soube compreender nossa angústia e teve o cuidado de proteger-nos. Muito obrigada! – era o que diziam.

PERSEGUIÇÃO
E OPRESSÃO

*Anos de Sofrimento: Humilhação
na Prisão, Ameaça de Cassação da
Naturalização, Confisco de Livros
Publicados e Ameaça de Deportação*

Cinco Anos de Demanda Judicial Contra Ameaças de Prisão e Deportação

O Caminho Percorrido pelas Lideranças
Intelectuais da Colônia

Os acontecimentos que alcançaram maior repercussão nos cinquenta anos da imigração japonesa no Brasil foram a repressão contra os nipônicos durante a Guerra e o verdadeiro caos que se instalou entre os imigrantes após o término do conflito mundial.

Terminada a Guerra, estabeleceu-se um clima de exacerbada violência entre os vitoristas e os derrotistas, culminando com a organização, pelos jovens mais radicais, dos *tokkotai* (grupos suicidas), que se dedicaram à eliminação sumária das lideranças de movimentos que admitiam a derrota japonesa[1]. Não há registros de fatos semelhantes em toda a história de

---

1. "Em seu livro *Cem Anos de Águas Corridas*, o jornalista Osamu Toyama observa que, embora muito tenha sido escrito sobre os atentados contra imigrantes japoneses entre 1946 e 1947, praticamente todos os textos se basearam em documentos policiais ou em informações de terceiros, 'sem a preocupação de investigar detalhes'. Daí, em sua opinião, ter se firmado um ponto de vista que ele resume assim: 'Os fanáticos da vitória japonesa na Guerra, congregados na Shindo Renmei, formaram a *tokkotai* e atacaram seus compatriotas conscientes da derrota'. Ele discorda dessa interpretação, que levaria à suposição da existência de uma formidável rede terrorista no país. Se essa rede existiu, seus dirigentes e participantes deveriam ter sido investigados e punidos. Mas ninguém foi condenado por isso. Toyama chegou a essa conclusão após ouvir os sobreviventes do episódio. Um dos personagens que o jornalista procurou foi Takao Oshiiwa, que participou da preparação dos atentados praticados em São Paulo e foi preso em 6 de janeiro de 1947. 'Os atentados de São Paulo foram da nossa *tokkotai*. Muitos dizem que fazíamos parte da Shindo Renmei, mas nós não tínhamos nada que ver. Todo mundo se engana a esse respeito', declarou Oshiiwa. Essa *tokkotai* teria sido criada em Quintana em 1946. Oshiiwa relata que chegou a procurar o tenente-coronel Kikkawa na sede da Shindo Renmei, na rua Paracatu, perto da avenida Jabaquara,

imigrantes em parte alguma do mundo. Foi um caso realmente inédito e surpreendente.

Justamente no âmago desse cenário caótico é que foi publicado o livro *Isolados em um Território em Guerra da América do Sul*, relatando o drama vivido na época pela comunidade japonesa.

Durante a Guerra, todos os compatriotas, sem exceção, tinham se transformado em ardentes patriotas dispostos a morrer, se preciso fosse, pela pátria de origem.

A Guerra terminou com a capitulação do Japão. O efeito desse desfecho sobre a mente e o espírito dos imigrantes foi devastador. Havia pessoas que perderam completamente o orgulho de serem japonesas, outras enalteciam as excelências do americanismo, e ainda outras injuriavam o militarismo japonês; enfim, o caos em que se transformou a comunidade que ficou desprovida da égide da pátria natal era deveras desolador e deprimente.

No final, o que salvou os compatriotas estabelecidos nestas longínquas terras foi a própria determinação para superar as dificuldades, organizando uma comunidade coesa e operosa.

Mesmo que o Japão tenha perdido a Guerra, o sentimento espiritual dos japoneses continua intacto; não podemos perder nosso orgulho e nossa autoestima. Tudo poderá rolar água abaixo se deixarmos de preservar a firme determinação de antes. Jamais podemos nos esquecer das nossas origens! Não serão os americanos nem os soviéticos que cuidarão da nossa pátria: essa tarefa cabe a cada um dos japoneses. Nosso inabalável amor à pátria de origem deve ser direcionado à dedicação ao trabalho, permanecendo em

em São Paulo, para pedir proteção da organização aos responsáveis pelos assassinatos dos líderes do movimento de esclarecimento dos japoneses que ele, Oshiiwa, estava planejando. Kikkawa teria lhe respondido assim: 'A presença de gente como vocês é inconveniente para a nossa organização'. Na época, havia outras associações de *kachigumi* ('vitoristas'), algumas das quais convidaram Oshiiwa e seu grupo para as integrarem. Mas eles recusaram, pois 'pretendíamos formar um grupo de ações especiais, independente de todos eles, até mesmo da Shindo Renmei. Tivemos o cuidado de selecionar homens desvinculados de qualquer organização'" (Osamu Toyama, *Cem Anos de Águas Corridas*, São Paulo, AGWM, 2009, pp. 283-287 e 328, em Jorge Okubaro, "A Tragédia como Destino", em Jorge Okubaro e Shozo Motoyama (orgs.), *Do Conflito à Integração. Uma História da Imigração Japonesa no Brasil, vol. II (1941-2008)*, p.169).

definitivo no Brasil e, em pé de igualdade com outros imigrantes, devemos batalhar pela construção de uma sociedade justa e moderna. O ideal do povo japonês é amar a terra que escolheu para consolidar uma vida nova vida e contribuir para a construção de um mundo cada vez melhor.

Essa era a ideia central do livro. Porém, como retratava cruamente o patriotismo exacerbado das pessoas durante a Guerra, a obra foi equivocadamente interpretada como causadora da situação caótica em que se encontrava a colônia japonesa no pós-Guerra. Foi o suficiente para que uma parcela radical de lideranças do movimento pró-reconhecimento da rendição japonesa, alardeando slogans como "Abaixo os livros de autores vitoristas! Cadeia para eles!", entregasse ao Deops várias traduções de minhas publicações. Essa parcela conseguiu que as autoridades abrissem um processo para me prender.

A batalha judicial, sem precedentes na história da colônia japonesa, estava começando. Essa contenda, na minha opinião, transformou-se numa vigorosa semente para o desenvolvimento e o progresso da comunidade japonesa.

A história desses anos de sofrimentos teve origem a partir de acontecimentos e, dez anos depois desses lamentáveis fatos é que, pela primeira vez, publico estes registros, guardados em segredo até então.

PASSADO DE ANGÚSTIAS E SOFRIMENTOS
QUE CAIU NO ESQUECIMENTO

Ao longo de cinquenta anos do movimento cultural da colônia japonesa, um acontecimento precisa ser destacado: por causa de um livro polêmico, seu autor foi preso, ameaçado de ser deportado e teve confiscada grande parte dos exemplares editados. Sofrendo acusações e violentas críticas dos principais jornais brasileiros durante cinco anos, o autor sustentou uma batalha judicial insana e, quando a situação estava já no limite do suportável, conseguiu um julgamento favorável.

A penosa batalha judicial por causa deste livro durou dois anos. A justiça estadual julgou favoravelmente, mas o ministério público recorreu ao Supremo Tribunal Federal, que se pronunciou também favoravelmente, mas só de-

238 ◆ PERSEGUIÇÃO E OPRESSÃO

pois de três anos. O processo como um todo, portanto, consumiu cinco anos.

Quando temos um ponto de vista e procuramos defendê-lo com convicção, as pessoas com ideias ou posições contrárias começam a fazer intimidações e pressões. Com isso, encurraladas e esgotadas, muitas pessoas desaparecem, deixando apenas tênues fachos de luz na imensa escuridão. Outras, que tentaram continuar o trabalho, também fracassaram inapelavelmente. O caminho dos que procuram se dedicar à produção cultural é árduo e repleto de hostilidades.

Nessas circunstâncias, prossegui conduzindo a batalha judicial durante esses cinco anos, e o que me alentou nessa luta ingrata foi a certeza de que tinha uma missão a cumprir, a de deixar escrita a saga da colônia japonesa. O sentimento de uma missão ou de um dever a cumprir fortalece extraordinariamente o homem.

Inúmeros eventos foram programados para as comemorações do cinquentenário da imigração japonesa no Brasil, e muitas pessoas foram homenageadas. Nada tendo a comentar ou a criticar, apenas gostaria de registrar que poderiam ser lembrados também os trabalhos daqueles que, anonimamente, dedicaram importante parcela da vida à produção cultural da comunidade *nikkei*, os quais estavam caindo no esquecimento.

Ficarei muito feliz se o resgate das obras dos que tanto se dedicaram à produção cultural, deixando inúmeras contribuições literárias – e que ficaram praticamente esquecidas à sombra das grandes ações de desbravamento das matas virgens e da consolidação da participação dos imigrantes japoneses nos demais segmentos produtivos da nação (comércio e indústria) – servir de base da estruturação social da comunidade *nikkei*.

Comecei a redigir estes originais na época das perseguições e dos sofrimentos dos imigrantes japoneses, mas guardei-os sem publicar até agora. Muitos amigos insistiram para que eu os publicasse, mas achei que seria inoportuno fazê-lo antes de a poeira assentar, pois poderia provocar ressentimentos desnecessários entre os personagens e demais envolvidos daquela época. Assim, preferi manter inéditos os meus registros sobre a batalha judicial, mesmo porque o tempo é o melhor juiz, que poderá julgar com imparcialidade todos os acontecimentos e os sentimentos de amor e ódio.

Dez anos já se passaram desde aqueles acontecimentos, e a colônia japonesa está passando por uma fase de transição. Novos dirigentes estão surgindo em substituição às velhas lideranças, e então decidi publicar os originais que mantive guardados durante a última década.

INTIMADO A DEPOR NA DELEGACIA –
3 DE MARÇO DE 1948 (QUARTA-FEIRA)

Estava no meu escritório do Kinrobu quando, às 10 horas aproximadamente, um detetive apareceu e me disse:

– Venha até o Departamento de Segurança Pública. Estamos investigando algumas coisas.

Aprontei-me e, acompanhado pelo supervisor do Kinrobu, senhor Hatiro Kani, apresentei-me no lugar indicado. Depois de quase duas horas de espera, finalmente apareceu um encarregado, que apontou para o livro de minha autoria que estava sobre a mesa e perguntou, olhando fixamente meu rosto:

– Foi você quem escreveu este livro? Com que finalidade o escreveu?

– Durante a Guerra, devido às dificuldades de comunicação, os imigrantes japoneses receberam muitas informações equivocadas e, em consequência, muitos nisseis começaram a menosprezar os velhos pioneiros, chegando alguns jovens a se rebelar contra os mais idosos. Todo esse tumulto decorreu do desconhecimento da verdade, e nós, os mais maduros, temos um pouco de culpa, pois deixamos de corrigir os equívocos no devido momento, porque era praticamente impossível fazê-lo durante a Guerra. Mas a Guerra terminou.

Continuei respondendo:

– Era preciso que alguém descrevesse, sem rodeios nem eufemismos, a dificílima situação vivida pelos imigrantes japoneses durante a Guerra, transmitindo aos nossos descendentes os fatos tais como ocorreram. Na minha opinião, o relato franco e direto da fase mais aguda vivida pelos nossos compatriotas – sem pieguices e sem tomar atitudes de autodefesa, como usar evasivas ou sutilezas – proporcionará aos nossos filhos uma visão global da situação, lhes permitirá entender a verdade sobre o passado

240 ◆ PERSEGUIÇÃO E OPRESSÃO

de sofrimentos e contribuirá para que eles cresçam conscientes dos efeitos que um conflito armado no outro lado do mundo pode provocar sobre a população nesta remota região do planeta.

Argumentei ainda:

– Durante a Guerra, o povo brasileiro foi muito generoso e compreensível conosco, e nesse aspecto pudemos viver em um ambiente de liberdade e tranquilidade. Porém, como era época de Guerra, não podemos negar que ocorreram também lamentáveis cenas de mal-entendidos e escândalos, com terríveis consequências para os imigrantes japoneses. Finda a Guerra, procurei em meu livro relatar o que ocorreu naquela época – destacando os erros e excessos do passado – e provando que os imigrantes japoneses não foram autores de nenhuma ação que pudesse prejudicar a boa imagem da sociedade brasileira. E isso o senhor poderá constatar examinando bem o conteúdo do livro...

– Você está falando asneiras fazendo jogo de palavras – disse o encarregado.

– Como o senhor perguntou o que eu pensava como autor, expus pura e simplesmente a verdade – respondi.

Nesse momento, o senhor Kani começou a falar, defendendo o meu ponto de vista, mas o encarregado ficou furioso e vociferou:

– Calem essas bocas! Vou mandar traduzir minuciosamente este livro e aprofundarei as investigações. Enquanto isso, você ficará preso.

E ordenou ao detetive que me levasse para a prisão.

OS DIAS EM QUE CONVIVI COM COMUNISTAS NA PRISÃO

Senti que chegara o dia que eu havia previsto algum tempo antes. Na vez anterior, fui encarcerado em 21 de março de 1943, durante a Guerra, e conforme relatei, sofri durante um mês na prisão.

Cinco anos depois, o mês era o mesmo: março!

Fui preso por ter escrito uma crônica do povo japonês que se estabeleceu no além-mar.

Não obstante o trabalho em prol da educação, ao longo dos 25 anos de vivência no estrangeiro, e da luta que vim sustentando nos últimos anos, senti-me revigorado para enfrentar novos desafios depois que me lançaram atrás daquelas grades. Estava, portanto, disposto a encarar como um glorioso caminho a sequência de sofrimentos que se abria à minha frente, tão somente por ter tentado ser útil à minha pátria de origem e ao povo japonês.

A pesada porta da prisão foi aberta e fui lançado lá dentro, onde já se encontravam três prisioneiros, um japonês e os outros dois aparentavam ser descendentes de russos, com longos cabelos em desalinho e olhares flamejantes. Como havia sete beliches, concluí que a cela comportava quatorze prisioneiros. Ao contrário da vez anterior em que estive encarcerado, quando a latrina ficava completamente escancarada, agora ela estava separada por uma porta para preservar a privacidade.

As paredes estavam cheias de rabiscos e desenhos, a maior parte dos quais alusivos ao comunismo, como a foice e o martelo entrecruzados. Não havia, porém, desenhos obscenos como antigamente.

Durante a Guerra, a prisão estava repleta de japoneses e alemães suspeitos de atos de espionagem, mas no pós-Guerra os presos, em sua grande maioria, eram acusados de crimes ideológicos. A polícia brasileira reprimia violentamente os comunistas. Diariamente chegavam muitos presos, os quais, aproveitando os raros momentos de ausência dos guardas, pichavam as paredes para extravasar seus sentimentos de ódio e revolta.

Um dos presos comunistas tinha ascendentes poloneses, e o outro, lituanos. O preso japonês, chamado Ito, morava na capital. Muito preocupado com a divisão dos imigrantes japoneses em dois grupos, os vitoristas e os derrotistas, que digladiavam entre si, ele chegou à conclusão de que, para apaziguá-los, a providência mais indicada seria conclamá-los a participar do movimento "volta às origens e resgate do amor à terra natal". Mandou, então, imprimir uma tela com a bandeira do Japão e uma composição poética do imperador Meiji – *Sashinoboru asahinogotoku sawayakani motamahoshikiwa kokoronarikeri* (como o maravilhoso sol nascente, meus sentimentos sempre vibrantes manterei) –, para distribuir entre as famílias japonesas. Quando caminhava pela rua com um exemplar dessa tela foi interpelado por policiais ávidos por identificar comunistas. Suspeito de pertencer à organização terrorista Shindo Renmei, esse simpático cidadão, de uns 45 anos, casado e pai de um filho, foi preso, mas libertado cinco dias depois.

No segundo dia, chegaram quatro comunistas portugueses e três presos brasileiros. Comecei a sentir dores de cabeça e dificuldades de respiração por causa da fumaça dos cigarros e do calor que exalava dos corpos dos detentos. Para piorar, como não havia verduras na comida da prisão, a aguda dor reumática que costumava aparecer toda vez que estava com problemas de saúde começou a atormentar-me. Gotas de suor escorriam pela minha face e pelas costas, sinais evidentes de que meu organismo enfraquecia.

Mas não podia sucumbir diante das agruras de um longo período na prisão. Tinha que superar, a qualquer custo, mais aquele desafio. Para tanto, diariamente, pela manhã, fazia ginástica e friccionava fortemente uma toalha molhada em água gelada por todo o corpo. Respirava fundo três vezes por dia, junto à janelinha protegida pela grade de ferro do banheiro. Procurei também suprir a deficiência de verduras na alimentação comendo, sempre às refeições, banana, que pedia ao carcereiro que comprasse para mim.

O GRANDE LÍDER COMUNISTA

Quando vi pela primeira vez o comunista que se apresentou como polonês, tive a certeza de que não se tratava de um preso qualquer. Aaron era seu nome. Ao encarar uma pessoa, seu olhar penetrante tinha algo ameaçador. Seu semblante deixava entrever uma enorme determinação; sua voz era firme e resoluta.

Tinha deixado a Polônia oito anos atrás e atualmente estava radicado em Barretos, cidade servida pela Companhia Paulista de Estrada de Ferro. Para todos os efeitos, era comerciante de móveis domésticos. Era solteiro e estava com 38 anos de idade. Isso era tudo o que me revelara, mas, com o passar dos dias, consegui saber um pouco mais da sua verdadeira identidade.

Certo dia, veio parar em nossa cela um cidadão brasileiro de 28 anos, pobre jornaleiro que tinha sido flagrado vendendo secretamente, mediante polpuda comissão, boletim informativo do partido comunista. Vestia roupa suja, não usava gravata e, talvez sem dinheiro para comprar sapatos, andava de chinelo. Aaron comprou e deu-lhe um maço de cigarros. Mais ainda: entregou-lhe uma nota de cinquenta cruzeiros, dizendo: "Compre o que você quiser".

O barbudo jornaleiro agradeceu servilmente, mas Aaron, sem dar-lhe a mínima atenção, permaneceu deitado. Porém, na manhã seguinte, quando o carcereiro trouxe a vassoura para limpeza da cela e, como sempre, comecei a varrer, Aaron interrompeu-me e disse:

– Espere um pouco.

Tomou a vassoura das minhas mãos, cenho ameaçador, virou-se para o jornaleiro e sentenciou:

– João, já se passaram três dias desde que você chegou aqui e nunca varreu a cela. Que negócio é esse que você, um homem em plena flor da idade, fica andando de chinelo e calça rasgada? A sua aversão ao trabalho está impedindo que você se torne um cidadão honrado. Comece a trabalhar. A partir de hoje, você vai cuidar da limpeza desta cela, entendeu?

Ordenou com voz firme, repreendendo o jornaleiro, sem que ele pudesse esboçar a mínima reação. Seus olhos flamejavam; pareciam perfurar o interlocutor. A voz nítida e incisiva tinha a ressonância de quem detém o poder absoluto e não admite nenhuma vacilação ou resistência.

Cabisbaixo e sem proferir uma palavra de protesto, João levantou-se, pegou a vassoura das mãos de Aaron e começou a varrer. Aaron primeiro ofereceu pão (bem material) ao pobre adepto do partido e, em seguida, mandou trabalhar, taxativamente. Até na prisão a autoridade é exercida por quem tem o domínio efetivo da força. Na quarta noite, Aaron aproximou-se da minha cama e disse:

– Eu acho que o senhor tem alguma missão importante para cumprir. Como veio parar aqui? Se não for inconveniente, pode-me contar?

Contei-lhe então minuciosamente o problema que a publicação do meu livro provocou. Depois de me ouvir atentamente, disse:

– Sejamos amigos!

Apertou fortemente minha mão com sua mão enorme e vigorosa. Aproveitei a oportunidade e perguntei:

– Senhor Aaron, eu também acho que o senhor não é um prisioneiro

244 ◆ PERSEGUIÇÃO E OPRESSÃO

qualquer. Não se incomodaria em revelar-me sua verdadeira identidade?

Rindo, com uma enorme voz capaz de até fazer balançar o teto, respondeu:

– Então vou contar-lhe a verdade. Sou judeu. Meus pais migraram para a Polônia e eu nasci lá. Por isso minha nacionalidade é polonesa, mas o sangue que corre em minhas veias é judeu. Minha verdadeira pátria é a Judeia. Depois de concluir o curso secundário na Polônia andei trabalhando durante quase cinco anos na Europa. Em seguida, vim para o Brasil e fiquei morando no Rio de Janeiro. Três anos depois, ingressei na Faculdade de Direito de Curitiba, para me aprofundar no conhecimento das leis, mas abandonei o curso no segundo ano porque a jornada de trabalho no emprego foi aumentando e sobrava pouco tempo para os estudos...

Ele falava fluentemente inglês, francês, alemão, além do russo e, como havia frequentado um curso superior, tinha pleno domínio do idioma brasileiro.

Segundo informação que me foi passada mais tarde por pessoa ligada à polícia, Aaron era um dos dirigentes do partido comunista no estado de São Paulo. Comigo ele fez poucos comentários sobre o partido, mas fiquei deveras impressionado com o profundo conhecimento que tinha sobre literatura, religião, economia e socialismo.

Quando a conversa tocava no tema do patriotismo, ele se transfigurava. Ficava com o rosto enrubescido, seus olhos adquiriam intenso brilho, e com voz alterada dizia:

– Eu sou judeu. No meu corpo corre o sangue dos descendentes de Abraão. Aguardo ansiosamente o dia da restauração dos valores do povo judeu. Estou pronto para morrer pela minha pátria. Estou disposto a lutar na linha de frente para defender minha pátria e não me importo se meu peito ficar como alvéolos de colmeia, cravado por rajadas de metralhadora...

Empolgado, esse jovem judeu não cansava de bramir seu inabalável patriotismo, e confesso que esse seu sentimento de extremado amor à pátria deixou-me visivelmente perturbado.

De qualquer forma, ele me convenceu de que o futuro dirigente estará condenado ao fracasso se limitar suas ações apenas à luta teórica. Indomável espírito de luta e disposição para colocar em prática ideias em que acredita, sagacidade e discernimento são qualidades que o dirigente deverá reunir para se tornar um líder vencedor.

De fato, foi muito proveitoso para mim o contato com aquele líder diligente e determinado, que parecia ser uma fonte inesgotável de espírito combativo.

OS CRIMES DE QUE ERAM ACUSADOS OS DEMAIS PRESOS

O espanhol José estava preso porque, na ânsia de despejar a inquilina e sua filha, que não pagavam aluguéis atrasados, as ofendeu com palavras caluniosas e degradantes.

– Só acredito em dinheiro. A arte para mim é o dinheiro. Meu governo, isto é, quem manda em mim, é o dinheiro. Todo o objetivo da minha vida resume-se numa palavra: dinheiro!

Tratava-se, sem dúvida, de um perfeito avaro. Encarando-me, disse:

– Outro dia fui ao estádio do Pacaembu assistir a um combate de luta livre e fiquei impressionado com os golpes de jiu-jítsu do Yano. Foi derrotando um por um os adversários e só perdeu a final para um gigantesco lutador de nome Montanha, que pesava 150 quilos e usou golpes sujos durante a luta. Yano perdeu, mas com dignidade, de cabeça erguida. Milhares de espectadores aplaudiram freneticamente gritando seu nome: "Yano! Yano!"

Em seguida, perguntou:

– Você, que é japonês, pratica também o jiu-jítsu?

– Claro que já o pratiquei. Quando era jovem, treinava tanto que até me esquecia das horas das refeições – respondi.

– Muito bem. Quando você for libertado, venha almoçar em minha casa. Será um grande prazer ter um amigo japonês que domina as técnicas do jiu-jítsu – disse meu interlocutor.

O espanhol mentiu descaradamente, sem o menor pudor.

DESCENDENTE DE ITALIANOS

Chamava-se Wilson Guilherme. Soldado, tinha 21 anos. Num domingo, ao voltar para casa, envolveu-se em uma briga num bar das proximi-

246 ◆ PERSEGUIÇÃO E OPRESSÃO

dades e derrubou com um golpe o dono português. Quebrou vidraças e esparramou os talheres da mesa para todos os lados, fazendo uma enorme arruaça. Foi preso confundido como membro do partido comunista.

No dia seguinte, ficou admirando uma foto que guardava no bolso e sussurrou para um companheiro da cela:

– É Maria, minha noiva. Tem dezessete anos. Deve estar triste e choramingando porque não posso visitá-la esta noite.

– Vocês estão tão íntimos assim? – perguntou o companheiro.

– O que você está pensando? Os pais dela eram contra o nosso noivado, mas juramos eterno amor. Passamos da fase de passeios e beijos. Ela já se entregou totalmente para mim. Você precisa ver como ela é carinhosa! Sempre me abraça fortemente com seus braços fogosos.

– Para com isso, cara! Até na prisão fica com frescura... Você não toma jeito mesmo! – replicou outro preso português.

ALEXANDRE, O JOVEM ÁRABE

Filho de um banqueiro árabe, trinta anos, embarcou do porto de Marselha como passageiro da primeira classe. Desembarcando no Brasil, apaixonou-se por uma moça brasileira que morava em Santa Mariana, porém seu objetivo após cruzar o vasto Atlântico era fazer fortuna na mais nova metrópole mundial, São Paulo.

Durante a viagem, roubaram-lhe todo o dinheiro e até o passaporte. Ao descer do trem na capital, foi abordado pelos detetives de plantão e, como não possuía documento de identidade, foi preso, acusado de ser elemento precursor do movimento comunista.

Estava desmoronado o dourado sonho de fazer fortuna acalentado pelo jovem árabe que havia chegado ao Brasil como um seleto passageiro de primeira classe. Preso numa sombria cela, completamente abatido, choramingava e gritava:

– Mande um telegrama para o meu pai na Arábia! Chame o cônsul da Arábia.

Lívido, continuava berrando como um demente. Não parava de chorar, prostrado na cama. De repente, levantou-se e foi para o banheiro. Desconfiado de que algo estava errado, um companheiro da cela foi atrás dele e chegou a tempo de impedir que se suicidasse cortando a garganta com uma navalha que inexplicavelmente carregava consigo.

LIBERTAÇÃO

Já fazia dez dias que estava preso na cadeia do Deops. Novos detentos chegavam, outros saíam... Era alta a rotatividade, e só eu continuava preso. Estava comendo, lá pelo meio-dia, a refeição com aquele cheiro característico da prisão quando o carcereiro se aproximou e disse:

– Chegou uma convocação para você. Prepare-se e fique aguardando.

Finalmente a hora do interrogatório chegou, pensei. Meu destino será decidido agora. Resoluto, segui o carcereiro, que me conduziu até uma viatura onde um agente policial armado com uma pistola na cintura estava me aguardando. Imediatamente fui colocado na escura viatura, fortemente protegida com tantas armações de ferro que mais parecia uma jaula para animais. Uma vez lá dentro, a porta foi fechada e trancada.

A viatura entrou em movimento e fui levado para algum lugar desconhecido. Ao sair, reconheci que tinha chegado à Divisão de Repressão a Crimes Ideológicos. O interrogador era o subdelegado, uma pessoa extremamente cortês e afável. Educadamente ofereceu-me um charuto, deixando-me inteiramente à vontade. Sua atitude de respeitar a personalidade do interlocutor comoveu-me profundamente. Achei que para uma pessoa como ele eu poderia contar tudo o que ruminara longamente desde a noite anterior.

– Com que objetivo o senhor escreveu o livro *Isolados em um Território em Guerra da América do Sul*? Poderia revelar-me com toda a franqueza?

Diante dessa pergunta, respondi:

– Permita-me iniciar falando da minha pessoa:

1. Vivo no Brasil há 25 anos. Estou muito satisfeito com o clima do país e mais ainda com a hospitalidade do povo brasileiro, por isso não viajei uma vez sequer ao Japão.

248 ◆ PERSEGUIÇÃO E OPRESSÃO

2. Há 23 anos venho ensinando crianças japonesas. Mais de 1,2 mil jovens, moços e moças, foram meus alunos, e hoje estão atuando nos mais diversos segmentos da sociedade brasileira.

3. Naturalizei-me brasileiro, e todos os meus seis filhos nasceram aqui. O mais velho tem curso técnico e estudou também em escola militar, sendo, pois, um oficial do exército brasileiro. Os demais filhos também estão estudando em colégios secundários ou escolas técnicas.

4. Confirmando o acima exposto, sou um brasileiro naturalizado que adotou o Brasil para morar pacificamente, em definitivo, tendo já adquirido terreno e construído uma casa.

Nessas circunstâncias, julguei que, como forma de contribuir para a construção de um futuro melhor para os nossos filhos, era necessário escrever um livro relatando, com toda a franqueza, as agruras dos imigrantes japoneses durante a Guerra, destacando o delicado estado de espírito da época.

Sob a óptica de um imigrante japonês e com o intuito de colaborar para a melhoria do nível de vida dos conterrâneos, bem como para que todos possam exercer plenamente a cidadania brasileira, o conteúdo do livro pode ser apreciado em dois blocos:

- relato dos acontecimentos em que se envolveram os imigrantes japoneses durante a Guerra;
- análise – no capítulo "Ideologia"[2] – da polêmica discussão: fincar raízes no Brasil ou reemigrar, vivenciada pelos imigrantes durante a Guerra.

O depoimento demorou aproximadamente noventa minutos. O escrevente registrou tudo, sem nada omitir, pedindo esclarecimentos adicionais sempre que necessário.

No final, assinei o documento, após declarar que o exposto era a expressão da verdade.

O depoimento foi encaminhado diretamente para o gabinete do delega-

2. Ver Apêndice.

do e fiquei aguardando na sala ao lado. Foi quando saíram do gabinete um jovem e uma senhora japoneses. Surpreso, encarei-os, e eles também me olharam demoradamente. Finalmente nos reconhecemos.

O jovem era Shiro Kyono, que tinha sido meu aluno e na época frequentava também o curso técnico de comércio, e a mulher era a senhora Ogawa, que lecionara língua japonesa na minha escola. Foi um encontro casual com amigos que estavam batalhando pela minha absolvição.

Pouco depois, fui levado à presença do delegado, que disse:

– Como o senhor é brasileiro naturalizado e seus filhos são todos cidadãos brasileiros, amanhã poderá voltar para casa. A soltura será às 17 horas.

Confirmando as palavras do delegado que me tinha absolvido, na volta para a cela não fui mais lançado no camburão. Sentei-me ao lado do detetive, no banco da frente da viatura, apreciando as luzes da cidade, que pareciam brilhar mais forte.

Fui libertado, mas os problemas não tinham cessado. Minha insana luta para ser absolvido da acusação de criminoso ideológico estava apenas começando.

TODOS OS LIVROS SÃO CONFISCADOS

No dia seguinte, o da tão aguardada libertação, enquanto eu ainda estava recluso, o responsável pela Divisão de Repressão a Crimes Ideológicos coordenou uma rápida ação. Mandou recolher em um caminhão da polícia oitocentos exemplares do livro que estavam guardados no Kinrobu e mais quatrocentos exemplares que estavam, em consignação, em quatro livrarias da cidade, num total de 1,2 mil livros, sem poupar um único exemplar e deixando atrás um rastro desolador.

A fim de atender à determinação da polícia, no sentido de exibir àquela autoridade as certidões de nascimento dos filhos nascidos no Brasil, minha esposa apresentou-se à tarde no local indicado. Coincidentemente, o caminhão transportando os livros confiscados chegava também ao mesmo local.

Com uma tristeza indescritível e imenso sentimento de revolta, viu os carregadores arremessando negligentemente os livros do caminhão para o

250 ◆ PERSEGUIÇÃO E OPRESSÃO

chão. E, ao serem transportados para o depósito da polícia, muitos exemplares iam caindo, pisoteados, capas e folhas rasgadas. Sem saber, aqueles insensíveis carregadores estavam pisoteando um precioso trabalho, fruto de quatro anos de contínua pesquisa e dedicação, durante os difíceis dias da Segunda Guerra Mundial...

Como já relatado nesta obra, certa vez, enquanto eu estava preso, minha esposa, preocupada em salvaguardar os originais do livro, teve a ideia de ocultá-los na cozinha. Noutra ocasião, quando os policiais invadiram a casa para fazer uma busca, escondeu-os embaixo do cobertor que cobria o leito do filho doente.

Vendo os livros, cujos originais tinha preservado com tanto zelo, serem pisoteados, não consegui conter a emoção e as lágrimas. Ao mesmo tempo, senti avolumar em meu peito um sentimento de tristeza e rancor contra os patrícios que teriam sugerido à polícia tomar providência tão ignóbil.

CONFISCO DO TÍTULO DE NATURALIZAÇÃO E CONSEQUENTE EXPATRIAÇÃO

Depois de passar onze dias na prisão e ter 1,2 mil exemplares do livro confiscados, achei que os problemas estavam resolvidos. No início de maio, porém, o próprio chefe da Divisão de Repressão a Crimes Ideológicos procurou-me e disse:

– Empreste-me o seu título de naturalização. Decidiram que é preciso enviá-lo ao Ministério da Justiça, no Rio de Janeiro...

– O que vão fazer enviando o título ao Ministério da Justiça? – inquiri.

– Você vai ser devolvido ao Japão dentro de dois meses. Como é brasileiro naturalizado, primeiro vai ser aberto o processo de cassação dos seus direitos decorrentes da naturalização, convertendo-o em japonês, e em seguida será repatriado ao Japão. Precisamos deflagrar o processo requerendo ao ministro da Justiça. – foi a resposta.

– O teor daquele livro não é motivo para ensejar a expatriação do autor! O senhor mandou traduzir todo o conteúdo? – perguntei.

– Mandei traduzir os pontos principais do livro.

Argumentei então:

– Todo autor pode ficar numa situação difícil se uma expressão do livro for traduzida apenas parcialmente, fora do contexto, desprezando-se o seu sentido geral. Quanto ao meu título de naturalização, será remetido imediatamente ao Ministério da Justiça?

– Creio que será enviado depois de amanhã.

– Não haveria possibilidade de reconsiderar a decisão?

– Não, porque ficou decidido que toda a documentação do seu processo será enviada ao Ministério da Justiça com os processos dos comunistas. Se o senhor quiser, pode tentar alguma coisa lá no Ministério da Justiça – foi o que ouvi.

A polícia acabou levando o meu título de naturalização porque tinha sido instaurado processo de expatriação contra mim, uma hipótese que jamais havia imaginado[3].

3. "Legislação aprovada posteriormente permitia ao Estado expulsar estrangeiros e jornalistas residentes no país que viessem a ofender a 'dignidade do Brasil'" (Decreto-lei nº 479, 8.6.1938, art.2, n.la; Decreto-lei nº 1.377, 27.6.1938, em Jeffrey Lesser, *A Negociação da Identidade Nacional. Imigrantes, Minorias e a Luta pela Etnicidade no Brasil*, p. 230). "Nesse período, o Estado Novo mostrou-se particularmente ativo na edição de atos legais de repressão às atividades dos estrangeiros. O Decreto-lei nº 392, de 27 de abril de 1938, regulamentou a aplicação de pena de expulsão nos casos de crimes contra a segurança e a estrutura institucional do país, entre os quais se incluíam sabotagem, crimes eleitorais e contra a economia popular, falsificação de moedas e títulos públicos, contrabando, mendicância e atentado à propriedade e à liberdade de trabalho. Por esse decreto, a expulsão não se aplicaria ao estrangeiro que residisse no Brasil havia mais de vinte anos e provasse bom comportamento moral e não envolvimento em crime eleitoral. Dois meses depois, outro Decreto, de nº 479, de 8 de junho de 1938, tornou mais rigorosos os critérios para a não aplicação da pena de expulsão. Em lugar da prova de nacionalidade, o estrangeiro deveria comprovar estar no Brasil havia mais de 25 anos e ter filhos nascidos no país" (Jorge Okubaro, *O Súdito (Banzai, Massateru!)*, São Paulo, Editora Terceiro Nome, 2006, p. 228).

CHEFE DA TERCEIRA DELEGACIA INTERVÉM, GRAÇAS AO ALTRUÍSMO E À MAGNANIMIDADE DO SENHOR HATIRO MIYAZAKI

A situação estava ficando realmente muito difícil.

A deportação em si não me atemorizava. O que me chocou foi o tratamento dado – como se eu fosse um criminoso ou transgressor que tumultuou a sociedade causando danos aos seus moradores e instituições – ao livro escrito com tanto sacrifício e diligência, com o único objetivo de contribuir para o restabelecimento e o progresso dos imigrantes japoneses.

Qual a explicação para a minha expatriação? Foi por ter escrito um livro que conclamava os compatriotas a enfrentar as adversidades e batalhar por uma vida melhor? Jesus Cristo foi crucificado por ter pregado a verdade com vistas à consolidação de uma sociedade mais justa; Nichiren (fundador da seita budista *nichirenshū*) foi desterrado para a ilha de Sado; Sócrates foi condenado à morte por ingestão de cicuta. Se considerarmos os exemplos de sacrifícios como esses, é quase inevitável que pessoas comuns como nós sejam condenadas a penas como a que estavam tentando imputar a mim.

Porém, não podia ficar aguardando o desdobramento dos acontecimentos passivamente. Precisava reagir com todas as minhas forças. Por ser inocente, era inaceitável deixar-me cair na armadilha dos meus inimigos. Urgia combater com todos os meios disponíveis e continuar sendo útil à comunidade *nikkei*.

Comecei tomando providências para restabelecer a verdade junto a alguma autoridade importante e, para tanto, procurei me aconselhar com o senhor Hatiro Miyazaki, que tinha amigos de notória influência dentro da polícia. Depois de ouvir-me atentamente o senhor Miyazaki disse:

– Foram os japoneses que o colocaram nesta embaraçosa situação. É incalculável o dano que eles causaram, prejudicando os conterrâneos honestos e trabalhadores. Eles se aproveitam do livre acesso que têm na polícia e vivem atormentando os indefesos compatriotas. Já li o seu livro e vou me empenhar para tentar resolver o seu problema.

Prontamente manteve contatos com o chefe da Divisão de Repressão a Crimes Ideológicos, porém sem sucesso. Acompanhou-me então na audiência que marcamos com o doutor Gonzaga, que, durante a Guerra foi a maior autoridade judicial, excetuados os militares da Polícia de Segurança e Ordem Política. Naquele momento, ocupava a chefia da terceira delegacia, uma autoridade de indiscutível prestígio, sem a menor dúvida.

O senhor Miyazaki e o doutor Gonzaga eram amigos íntimos há mais de vinte anos e até então muitos japoneses inocentes que tinham sido injustamente condenados foram libertados pelo doutor Gonzaga, sempre com a prestimosa intervenção do senhor Miyazaki.

Após ouvir resumidamente o problema decorrente da publicação do meu livro, o doutor Gonzaga disse:

– Entendi. O fato de o senhor ter narrado os acontecimentos ocorridos durante a Guerra não constitui grande problema. O problema mesmo está na sua tradução. Não é justo tomar uma decisão radical com base numa tradução distorcida. Uma decisão final só deve ser proferida após avaliação do real conteúdo do livro, o que pode ser conseguido após confrontação com o trabalho de outros tradutores bem-conceituados. Vou agora mesmo trocar ideias com os responsáveis pela Divisão de Repressão a Crimes Ideológicos.

Conversando por telefone com o chefe dessa divisão da Polícia de Segurança e Ordem Política, foi informado de que toda a documentação já tinha sido enviada, no dia anterior, ao Ministério da Justiça no Rio de Janeiro. O doutor Gonzaga prontificou-se a me ajudar e muito gentilmente orientou:

– Precisamos tomar providências, antes de o ministro da Justiça assinar o decreto, porque, se isso acontecer, o assunto estará encerrado, sem possibilidades de apelação. O senhor precisa reunir os seguintes documentos: certidões de nascimento dos filhos nascidos no Brasil, o certificado de reservista do filho primogênito, as partes traduzidas do seu livro nas quais o senhor defende suas ideias, bem como as páginas em que o senhor possa provar que não apregoa ideias contra a ordem pública. Junte tudo e encaminhe dentro de vinte dias ao Ministério da Justiça.

Graças ao elevado sentimento de solidariedade do senhor Hatiro Miyazaki, recuperei as forças necessárias para, com as oportunas orientações recebidas, superar mais esse desafio que surgiu em minha vida. Confesso que não encontrei palavras suficientes para expressar toda a minha gratidão.

ENTRA EM AÇÃO O PROFESSOR ATALIBA, CATEDRÁTICO DA FACULDADE DE DIREITO E UM DOS MAIS RENOMADOS JURISTAS DO BRASIL

Os amigos e professores da escola ficaram bastante apreensivos com o agravamento da situação, que piorava a cada dia que passava, e resolveram organizar um movimento ao meu favor. Depois de muito discutirem, chegaram à conclusão de que a melhor medida para tentar resolver a difícil situação seria expor o problema e pedir orientação ao professor doutor Ataliba Nogueira, catedrático da Faculdade de Direito de São Paulo e, na época, deputado federal.

O importante era conseguir uma audiência com o ministro da Justiça, expor-lhe a verdade e procurar saber as razões por que um cidadão honesto devia ser injustamente expatriado. E somente uma renomada autoridade, um jurista de grande expressão, poderia, após examinar os autos, imparcial e exaustivamente, identificar a verdade e, em seguida, pleitear o arquivamento do processo de expatriação.

Todos foram unânimes em escolher o nome do professor Ataliba como o mais indicado para executar essa difícil tarefa, e ficou então decidido contratar os seus serviços.

Os principais pontos do livro foram traduzidos por meu velho amigo, tradutor juramentado e advogado Kinoshita, e fizeram-se acompanhar dos seguintes itens:

1. documento assinado por cinquenta leitores mais conhecidos, que, em nome de outros tantos leitores, declaravam que no livro *Isolados em um Território em Guerra da América do Sul* não havia, em hipótese alguma, manifestação ou sentimento contra o Brasil;
2. outro documento, assinado por diversos jovens que, depois de estudarem no liceu Aurora, estavam frequentando universidades ou escolas técnicas e afirmavam que

[...] o ilustre mestre foi bom educador e frequentemente nos aconselhava que devíamos nos esforçar para o desenvolvimento cultural e econômico do Brasil, orientava para prosseguirmos os estudos e hoje, os mais de mil ex-alunos, contribuem para o progresso do país. Isso prova sua contribuição na formação de bons cidadãos e quanto ele próprio estima esta terra que o recebeu de braços abertos.

Se algum ponto do livro fosse questionado, as pessoas que subscreveram o documento assumiriam toda a responsabilidade e procurariam provar que nada havia de errado ou condenável.

A importante documentação, enviada ao ministro da Justiça, enfatizava o grande empenho dos estudantes em prol da minha absolvição.

Após rápida leitura da cópia desse material, o professor Ataliba disse calmamente:

– Estou vendo que o senhor, por meio do seu profícuo trabalho desenvolvido ao longo dos anos, vem contribuindo direta e indiretamente para o progresso do Brasil, como bem demonstra o extraordinário empenho dos ex-alunos, seus pais, amigos e inúmeras pessoas da comunidade em ajudá-lo a superar essa difícil situação. O senhor é uma pessoa que vai continuar lutando pelo engrandecimento do país. O seu problema está necessitando de urgentes providências. Deixe que eu vou cuidar disso. Amanhã mesmo vou tomar um avião, irei ao Rio de Janeiro e me avistarei com o ministro da Justiça.

O fato de o grande jurista, político de prestígio e intelectual respeitado que é o professor Ataliba Nogueira finalmente ter-se prontificado a defender minha causa deixou-me bastante aliviado, pois as perspectivas de um julgamento favorável, à luz da verdade, eram bem mais promissoras e confiáveis.

AUDIÊNCIA COM O MINISTRO DA JUSTIÇA E VISITA AO PLENÁRIO DA CÂMARA DOS DEPUTADOS

No dia 9 de maio de 1948, resolvi também viajar de avião ao Rio de Janeiro com o professor Ataliba. Deixei montado, no entanto, um esquema que permitiria fazer ligações telefônicas de longa distância porque, dependendo da evolução dos acontecimentos, seria necessário tomar providências urgentes.

256 ◆ PERSEGUIÇÃO E OPRESSÃO

Fui ao lugar indicado (Palácio da Câmara dos Deputados) conforme instruções do professor Ataliba, que me havia informado sobre o agendamento de uma audiência com o ministro da Justiça no dia 11 de maio. No bilhete que me entregou, ele avisou-me ter examinado minuciosamente a documentação preparada pela polícia e a tradução do livro, e me pediu que o aguardasse na sala de espera da Câmara dos Deputados.

O funcionário que me atendeu conduziu-me à galeria, de onde o público podia acompanhar o debate e a discussão do Conselho da Comissão de Justiça, e me deixou dizendo que eu ficasse aguardando ali. Pude então presenciar a cena em que aproximadamente dez membros da comissão discutiam acaloradamente, destacando-se a figura imponente do professor Ataliba, defendendo e liderando com maestria e sabedoria a discussão.

Terminada a discussão da comissão, o professor Ataliba aproximou-se e perguntou: "Não quer observar a reunião da Câmara dos Deputados, que está começando agora?", e me conduziu à sala reservada aos jornalistas, de onde se tinha uma visão geral do plenário.

Fiquei profundamente emocionado ao ver o local que foi palco de grandes decisões, como a decretação do rompimento das relações diplomáticas do Brasil com o Japão e a Alemanha, a promulgação da lei que limitou a entrada de novos imigrantes japoneses a 2% do total dos últimos cinquenta anos e também onde ocorreu o episódio do discurso do deputado Miguel Couto propondo a proibição de entrada de novos imigrantes japoneses, porque eles não assimilavam a cultura brasileira.

Cerca de uma hora depois, deixamos o Palácio da Câmara dos Deputados e fomos diretamente para o Ministério da Justiça.

Era um prédio enorme e impressionante. Na companhia do professor Ataliba, fui passando por várias antessalas e cheguei ao gabinete do ministro. O professor Ataliba deixou-me na sala de espera e pediu que ficasse de prontidão, pois me chamaria se preciso, e entrou sozinho.

Fiquei sabendo depois que, para ser recebido pelo ministro, normalmente era necessário marcar audiência com dois dias de antecedência, explicitando por escrito o assunto a ser tratado, e que, na maioria das vezes, o interessado era atendido apenas pelo chefe de gabinete. No entanto, o professor Ataliba foi entrando direto na sala do ministro, sem cumprir formalidades, o que revelava o seu elevado grau de prestígio e amizade pessoal. Saiu de lá cerca de uma hora e meia depois.

Chegando ao hotel, disse-me:

– Examinei todo o processo enviado pelo Deops da polícia de São Paulo. O cerne do processo está na acusação de que o livro tem conteúdo antipatriótico, e as razões apontadas são:

1. cidadão brasileiro naturalizado está enfatizando e fazendo apologia do espírito japonês;
2. está difamando a dignidade do Brasil.

– O livro que o senhor escreveu não trata de questões doutrinárias nem de movimentos políticos; apenas relatou os sentimentos dos japoneses durante a Guerra. Portanto, pode ficar tranquilo: o senhor vai ser anistiado.

Essa afirmação do professor Ataliba não era decorrente de uma avaliação pessoal, mas certamente baseada em alguma convicção a que chegara após avistar-se com o ministro da Justiça. Por isso, a partir daquele momento pude ficar realmente tranquilo.

Na hora de voltar, o professor Ataliba parou-me, ainda no corredor, e disse-me discretamente:

– Vamos ganhar esta causa... Mas não revele isso a ninguém até sair a publicação no *Diário Oficial*. O perigo não está nos brasileiros e sim no comportamento dos seus patrícios japoneses...

Era a advertência de quem havia examinado o processo na íntegra.

JORNAIS PUBLICAM NOTÍCIAS MALDOSAS, BASEADAS EM INFORMAÇÕES INCORRETAS

Os jornais do dia 15 de maio começaram a publicar artigos inflamados, encimados por manchetes em letras garrafais sobre o meu livro. O *Correio Paulistano* dizia: "Denunciado por Ter Publicado Livro com Ofensas ao Brasil"; a *Folha da Noite* publicava: "Livro Injurioso ao Brasil"; o *Notícias*

258 ◆ PERSEGUIÇÃO E OPRESSÃO

de São Paulo destacava: "Livro Ofensivo à Boa Imagem do País Foi Escrito por Japonês"[4].

A seguir, transcrevo alguns trechos da publicação do jornal *Correio Paulistano*:

- Vai a julgamento autor de livro de teor ofensivo ao Brasil.
- País deve cassar os direitos de cidadão brasileiro do autor do livro, um japonês naturalizado.

4. A *Folha da Manhã* publicou na edição de 15.5.1948 a seguinte matéria: "Escreveu em japonês um livro de injúrias ao Brasil. Processado pelo Dops o autor, Coichi Quichimoto, brasileiro naturalizado. Coichi Quichimoto, de 49 anos, casado, comerciante, residente à rua Miguel Issassa, 128, japonês, naturalizado brasileiro, quando da campanha da polícia contra as sociedades secretas nipônicas, foi preso e recolhido ao presídio político da Casa de Detenção. Ali permaneceu durante meses e foi posto em liberdade após ter a sua situação devidamente esclarecida no processo. Em liberdade, Coichi, que já em 1941 fôra processado e condenado por agressão, tratou de editar e publicar, em língua japonesa, um livro contendo injúrias ao Brasil. A obra, cujo título em português é *A Vida Solitária na América do Sul*, ou, segundo a tradução do próprio autor, *Estando de Pé, Sozinho, no Campo de Batalha de América do Sul*, prega o nacionalismo entre os japoneses aqui residentes. Constitui, por outro lado, uma campanha racial e de absoluto isolacionismo entre nipônicos e nacionais. O delegado Ribeiro de Andrade, titular da Delegacia de Expulsandos, do Dops, tendo ciência da publicação da obra, mandou aprendê-la e traduzi-la. Diante dos termos injuriosos nela contidos, a autoridade imediatamente instaurou o competente processo para cassar o título de naturalização de Coichi e, em seguida, propor a sua expulsão do país, como elemento indesejável. Prestando declarações no processo, o acusado confessou que escreveu o livro escondido das autoridades policiais, quando se encontrava preso. O processo vai ser enviado ao Ministro da Justiça, por intermédio do delegado Valter Autran, diretor do Dops" (*Folha da Manhã*, p. 3, 15.5.1948). Já a *Folha da Noite* reproduziu a mesma matéria, acrescentando as manchetes: "Livro Injurioso ao Brasil. Escrito em seu Idioma por um Japonês. Intitula-se a obra: *Estando de Pé, Sozinho, no Campo de Batalha da América do Sul* – Prega o Nacionalismo Nipônico e o Isolacionismo – Processado – conquanto o Brasileiro Naturalizado, Será Expulso o Indesejável. E uma foto de Koichi com a legenda "Kishimoto, o indesejável" (*Folha da Noite*, São Paulo, p. 7, 15.5.1948). No mesmo dia *O Estado de S. Paulo* publicava uma nota que entre outras coisas dizia: "Indiciado, que já respondeu a inquérito por agressão, sendo condenado pelo juiz da 15ª Vara Criminal a seis meses de prisão, nesse tempo escreveu o referido livro. Em virtude de o indiciado ter filhos brasileiros, a autoridade policial concluiu pela cassação da naturalização, tendo para isso remetido o processo ao ministro da Justiça para homologação" (*O Estado de S. Paulo*, p. 8, 15.5.1948).

- Koichi Kishimoto (49 anos), japonês naturalizado que mora no número 129 da rua Miguel Isasa, casado, péssimo cidadão, escreveu secretamente, enquanto esteve preso anos atrás, um livro em que criticava causticamente a política nacional, empregando palavras ofensivas à dignidade e à boa imagem do país.
- Ao tomar conhecimento desse fato, a polícia começou interrogando Kishimoto e abriu processo de sua expatriação, que foi encaminhado ao ministro da Justiça. Contudo, uma vez que Kishimoto tinha filhos nascidos no Brasil, o ministro da Justiça decidiu adiar a cassação do título, bem como a sua expatriação.
- Quando o movimento do Shindo Renmei estava atuante em São Paulo, Koichi foi preso como um dos suspeitos. Ele era dono da revista *Dan*, editada em São Paulo.

  Observação: O dono da revista *Dan*, que foi preso por causa dos atentados do Shindo Renmei, chamava-se Tsuguio Kishimoto (quase homônimo); portanto, nada tenho a ver com essas ocorrências, mas os jornais confundiram os nomes, causando muitos comentários desagradáveis e aborrecimentos para mim.

Além dessa reportagem, os artigos dos jornais *Notícias de São Paulo* e *Folha da Manhã* eram semelhantes.

Como se vê, os principais jornais da capital publicaram artigos baseados em notícias infundadas, meros boatos, e o mais interessante é que nenhum repórter me procurou para me entrevistar.

Durante a Guerra, muitos japoneses, por dificuldades para se expressar e comunicar e ainda por falta de informações, foram presos por causa de acusações muitas vezes ridículas. E a imprensa alardeava essas prisões classificando como criminosas pessoas honestas: "Mais um Espião Japonês é Detido", "Ele Veio do Japão com Missão Especial e Agia Secretamente". E eu, que me insurgi contra essas arbitrariedades, procurando resgatar a verdade, acabei sendo alvo das mesmas acusações.

As pessoas que já conheciam a hipocrisia e a parcialidade dos jornais não deram muita importância às reportagens, mas muitas outras costumam acreditar em tudo o que é noticiado, por isso esse tipo de boatos pode arruinar gravemente a vida de um cidadão.

260 ◆ PERSEGUIÇÃO E OPRESSÃO

De qualquer forma, as falsas notícias que os principais jornais da capital alardearam contra mim causaram grande impacto e prejudicaram seriamente minha reputação.

O APOIO DO FREI BONIFÁCIO

O professor Ataliba havia me recomendado claramente: urgia contratar um profissional não relacionado com japoneses, ou até mesmo um estrangeiro, para fazer uma tradução fiel e exata do texto. Uma opção, segundo ele, seria solicitar os préstimos de um religioso. Quem está a serviço de Deus é fiel a si mesmo, identificará o que está correto e o que está errado, e jamais distorcerá os fatos. Iniciei então um trabalho sério e exaustivo nessa busca.

O problema agora era como conseguir de um frei uma declaração afirmando que o livro não fazia críticas injuriosas ao Brasil e suas instituições. Minha maior dúvida era: iria um religioso manifestar-se sobre um assunto dessa natureza? Além disso, sendo eu adepto de outra religião, não conhecia nenhum frei católico. Pedi então ajuda a dona Margarida Watanabe, senhora muito bem-conceituada entre as autoridades eclesiásticas, para que me apresentasse a um frei que, além de conhecer o idioma japonês, estivesse ocupando certa posição de destaque na hierarquia da igreja católica. Dona Margarida atendeu-me prontamente, de bom grado[5]. Telefonou ao frei Bo-

---

5. "Margarida Tomi Watanabe, 1900-1996, Kagoshima. Tomi Ikegami nasceu em 1900, filha primogênita de um pescador de bonitos de Makurazaki, província de Kagoshima. Para ajudar a família endividada com a escassez de peixes, veio para o Brasil em abril de 1912, com apenas onze anos de idade, a bordo do navio Kanagawa Maru, em companhia de parentes. Começou a trabalhar como empregada residente na família do dr. Celestino Burroul, médico do hospital Santa Casa. Mesmo criança, enviava dinheiro à família para pagar as dívidas. Com essa família, aprendeu, enquanto trabalhava nos afazeres domésticos habituais, etiqueta e linguagem refinados e se batizou aos dezoito anos de idade. Casou-se aos 27 anos com o contador Gihei Watanabe. Em janeiro 1942, a ditadura de Getúlio Vargas rompeu relações diplomáticas com os países do Eixo. Em junho, diversos líderes da colônia foram recolhidos à prisão por suspeita de espionagem. Dona Margarida deu início nessa época às atividades da Comissão Católica Japonesa de São Paulo com o apoio de D. José Gaspar de Affonseca e

nifácio, da Igreja São Francisco, marcou uma visita e apresentou-me a ele.

Frei Bonifácio, de ascendência germânica, semblante sempre calmo, após ouvir-me pacientemente, disse:

– Minha função é transmitir as palavras de Nosso Senhor; portanto, após ler o livro, darei minha opinião sincera, respeitando os preceitos da Sagrada Bíblia. Enquanto isso, quero conversar com o frei Takeushi, da escola São Francisco, com dirigentes da escola Missionária Taipas, com o professor Morita e o advogado Kinoshita. Quero também trocar ideias com outras pessoas esclarecidas e só depois opinarei com toda a franqueza. Peço-lhe a gentileza de voltar aqui depois de uma semana.

Embora achando que poderia ser um ato indelicado e inoportuno, arrisquei-me a fazer a seguinte pergunta, sem muitos rodeios, pois queria ter uma ideia de como ele encarava a presente questão:

– Acredito que o senhor já esteve em contato com muitos japoneses. Qual é a impressão que o senhor tem a respeito deles?

Frei Bonifácio respondeu-me com um leve sorriso entre os lábios:

– Depois que a Guerra terminou, os japoneses se envolveram em muitas desordens e tumultos, como as ações terroristas do Shindo Renmei, e muitos foram presos. A pedido de fiéis, procurei, dezenas de vezes, o chefe da polícia e consegui libertar grande número de presos. Porém, um dia, uma autoridade policial alertou-me de que não adiantava continuar ajudando os japoneses, pois eles não paravam de criar problemas, e que o melhor seria não me envolver em demasia com eles.

– Ainda assim – disse o frei – lhe respondi: o cristianismo foi uma religião proibida e condenada pelo governo durante trezentos anos, no Japão.

Silva, arcebispo de São Paulo. No ano seguinte, em 1943, cuidou dos 6,5 mil imigrantes japoneses abandonados no porto de Santos, estendendo-lhes a mão quando eles mais necessitavam de auxílio. Em 1940, fundou a Associação Católica Nipo-brasileira, da qual se tornou presidente. Em 1953, instituiu a Assistência Social Dom José Gaspar, no período em que muitos imigrantes japoneses estavam passando por dificuldades. Problemas de toda natureza eram levados a dona Margarida, que se empenhou seriamente em resolvê-los. Por ocasião da comemoração do 50º Aniversário da Imigração Japonesa, fundou o asilo para idosos Ikoi no Sono (Jardim de Repouso). E por 74 anos desde a Guerra, dedicou-se à assistência social" (Nota da Redação, *Cultura Japonesa no Brasil*, vol. 2, São Paulo, Editora Jornalística União Nikkei Ltda., 2016, pp. 6-7).

262 • PERSEGUIÇÃO E OPRESSÃO

Nesse período, cerca de quatrocentas pessoas foram sacrificadas, mas a fé cristã não diminuiu nem desapareceu, a despeito de não haver um único frei nem missionário naquele país. Isso só aconteceu no Japão. O povo japonês é exemplo de determinação e coragem. Continuarei ajudando esses destemidos japoneses. Notei que, após ouvir minhas palavras, o policial ficou bastante impressionado — concluiu.

Ao ouvir do frei Bonifácio essas palavras, que traduzia o seu profundo conhecimento da índole do povo japonês, fiquei deveras agradecido e fortemente emocionado.

Quando voltei uma semana depois, coincidentemente o professor Ataliba estava também visitando frei Bonifácio. Disse o professor:

– Peço-lhe que considere como meu esse pedido de exame e apreciação do livro.

Na igreja São Francisco, o professor Ataliba era uma pessoa muito respeitada. Às vezes, fazia pregações no púlpito. Era também um renomado jurista, uma autoridade de inegável prestígio. Em atenção às palavras do professor Ataliba para que fizesse a tradução do livro como se fosse um pedido dele, frei Bonifácio respondeu tranquilamente:

– Entendi. O senhor pode ficar descansado que farei o possível.

E assim a apreciação do livro pelo frei, o que parecia muito difícil de ser conseguida, foi solucionada graças ao endosso do professor Ataliba.

UNIDOS, ESTUDANTES E LIDERANÇAS DA
COLÔNIA MANIFESTARAM IRRESTRITO
APOIO ATÉ O DIA DA VITÓRIA FINAL

Jamais me esquecerei da preciosa ajuda que recebi dos meus amigos quando fui preso por causa do livro que publiquei e, em decorrência disso, do risco a que fiquei exposto de ser deportado. Quero destacar a incansável luta que um grupo de amigos – os estudantes Takamura, Kani e Eguti, liderados pelo reverendo Koji Tamura, empunhando o lema "Não deixemos destruir o livro que Kishimoto escreveu com tanto sacrifício" – sustentou, não obstante o ambiente hostil daquela época. Gostaria, pois, de registrar que a existência do livro se deve, e muito, à ação desses e de outros tantos leais e destemidos amigos.

Bastante chocado com a manchete "Brasileiro Naturalizado que Defende a Tese do Nacionalismo Radical Será Expatriado", estampada no jornal colado na esquina de uma rua, Takamura procurou imediatamente o Kinrobu para apurar a veracidade da notícia. Ao constatar a gravidade da situação, rumou direto para a residência do reverendo Koji Tamura, no bairro do Jabaquara, para contar-lhe o que estava acontecendo. Após ouvir o relato, o reverendo disse, muito preocupado:

– Não podemos perder um minuto sequer para tentar salvar nosso amigo. Vamos redigir imediatamente uma petição ao ministro da Justiça.

Dirigiu-se à sua escrivaninha, caprichou na tarefa de redigir o documento – com sucessivas interrupções, para fazer demoradas orações – e, quando finalmente a minuta ficou pronta, os ponteiros do relógio já estavam indicando 4 horas da madrugada. Foi descansar um pouco e, após breve cochilo, com a chegada dos outros amigos (Takamura, Eguti e Kani), retomou a tarefa de concluir a petição. Mas a redação final, depois de várias retificações e emendas, só ficou pronta na tarde daquele dia.

Quem se prontificou a traduzir para o português a petição redigida em japonês, foi o senhor Eguti, que também passou a noite inteira quase sem dormir para terminar a tarefa.

Com a tradução da petição, o senhor Takamura visitou as pessoas residentes na capital que tinham lido o livro, pedindo, somente a quem quisesse fazê-lo espontaneamente, que assinassem o abaixo-assinado com o objetivo de provar à sociedade a legitimidade do teor da petição. Uma inesperada reação deixou o senhor Takamura muito surpreso e emocionado: pessoas completamente desconhecidas não só assinaram o documento como também se prontificaram a apoiar e ajudar no que fosse possível nessa campanha a meu favor.

Porém, como o tempo era exíguo, o senhor Takamura limitou-se a recolher assinaturas somente durante um dia, e mais do que depressa providenciou a entrega do abaixo-assinado ao professor Ataliba, que imediatamente tomou um avião para o Rio de Janeiro a fim de passar às mãos do ministro da Justiça a petição e o abaixo-assinado.

Julgamento Final

Depois de dois longos anos de batalha judicial, parecia que o julgamento final do processo aberto por causa da publicação do meu livro estava prestes a acontecer, pois recebi uma taxativa comunicação: "Comparecer às 15 horas do dia 20 de dezembro, no Fórum Central da capital, para se submeter a julgamento e consequente promulgação da sentença sobre o processo de cassação do título de naturalização".

Pelo fato de eu ser brasileiro naturalizado, o Deops tencionava cassar o meu título de naturalização para depois encaminhar ao ministro da Justiça o processo da minha extradição. O meu destino estava, pois, dependendo da decisão judicial sobre a cassação do título de naturalização.

A oportuna intercessão do vereador Yukishigue Tamura, sugerindo as providências abaixo, foi de extrema valia no julgamento, que ocorreria dias depois:

1. Para o fim de subsidiar o julgamento, seria muito importante uma terceira tradução do livro, uma vez que, nas atuais circunstâncias, o juiz estaria de posse de uma tradução feita por Y., a pedido da polícia, e outra tradução apresentada pela defesa, a do senhor Kinoshita, situação que dificultaria apurar qual das duas revelaria, com mais exatidão, a veracidade dos fatos. Seria, então, o caso de solicitar a um profissional brasileiro fazer a tradução, de preferência o senhor Santana.

2. Seria também mais interessante contar com a presença de brasileiros natos, em vez de japoneses ou seus descendentes, no tribunal como testemunhas.

PARTICIPAÇÃO DO TRADUTOR
JURAMENTADO SANTANA

A razão da minha difícil situação foi a tradução incorreta do livro.

O encaminhamento à polícia da tradução feita sem considerar o verdadeiro sentido do texto, elegendo apenas algumas linhas ou trechos do livro e acrescidos de observações pessoais do tradutor com o objetivo de prejudicar o autor, deu origem a uma situação inesperada e delicada para mim, o risco de ser expatriado.

Urgia, pois, providenciar uma nova tradução do livro, executada com total imparcialidade, a fim de retificar os equívocos e as inverdades existentes. Certo de que somente o senhor Santana, conceituado tradutor brasileiro, poderia cumprir essa importante missão, fui até o seu escritório.

Durante a Guerra o senhor Santana havia exercido, no Rio de Janeiro, o cargo de censor e ficou bastante conhecido por sua notória retidão de caráter. Tinha conhecimento do idioma japonês superior ao do nível exigido nos colégios secundários do Japão, era versado em literatura japonesa, capaz até de interpretar o sentimento peculiar das composições poéticas do Japão, como *waka* e *haiku*.

Para mim, o conteúdo desse livro não constitui motivo para tanto alvoroço e inquietações. Trata-se apenas do relato dos acontecimentos ocorridos no seio da comunidade japonesa durante a Guerra e um resumo das tendências ideológicas vigentes entre a maioria dos imigrantes japoneses daquela época, mesmo porque, durante aquele conflito mundial, todos os japoneses pensavam daquela forma. O livro não passa de um registro de fatos reais; é apenas uma descrição nua e crua da realidade, do cotidiano de uma época... Que mal há em um brasileiro, naturalizado ou não, relatar os acontecimentos do meio em que vive, descrever a veracidade dos fatos sem dissimulações ou disfarces e comentar o que julga a respeito? Não é por meio dos registros literários que advém uma nova sociedade?

Foram essas as palavras do senhor Santana. Naquele momento, senti, em toda a plenitude, o calor humano que emanava do seu interior, bem como o rigor que ele impunha a si mesmo na busca da verdade, com sua ampla visão e sua mente esclarecida.

Durante quinze dias o senhor Santana isolou-se numa sala, dedicou-se de corpo e alma ao trabalho, de manhã até tarde da noite, e, sem acrescentar uma única observação ou opinião pessoal, concluiu a tradução encaminhando-a às autoridades competentes.

Traduzindo na íntegra as frases, ao contrário de Y., que havia destacado apenas as expressões mais contundentes ou comprometedoras, o trabalho do senhor Santana proporcionou uma visão mais abrangente do livro e ofereceu subsídios mais consistentes para que o juiz pudesse fundamentar sua sentença final.

A LINGUAGEM USADA NO DEPOIMENTO

A necessidade de usar o português foi o maior problema para mim. Como sou brasileiro naturalizado, não me foi permitido recorrer aos serviços de um intérprete e não tive alternativa senão expressar minhas ideias e convicções com as próprias palavras, bem como declarar qual era o meu posicionamento ou minha consciência com relação à publicação do livro. Afinal, toda a defesa de terceiros a meu favor se resumiria a apoiar minhas palavras e confirmar a veracidade das minhas afirmações; portanto, o âmago da questão estava mesmo centrado no meu depoimento.

Em poucas palavras, o que pretendia declarar no tribunal se resumia no seguinte:

1. Durante a Guerra, foram publicadas muitas notícias infundadas ou distorcidas sobre os japoneses, que tinham dificuldades em entender o idioma português. Em consequência, alguns de nossos filhos começaram a menosprezar os velhos imigrantes, provocando sentimentos de muita aflição e consternação entre os pais de família. A Guerra acabou e os imigrantes japoneses puderam usufruir a liberdade em toda a plenitude. Qual foi o caminho que, no passado, nos foi permitido palmilhar?

   Senti a necessidade de relatar a realidade daquela época, sem nada omitir. Era uma forma de transmitir aos nossos filhos a realidade que os pais tinham vivido e compartilhado durante os quarenta anos da

268 ♦ PERSEGUIÇÃO E OPRESSÃO

história dos imigrantes japoneses. O relato, de forma direta, objetiva e sem sentimentalismo das crises e os desafios enfrentados pelos pioneiros e, finalmente, o sucesso alcançado à custa de muito sangue e suor propiciará condições para que as futuras gerações reconheçam a grandeza e a importância da obra de seus pais. E o sentimento de reverência aos pais reverterá também na formação de bons brasileiros, cidadãos honrados, cumpridores dos deveres e das leis do país.

Sou de opinião de que se faz necessário desenvolver objetivamente, entre os jovens idealistas que buscam a verdade, a capacidade de discernir e de encarar os fatos na sua íntegra.

2. Durante a Guerra, os brasileiros foram muito generosos e condescendentes com os imigrantes japoneses, e nesse sentido nós pudemos viver em um clima de liberdade e generosidade melhor do que se estivéssemos morando no Japão. Mas, como era época de Guerra, não há como negar que alguns japoneses foram discriminados, mal interpretados e maltratados.

Como o Conflito Mundial terminou, o livro foi escrito com o único propósito de desnudar os equívocos daquela época e esclarecer que os imigrantes japoneses não participaram de nenhum ato de insurreição ou insubordinação à ordem pública.

Meu grande desgosto reside no fato de que, embora o conteúdo do livro seja um registro da obra dos desbravadores, das pessoas de destaque, da ideologia e dos fatos ocorridos entre os membros da comunidade japonesa durante a Guerra, certo tradutor, por algum motivo que desconheço, traduziu apenas pequenos trechos do livro sem considerá-lo como um todo, com o objetivo de comprometer-me.

Estou encaminhando a Vossa Excelência as traduções encomendadas ao tradutor juramentado senhor José Santana e ao igualmente tradutor juramentado senhor Massao Kinoshita, com minha solicitação especial para exprimir o verdadeiro sentido do livro. Estou convencido de que os dois trabalhos revelam o objetivo do meu livro e fico na expectativa do julgamento de Vossa Excelência, após elevada apreciação e análise das duas traduções.

O APOIO QUE RECEBI DA MINHA FILHA DE DEZ ANOS E O MEU TREINAMENTO BRADANDO CONTRA OS VAGALHÕES DO OCEANO

Preparei o texto acima e resolvi decorá-lo; porém, como tinha muitos afazeres (cuidar dos alunos internos e dos serviços do Kinrobu) e ainda precisava atender a muitas pessoas que me visitavam, faltava tempo para decorar o texto. Decidi, então, treinar de manhã, levantando-me uma hora antes das demais pessoas, e à noite, isolando-me no meu escritório após o jantar.

Treinava em voz alta como se estivesse diante do juiz. Fiquei um tanto embaraçado quando, certo dia, minha filha de dez anos, aluna do terceiro ano do grupo escolar, perguntou-me, intrigada:

– Por que papai está falando essas coisas?

– É porque papai começou a estudar português – respondi.

– Não acredito. Se papai quiser estudar português, eu lhe empresto meu livro escolar. Mas está me parecendo que papai está falando com alguém...

– A polícia está querendo saber algumas coisas sobre o livro que papai escreveu e por isso estou treinando minha resposta.

Fitando sem pestanejar o fundo dos meus olhos, minha filha parecia querer saber algo mais. Por isso, esbocei um sorriso e afirmei:

– Todas as pessoas, quando publicam um livro, devem ir à polícia para explicar o que escreveram...

– Então não é só papai que vai à polícia, não é? Todas as pessoas que publicam devem ir, é isso?

– Isso mesmo...

– Então vou copiar o texto que papai está decorando e vamos estudar juntos. Eu ajudarei nos trechos que papai não conseguir decorar. Acho que assim papai vai decorar mais rapidamente...

– Obrigado! Então, a Taiko vai ser a minha professora – respondi-lhe.

Sem conseguir conter as lágrimas, virei-me de lado. Então, comecei a decorar o texto tendo minha filha de dez anos como assistente, mas, quando lhe perguntava, lá pelas 22 horas, "A palavra que falei agora está correta?", ficava sem resposta. Exausta com as atividades do dia, ela já havia caído em profundo sono.

Às vezes, ocorria o seguinte diálogo:

– Obrigado, Taiko! Por hoje é só. Vamos dormir?

– Não, papai, eu não estou com sono. O que o senhor falou agora há pouco? Repita para mim, por favor – respondia ela, esfregando os olhos e voltando a atenção para a folha de papel.

Assim, fui aperfeiçoando meu nível de expressão e adquiri maior confiança para falar perante o juiz no tribunal, mas às vezes cometia pequenos erros ou invertia a ordem das palavras.

Com o objetivo de fazer o treino final, procurei um lugar longe do meu local de trabalho e das demais pessoas. Hospedei-me em um hotel, em Santos, e durante três dias repeti, aos brados contra o fragor das ondas do mar, o meu texto uma centena de vezes.

Chegando em casa, repeti o texto para minha outra filha, que cursava a escola normal. Quando terminei, ela riu discretamente e disse:

– Papai, o senhor, em vez de dirigir-se a uma pessoa, está discursando. Numa avaliação, acho que obteria nota 95.

– E por que não cem?

– Porque está falando com sotaque de japonês.

Um pouco constrangido com a sutil observação da minha jovem normalista, procurei o senhor Santana para ouvir sua opinião sobre o meu desempenho. Suas palavras foram:

– Parabéns! Estou vendo que o senhor se empenhou bastante. Acho que já atingiu um nível satisfatório. Suas palavras têm apelo e densidade suficientes para tocar a sensibilidade de quem ouve.

Creio que valeu a pena o esforço feito dia e noite, tentando falar mais alto do que o ensurdecedor brado das ondas encrespadas do Oceano Atlântico. Cheguei à conclusão de que o veemente empenho em transmitir ao interlocutor a minha posição de estar afirmando a verdade poderá compensar e superar minha deficiência de expressão.

COMBATENDO A BATALHA FINAL SEIS MESES DE ORAÇÕES ACOMPANHADAS DE RITUAIS DE PURIFICAÇÃO

Eu estava decidido a arriscar a própria vida para ganhar aquela contenda judicial decorrente da publicação do meu livro. Não se tratava de mero litígio, particular, mas de um grave problema que atingia toda a comunidade *nikkei*. Era também uma batalha contra a insensibilidade e a incoerência da sociedade, que estava alheia à condenação de um cidadão acusado de um crime que não tinha cometido.

Mesmo que eu tenha que me desfazer de todos os meus bens, mesmo que venha a ficar encarcerado durante vários anos, continuarei minha luta e me empenharei para limpar o meu nome e resgatar a minha dignidade.

Havia um grande problema: o processo da minha expatriação já tinha sido remetido ao ministro da Justiça, última etapa da tramitação antes de ser assinado pelo presidente da República. Já tinha apelado a quase tudo o que era possível, e meus recursos financeiros já estavam quase esgotados. Sentia-me prostrado.

Mas ainda fui buscar forças para reagir e, confiante no dito de que a força do espírito pode mover a montanha até o mar, prossegui nas orações, invocando a proteção divina. Precisava vencer e, praticamente sem recursos financeiros, restava apenas rogar a Deus, apelar para a força espiritual.

Por isso, todos os dias madrugava e, enquanto as pessoas ainda dormiam, passei a praticar um ritual de purificação, entornando água sobre a cabeça, e prosseguia nas orações. Entreguei-me de corpo e alma a Deus sem medir sacrifícios, transformei-me na figura de um asceta abnegado que procura aproximar-se do senhor do universo. É possível que o homem moderno, racional por excelência, zombe de mim, mas na época eu não me limitei a fazer orações: entreguei-me a Deus de corpo e alma, à maneira oriental de oferecer minha vida sem vacilação nem temor. Ninguém da família ficou sabendo dos meus rituais de purificação.

Devo superar os meus sofrimentos com as próprias forças. Para quem está concentrado, fazendo orações em um recinto fechado, ruídos e agita-

272 ◆ PERSEGUIÇÃO E OPRESSÃO

ções devem ser evitados. Até Jesus Cristo, na véspera da sua crucificação, procurou a serenidade do sítio de Gethsêmani para orar sozinho...

Minhas preces prosseguiram durante seis meses, de outubro a março[1]. Não faltei um único dia à igreja para fazer minhas orações, de manhã e à noite.

Minha percepção era que não bastava apelar para pessoas, meios legais e bens materiais, e concluí que a única salvação era suplicar a Deus para vencer mais aquele grande desafio.

O VEEMENTE ARRAZOADO DO PROFESSOR ATALIBA NO DIA DO JULGAMENTO

No dia vinte de dezembro de 1949, compareci ao tribunal com meus advogados de defesa, professor Ataliba Nogueira e o doutor Henrique Viana perante o juiz, doutor Cardoso de Castro.

O interrogatório a que fui submetido foi mais formal. As contestações e os argumentos dos meus advogados de defesa podem ser assim resumidos:

1. A acusação contra o senhor Koichi Kishimoto teve início com a expedição, em cinco de março de 1948, do ofício firmado pelo doutor Paulo Rangel e endereçado ao chefe da Divisão de Assuntos de Expatriação, do Departamento Estadual de Ordem Política e Social. O motivo de o doutor Paulo Rangel ter denunciado o réu não foi o conteúdo do livro em si, mas um artigo em um jornal da comunidade *nikkei* com seus desastrosos desdobramentos. O referido artigo está anexo ao processo (p. 26) e contém assinatura de M., um brasileiro descendente de japoneses.

   Esse cidadão não conhece suficientemente o idioma japonês, pois, logo no início do artigo, assinalou: "Li um livro escrito em japonês de autoria do senhor Koichi Kishimoto. Traduzindo, o título seria *Uma Luta Solitária na América Latina*". Há aqui grande diferença com a tradução feita por outros tradutores: *Isolados em um Território em Guerra*

---

1. Outubro de 1949 foi quando a denúncia foi aceita e Koichi Kishimoto citado a comparecer perante o juiz em 20 de dezembro.

da América do Sul. Aquela tradução do artigo dá-nos a impressão de que os japoneses combateram de fato na América Latina. A expressão América Latina inclui até o México, mas Kishimoto nada escreveu a respeito dessa região.

De acordo com o processo, a irada crítica do artigo destaca que "o conteúdo ideológico deste livro avilta o Brasil. O imigrante japonês estabeleceu-se aqui para construir uma grande base militar do império japonês e está engajado numa campanha de ocupação territorial". O artigo segue com repetições de fatos sem nenhum fundamento.

O autor afirma que o objetivo do livro era esclarecer os imigrantes japoneses sobre a realidade da situação econômico-social do Brasil, destacar o bom tratamento recebido da sociedade como um todo e a necessidade de se empenhar para o progresso da nação. Na página 27 do processo, encontramos a primeira tentativa de tradução feita pelo senhor Botelho Miranda, que, na verdade, não é uma tradução propriamente dita, mas uma exposição de ideias do tradutor. Não vai além de uma observação, sem anexar nenhuma prova concreta em relação a alguma parte do livro, sendo, pois, mais uma crítica ou interpretação do que uma tradução.

2. Análise do conteúdo do livro. O cerne da questão está no conteúdo do livro. A acusação fundamenta-se na tese de ultraje à dignidade da nação brasileira. Com relação à propaganda do imperialismo, não há uma clara indicação revelando o trecho do livro que faça alusão a esse assunto. Não há tampouco alguma indicação segura sobre em que trecho do livro está registrado algo sobre ação ou atividade contra os interesses do Brasil.

Omissões dessa natureza provam que a acusação é improcedente por falta de fundamento. Na tradução feita por Y., profissional requisitado pela polícia, existem alguns pontos imprecisos que precisam ser eliminados. Y. sempre traduz a palavra *minzoku* como raça, mas essa palavra pode ser traduzida como povo, como comprovam os trabalhos realizados pelo frei Bonifácio e pelo senhor José Santana. Não há evidências de que Koichi Kishimoto tenha defendido teses ou doutrinas raciais. Essa visão ou forma de abordagem precisa ser descartada.

3. Mais do que qualquer trecho do livro, o prefácio define bem as ideias do autor. Reflete bem seu pensamento e é a síntese do livro. Na tradu-

ção feita por Y., a frase "acontecimento que não deverá se repetir no contexto da história moderna" foi traduzida como: "não acontecerá de novo". A expressão sugere que o autor já sabe que jamais se repetirá, que tem plena convicção disso, passando a impressão de que ele goza até de prerrogativas de prever acontecimentos em âmbito mundial.

Mas o que o prefácio queria transmitir? Queria mostrar a situação de sofrimento, angústia e desespero que os imigrantes japoneses tiveram que suportar quando o Brasil rompeu relações diplomáticas com o Japão: estavam sendo presos somente por estarem conversando em japonês na rua, foram confiscadas todas as publicações em japonês, estavam sendo encarcerados por terem usado inadvertidamente palavras impróprias em cartas; enfim, os imigrantes estavam vivendo em um ambiente de total insegurança.

E, enfrentando todos os riscos daquela época, o autor corajosamente continuou descrevendo o sofrimento dos conterrâneos. A Guerra terminou, mas a luta do povo japonês está apenas começando. De que natureza seria essa luta? Não será de natureza material ou bélica. Será uma luta pela recuperação das perdas materiais e dos valores espirituais desgastados, uma batalha interna e pessoal de cada um dos imigrantes pela superação das humilhações sofridas. Nunca será uma contenda contra terceiros.

O tradutor também recorre com muita frequência à palavra luta, mas, no texto do autor, está explícito que "os quatro anos de horrores e sofrimentos deverão, sim, constituir um registro permanente que os 300 mil imigrantes japoneses radicados no Brasil não podem esquecer e deve ser transmitido de pai para filho, e deste para neto, sem permitir que caia no esquecimento". Essa é a luta. Assim está escrito e não há nenhum exagero aqui, pois os valores morais e espirituais que os antepassados legaram, tanto no Japão como no Brasil, devem ser preservados. "À nossa geração mais velha cumpre transmitir aos jovens, de forma clara e objetiva, o desenrolar dos acontecimentos", diz o texto do livro. Com efeito, essa é a história dos imigrantes que estavam isolados em um território em guerra da América do Sul durante o Conflito Mundial.

Quanto aos interesses nacionais, não consta uma única referência de que tenha instigado ou estimulado ações contra a ordem pública do país. É possível encontrar expressões que ilustram a tendência japonesa de exagero nas manifestações, dramatizando a inocência de pessoas injustamente acusadas, mas elas não representam nenhuma afronta ou ameaça à segurança pública.

À parte, o professor Santana ofereceu novos subsídios, apresentando um texto que retifica e complementa a tradução anterior (de autoria do senhor Y.), com especial enfoque para o sentido do livro.

4. O anseio do autor: apesar das diferenças ideológicas, não há nenhuma evidência de natureza delituosa que justifique a cassação do seu título de naturalização. Onde estão as provas concretas de atos contra a ordem social do país? Questão de princípio: é apenas uma exposição de um ponto de vista. Mesmo que esteja errada sob a óptica da política imigratória brasileira, seria possível qualificá-la como atitude ilegal, suficiente para sustentar a necessidade de cassar a cidadania do réu e expatriá-lo? – Não! O melhor tratamento seria contrapor outro princípio legal em substituição àquele exposto pelo autor. É impossível forçar, bruscamente, a assimilação dos imigrantes à cultura brasileira, podendo até provocar o surgimento de situações indesejáveis.

O tema do livro é questionável, porém não constitui delito. Kishimoto escolheu o estilo narrativo, próprio de um autor de composições literárias, o que é reconhecido pela Constituição.

O inflamado arrazoado do professor Ataliba prendeu a atenção de todos, provocando um grande silêncio no recinto do tribunal.

INCORREÇÕES NA TRADUÇÃO
APRESENTADA PELA POLÍCIA

5. Na tradução apresentada, há trechos que não podem ser interpretados ao pé da letra. Por exemplo, na tradução feita por Y., há uma descrição do diálogo entre o coronel Wakiyama e um funcionário "de baixa

categoria", de tal forma que pode ser interpretado como desacato às autoridades. Porém, como está claro nas traduções elaboradas pelo professor Santana e pelo senhor Massao Kinoshita, trata-se do registro de uma atitude de um funcionário hierarquicamente inferior, e a tradução exata é "funcionário subalterno".

Na tradução de Y., lauda número onze do processo, também não há indicação nesse sentido. Sem fazer uma tradução fiel, Y. expõe apenas sua opinião, subjetivamente, enquanto os senhores Santana e Kinoshita o fizeram transmitindo o sentido objetivo do texto.

O mesmo vamos encontrar nas laudas de números 14, 16-A, 17, 19, 21 e 22. Se apreciarmos cada uma delas isoladamente, chegamos a um juízo equivocado, uma vez que a avaliação global do livro permite concluir que o autor não representa um mínimo de risco para o país.

Com uma tradução correta, percebe-se quanto o autor ama o Brasil. O livro é um registro dos acontecimentos ocorridos na comunidade *nikkei* durante os quatro anos da Guerra, e um Estado politicamente organizado, que preza a democracia, deve aceitar ou tolerar com naturalidade e espontaneidade um livro como esse.

O livro até pode ser questionado, mas não se trata de uma obra nociva; portanto, é inadmissível uma ação de extradição contra o autor, que decidiu fincar raízes no Brasil.

DEPOIMENTO DAS TESTEMUNHAS

Finalmente, a partir das 14 horas do dia 18 de janeiro de 1950 foram ouvidas as testemunhas no tribunal central da capital.

A meu favor, compareceram o frei Bonifácio, o senhor Massao Kinoshita, o senhor Keiji Harada e o senhor Manoel Domingos Malta. Cada um prestou depoimento minucioso, em especial o senhor Malta, que, como meu vizinho há quinze anos, conhecia bem a minha personalidade, as minhas ideias e a minha postura em relação à sociedade brasileira.

As testemunhas da outra parte, convocadas pela polícia, foram o senhor Kawano, da casa Nakaya e o senhor Okinaga, da livraria Okinaga, comerciantes que promoveram a venda dos meus livros. Gostaria de registrar que ambos tiveram comportamentos amigáveis comigo, nada declarando que pudesse comprometer-me.

O defensor público escolhido pela polícia era o doutor Calmon, ex-aluno da Escola São Francisco, na Bahia, e foi uma surpresa agradável constatar que ele via com simpatia a presença do frei Bonifácio como testemunha, que, na qualidade de religioso imparcial, tinha comparecido para depor apenas e tão somente a verdade. O frei Bonifácio compareceu devidamente autorizado pelo arcebispo de São Paulo. Transcrevo, a seguir, a declaração por ele elaborada após a leitura do meu livro.

A DECLARAÇÃO DO FREI BONIFÁCIO

O senhor Koichi Kishimoto, denunciado pelo Ministério Público por ter publicado, em 1947, o livro *Isolados em um Território em Guerra da América do Sul*, solicitou-me que submetesse a Vossa Excelência meu parecer sobre essa questão.

Ele é respeitado por todas as pessoas que o conhecem, as quais afirmam ser uma pessoa que não está envolvida com grupos terroristas.

Na minha opinião, esse livro foi escrito com boas intenções e não fere os interesses nacionais nem está afrontando os brasileiros.

Os trechos do livro que podem soar como ofensivos ao povo brasileiro são registros históricos de fatos ocorridos durante a Guerra, e descrevem a detenção do reverendo budista, o senhor Shimba, que, por causa de palavras consideradas ofensivas, foi preso e mais tarde libertado.

O conteúdo desse livro é o retrato das enormes angústias e dificuldades enfrentadas por aqueles que estavam longe da terra de origem, então envolvida numa sangrenta guerra.

A exemplo da tristeza que tomou conta do Filho de Deus, Jesus Cristo, presenciando o infortúnio que se abateu sobre o povo da Virgem Maria, são compreensíveis as lágrimas derramadas pelo autor, que é um brasileiro naturalizado, diante da inexprimível desgraça que desabou sobre a terra de seus ancestrais.

O autor redigiu o livro colocando em discussão sua preocupação com a tendência ideológica das crianças das famílias japonesas, mas nós, pregadores cristãos, compartilhamos também essa preocupação.

No interior do estado de São Paulo, em particular, muitos filhos de japoneses, de-

278 ♦ PERSEGUIÇÃO E OPRESSÃO

testando o idioma e os bons costumes de seus pais, em vez de procurar entender os aspectos positivos dos japoneses, desprezam-nos, chegando a rejeitar os antepassados, e, sem contar com o respaldo da tradição nem com os valores espirituais de um cidadão da terra, querem transformar-se, como num passe de mágica, em brasileiros genuínos. Não serão bem-sucedidos, pois agem como grosseiros materialistas.

Com o objetivo de discutir tal estado de espírito, bem como o aparente niilismo então presente, o autor reconhece a necessidade, como primeiro passo, de promover o ensino da língua japonesa de forma que não afete a organização social do Brasil, como uma alternativa salvadora para que aquelas pessoas não descambassem de um extremo para outro.

Concordo plenamente com a ideia do autor quando afirma que "o início de uma boa educação deve acontecer em casa". Os jovens que recebem educação japonesa no lar serão os melhores cristãos e se tornarão cidadãos que contribuirão muito em prol do engrandecimento da pátria brasileira.

A palavra raça, que hoje em dia deve ser abolida e que serviu de motivo para a denúncia do senhor Kishimoto, só é encontrada no texto elaborado pelo tradutor juramentado Y. No livro do réu não constatamos a palavra raça, em japonês, *jinshu*. O que encontramos é a palavra povo, em japonês, *minzoku*, de conotação bem mais pacífica e branda.

A incorreção do tradutor ao longo do texto (erro talvez involuntário) e a inexatidão do título do livro resultaram em má interpretação da obra como um todo e provocaram enormes danos e prejuízos a um pai de família de seis crianças brasileiras menores. Nas primeiras sete páginas, podemos constatar, em oito trechos, a indevida tradução da palavra *minzoku*, e, portanto, a tradução da primeira frase do livro não está correta.

A esse respeito, dois tradutores juramentados que eu consultei confirmaram meu ponto de vista. No capítulo "Ideologia"[2], o autor escreveu: "Devemos, também, ao marcharmos em direção a um futuro maior, abandonar o excessivo ufanismo preconceituoso que muitas vezes pode resultar em indesejável intolerância e aversão às coisas ou pessoas estrangeiras".

Em minha opinião, o conteúdo do livro não contraria os interesses do Brasil e procura proteger – do estado de ausência dos valores espirituais e morais – os jovens nipo-brasileiros, que ainda não estavam em condições de assimilar a cultura brasileira. O autor sempre se empenhou para que seus seis filhos tivessem acesso à educação brasileira do melhor nível.

Na qualidade de um paladino de Cristo, meu maior desejo é conduzir a alma do

2. Ver Apêndice.

escritor e as almas do maior número de seus ex-alunos, em número superior a mil, para junto do amor e da graça de Cristo, bem como entender as faltas e as causas desses atos e, finalmente, pedir perdão para os irmãos que interpretaram incorretamente os desígnios desse livro.

Apelando para o elevado espírito de compreensão e julgamento de Vossa Excelência, subscreve mui respeitosamente este humilde missionário.

FREI BONIFÁCIO DUQUE

INDIGNADO, FREI BONIFÁCIO DESABAFA: "PODE UM JAPONÊS PREJUDICAR OUTRO JAPONÊS?"

Quando frei Bonifácio terminou seu acalorado depoimento a meu favor, um repórter de um jornal editado em japonês, conhecido ativista do movimento de esclarecimento da comunidade *nikkei* para a nova conjuntura do pós-Guerra, intempestivamente fez-lhe a seguinte pergunta:

– Em seu depoimento, o senhor afirmou que a tradução de autoria de Y. do livro escrito por Kishimoto está incorreta. O senhor Y. retrucou que a tradução dele não está incorreta...

– O trabalho de tradução não deve limitar-se a verter o texto original ao pé da letra ou apenas um trecho, mas sim exprimir corretamente o verdadeiro sentido do texto. No entanto, a tradução feita pelo senhor Y. não transmite o verdadeiro significado do texto... É isso o que eu disse. Em outras palavras, quero ressaltar que foram traduzidos apenas os trechos que comprometem o senhor Kishimoto, e nada transmitem do verdadeiro sentido do livro.

– O senhor sabia que o senhor Kishimoto é protestante? – perguntou o repórter.

– Por que o senhor precisa fazer essa pergunta? É para impedir que um frei católico ajude um protestante? O que religião tem a ver com tradução? Prestarei depoimento a favor de japoneses indistintamente, sejam eles budistas, protestantes ou adeptos de qualquer outra religião. Estou sempre pronto a depor a favor de qualquer pessoa; o que for verdade declararei que

280 ♦ PERSEGUIÇÃO E OPRESSÃO

é verdade, pois minha missão é ajudar o maior número de pessoas que estão com problemas.

E acrescentou: – Qual é a sua intenção em fazer essa pergunta? Durante e após a Guerra, muitos alemães e ingleses escreveram coisas bem mais ásperas do que o livro publicado pelo senhor Kishimoto, mas não conheço um alemão que tenha prejudicado outro alemão, ou um inglês que tenha lesado outro inglês. Será que é correto um japonês prejudicar outro japonês?

ÚLTIMO JULGAMENTO,
O DIA DA TÃO SONHADA VITÓRIA

13 de março de 1950 (16 horas)

Chegou o dia da promulgação da sentença final sobre a ação movida pela promotoria pública contra o meu livro, a qual já durava mais de dois anos.

Depois de ficar encarcerado durante um mês, depois de ter mais de mil livros confiscados, depois de passar por privações de toda sorte e depois de sustentar a difícil batalha judicial, chegou finalmente o dia D, o da promulgação da sentença final.

O magistrado Pedro Cardoso de Castro leu a sentença abaixo e proferiu o seguinte veredicto: "O réu é inocente".

Por que Koichi Kishimoto foi processado? Porque publicou um livro cujo conteúdo foi interpretado como atentatório às instituições e à ordem pública do Brasil. Porém, um exame minucioso concluiu que a totalidade das acusações não procede, conforme alguns trechos traduzidos do livro:

1. Chefes de família de um núcleo colonial que tinham sido presos foram libertados graças ao empenho do prefeito;
2. Alunas, filhas de imigrantes (procedentes de país inimigo dos aliados), ficam profundamente gratas diante da manifestação de solidariedade e afeto da professora;
3. As futuras gerações servirão de base para o estabelecimento das metas da comunidade *nikkei*[3];

---

3. Os itens 3 a 6 se referem ao capítulo Ideologia, Apêndice.

4. Quais são os objetivos dos jovens? Seria engajar-se na tarefa de transformar o deserto árido em áreas verdejantes e produtivas;

5. Em comparação aos japoneses radicados em outros países, os imigrantes japoneses que vivem no Brasil são tratados com mais simpatia e afeição;

6. Não sejamos um povo nômade. O ideal do povo japonês, que todos esperam seja concretizado no futuro, consiste na reconstrução da ordem e da organização social decadente.

Nenhuma das pessoas que testemunharam aqui disse algo que desabonasse o réu. Ele escreveu o livro porque é professor, cuida da formação de jovens que estudam à noite e trabalham de dia, dirige um internato e é pai de seis filhos, todos cidadãos brasileiros.

Um dos depoentes, Manoel Domingos Malta, declarou que o réu é um cidadão honesto, afável, que não tem envolvimento com atividades ou movimentos políticos.

E segundo o depoimento de outra testemunha, que é tradutor público juramentado, "a essência desse livro é o registro histórico dos acontecimentos ocorridos no seio da comunidade *nikkei* durante a Guerra".

Tendo em vista os resultados das investigações dos fatos acima, reconheço a inconsistência da denúncia e declaro a inocência do senhor Koichi Kishimoto.

Aos treze dias do mês de março de 1950
Tribunal Central da Justiça de São Paulo

PEDRO CARDOSO DE CASTRO
Juiz

Pós-escrito

Imediatamente após a promulgação do veredicto pelo juiz Cardoso a favor da minha inocência, a Promotoria recorreu da sentença, e o processo foi a julgamento no Supremo Tribunal Federal, que, no dia 23 de outubro de 1953, também me inocentou. Com a publicação da decisão no *Diário Oficial* concluí que havia ganhado o longo combate judicial, e a questão estava definitivamente encerrada.

Contudo, para minha grande surpresa, em dezembro de 1957, recebi um aviso do meu advogado dizendo que "urge interpor recurso, pois está em curso um processo de cassação do vosso título de naturalização".

Estava eu muito tranquilo, pensando que o caso já estava encerrado, pois havia ganho em primeira e segunda instâncias, com os resultados favoráveis publicados no *Diário Oficial*. Daí a minha surpresa e inquietação diante dessa notícia do processo de "cassação do título de naturalização", aberto sem nenhum aviso e sem oportunidade para me defender.

O professor catedrático Ataliba, que acabara de retornar dos Estados Unidos, disse: "Essa decisão é injusta", e imediatamente viajou ao Distrito Federal a fim de interpor recurso judicial cabível.

A batalha judicial que se arrastou ao longo de dez anos constituiu-se, sem a menor dúvida, em caso inédito na história do movimento cultural da comunidade *nikkei*.

A sina do imigrante foi viver – sem deixar de cultivar os grandes anseios – uma alternância de insucessos seguidos de redobradas disposições para enfrentar novos desafios. Foi acostumar-se a ver um pouco de bons resultados logo destruídos, a presenciar suas poucas alegrias e esperanças se desvanecerem em seguida.

No entanto, por mais que sejam pressionados, os rebentos não cessam de crescer. O meu destino como imigrante que decidiu começar uma nova vida no estrangeiro é, pois, continuar enfrentando novos desafios sem esmorecer, mesmo dando a impressão de que já esgotei todas as minhas forças e que esteja próximo da total exaustão.

Palmilhando as veredas que o destino me reservou – convivendo com tristezas e alegrias, nas noites escuras ou à luz do dia – minha postura será a de um batalhador em prol do movimento cultural dos imigrantes, sempre em busca de grandes sonhos e de um futuro melhor. E continuarei a caminhada, hoje, amanhã e sempre, nesta estrada sem fim...

APÊNDICE – IDEOLOGIA

Fincar Raízes no Brasil ou Reemigrar?

Quarenta anos já se passaram depois que os primeiros imigrantes japoneses desembarcaram em terras brasileiras e iniciaram a difícil tarefa de colonização, deslocando-se de um local para outro sempre à procura de um lugar melhor. Desde então, qual foi a maior preocupação, o ideal ou a ideia predominante?

Sem dúvida era o Japão, a sua terra natal. O Japão sempre esteve na mente e na alma de todos os imigrantes que, nos últimos trinta e poucos anos, enfrentaram todos os desafios para executar a obra de desbravamento do interior brasileiro.

De dia, labutavam sob o sol escaldante, mas, à noite, as imagens inesquecíveis da terra natal voltavam a povoar seus sonhos. E eis que, de repente, aconteceu o evento que abalou os alicerces do século: a eclosão da Guerra do Japão contra os Estados Unidos e a Inglaterra.

O pensamento dominante entre os conterrâneos durante a Guerra era como se posicionar: voltar para o Japão ou fincar raízes no Brasil? A discussão se estendeu a um terceiro tema, reemigrar para outros países. A discussão foi longa e acirrada, com os debatedores apresentando argumentos muito bem fundamentados.

Para os imigrantes, a discussão sobre se deviam voltar para o Japão, fincar raízes no Brasil ou reemigrar para outros países não se limitava a uma questão de realização econômica pessoal, mas era um assunto muito mais amplo e sério, diretamente vinculado ao sucesso ou não da imigração japonesa na América do Sul. Essa discussão foi encerrada com o fim do

288 ◆ APÊNDICE – IDEOLOGIA

Conflito Mundial, mas não foi uma decisão definitiva, pois é um problema que comporta muitas facetas e variantes, e inevitavelmente voltará ao centro das atenções oportunamente...

Observação[1]: Gostaria de pedir ao leitor que atente para o fato de que este capítulo – que aborda o problema objeto de intensas discussões entre os compatriotas radicados no Brasil – foi escrito na época em que o Japão lutava contra os Estados Unidos e a Inglaterra, e não no pós-Guerra.

A GRANDE MISSÃO DA NAÇÃO JAPONESA E SUA INTERAÇÃO COM OS IMIGRANTES JAPONESES RADICADOS NO BRASIL

Em primeiro lugar, existiria alguma implicação entre a grande missão do Japão, nossa terra natal, e o posicionamento dos imigrantes de fincar raízes no Brasil?

A *hakkō ichiu* (o mundo inteiro sob um só teto)[2], ideologia concebida pelo Japão, define o mundo como uma grande família e tem por objetivo implementar o novo ideal do povo japonês, que, em perfeita comunhão com todos os povos, já vem ensaiando os primeiros passos com vistas à concretização do ideal maior de todos os países, de conviver harmoniosamente.

O ideal do Japão, ao contrário do que pregam alguns conceituados economistas, não tem por objetivo a criação de um bloco econômico asiático, mas engloba um projeto muito mais amplo. O Japão não só se destaca no Oriente, mas é, de fato, o país líder dos destinos do mundo.

Como líder mundial, a grande missão do Japão é lutar pelo progresso e bem-estar de todos os povos do mundo, enviando seus súditos para todos os continentes, e a nossa função atual é desempenhar justamente esse trabalho, isto é, contribuir para a concretização da grande missão do Japão aqui na América do Sul.

---

1. O autor acrescentou essa observação no texto editado em 1962 (N. do T.).
2. Essa frase de fraternidade universal foi utilizada pelo Japão na Segunda Guerra e originou-se da citação do primeiro imperador japonês, Jinmu (711 a.C.-585 a.C.), que consta no *Nihon Shoki* (livro histórico oficial mais antigo do Japão).

Desembarcando de mãos vazias nestas longínquas terras, que o manto protetor e os interesses do Japão ainda não haviam alcançado, os imigrantes japoneses conseguiram, em apenas três décadas de muita paciência, suor e lágrimas atingir, e até superar, o sucesso que imigrantes de outras nacionalidades que aqui tinham chegado com setenta ou cem anos de antecedência não conseguiram estabelecer.

A extensa área de terras férteis que os imigrantes adquiriram e cultivam ultrapassa 24,2 mil quilômetros quadrados, e eles contribuem ativamente para o desenvolvimento econômico, cultural e educacional do país, revelando aos imigrantes procedentes de outros países sua incomum capacidade criativa e realizadora.

Contudo, o povo japonês está agora diante do desafio dos novos tempos, que exige rápidas adaptações às constantes transformações, agravadas pelas desordens que estão agitando a ordem internacional.

Compete, pois, a nós aqui no Brasil agir conscientemente, tendo presentes os princípios de uma visão global ampla e generosa, a fim de que todos os povos possam adotar e usufruir o idealismo inerente ao espírito do povo japonês. Devemos, também, ao marcharmos em direção a um futuro maior, abandonar o excessivo ufanismo preconceituoso que muitas vezes pode resultar em indesejável intolerância e aversão às coisas ou pessoas estrangeiras.

Quando os imigrantes japoneses, após vencerem as incontáveis dificuldades de adaptação no novo ambiente do além-mar, se organizaram em grupos coesos e começaram a competir no mercado local, foram alvos de muitas pressões, invejas, mal-entendidos e perseguições, mas souberam superar, à custa de muita paciência e resistência, é verdade, todas essas variadas formas de manifestação de antipatia e desagrado.

E nessas ocasiões surgem de imediato, em nossas mentes, a imagem da bandeira da nossa terra natal e os vibrantes acordes do *Kimi ga Yo*, o hino nacional japonês. Voltar para a terra natal, abandonando tudo, eis o ímpeto natural que se avoluma no peito de todos os imigrantes.

Mas é exatamente esse o momento determinante do sucesso ou fracasso dos imigrantes que lutaram bravamente no além-mar, até agora.

É possível que, se o imigrante retornar à antiga proteção da ave-mãe, lá terá tranquilidade e satisfação em reencontrar e usufruir as tradições, mas seu ato representará uma redução da célula (o Japão) que está em franco processo de expansão.

É compreensível que se levantem obstáculos àqueles que procuram subir, que barreiras sejam erguidas àqueles que desejam progredir, mas é nessas ocasiões que se faz necessário exteriorizar e praticar o espírito indomável do povo japonês.

É, pois, natural que aqueles que avançam abrindo fronteiras em regiões longínquas e inóspitas sejam obrigados a travar renhidas batalhas, mas, se isso for o preço da consolidação do progresso do Japão e do bem-estar do povo japonês, de bom grado participaremos dessa campanha, dispostos a enfrentar todos os desafios e sacrifícios.

DISCUSSÕES SOBRE A IDEIA DA REEMIGRAÇÃO PARA OS NOVOS TERRITÓRIOS CONQUISTADOS PELO JAPÃO

"Vamos voltar para a terra natal! Vamos criar nossos filhos nos novos territórios do Japão!" Esses eram os slogans que se espalhavam e se intensificavam, como ensurdecedoras ondas do mar enfurecido, entre os imigrantes japoneses, muitos deles já com os pensamentos voltados para as longínquas ilhas do Pacífico Meridional.

Todos têm uma aspiração na vida, mas às vezes não conseguem identificá-la muito bem, até que alguém lhes diga algo que os deixe impressionados. Muitos também passam a atuar em determinada direção acreditando piamente nos ensinamentos propagados por alguém ilustrado ou influente.

Se observamos melhor essas pessoas, constatamos que, em pouco tempo estarão às voltas com problemas, em situações de verdadeiro impasse. Sofrem, vagam à procura de uma trilha salvadora e desperdiçam a maior parte da vida, porque não têm exata consciência de suas habilidades, sua experiência e capacidade; enfim, não conhecem a si próprios.

Ações movidas tão somente por emoções e simpatias, isto é, irrefletidas, desprovidas de firme convicção, não embasadas em experiência e autoconhecimento estão fadadas ao fracasso, e muitos terminam a vida correndo atrás de falsas ilusões.

Enfim, nada impede que o cidadão consciente de suas possibilidades siga para a Ásia Oriental. Outros podem preferir aqui permanecer, continuar desbravando e semeando na imensidão das terras do continente sul-americano, um grão que seja de trigo, o qual poderá ser a semente de um futuro promissor.

A hora é, pois, de decisão, de desembaraçar-se de todas as dúvidas. Firmada a posição, partir para voos mais altos e definitivos.

A seguir, passo a reexaminar, na qualidade de imigrante, o fundamento teórico da ideia, que vem sendo alardeada ultimamente, de reemigração para os novos territórios do Japão.

De início, vou resumir as ideias dos teóricos da reemigração:

1. A fertilidade das terras cultivadas pelos imigrantes japoneses, localizadas nas regiões da estrada de ferro Noroeste, da estrada de ferro Sorocabana e extensões da Companhia Paulista de Estrada de Ferro, está se esgotando, após muitos anos de exploração, e não compensa economicamente investir em diversificação da agricultura. Adubação intensiva também está descartada, principalmente em se tratando de solos arenosos e de relevo acidentado, sujeitos ao processo erosivo, que desgasta rapidamente a camada fértil da superfície do solo.

    Nessas condições, os grandes núcleos coloniais de japoneses encontram-se em um delicado momento de transição. As únicas regiões onde seria viável a implantação de planos com longo prazo de maturação (em torno de cem anos) seriam o norte paranaense, Juquiá e parte da região da estrada de ferro Central do Brasil. Mas mesmo essas áreas, limitadas que são, estarão saturadas de agricultores num futuro próximo.

    Ademais, a paisagem natural do Brasil é muito monótona. O japonês não se adapta a um meio ambiente tão vasto, carente de estímulos e de diversidade. Como a situação nos núcleos coloniais se encontra nessa fase de transição, o momento seria oportuno para reemigrar para os novos territórios do Pacífico Meridional e se dedicar ao progresso daquelas áreas, em consonância com o projeto expansionista do governo japonês.

2. O Brasil deve ser reservado aos brasileiros, que desfrutarão das delícias que a natureza lhes proporciona. Não há necessidade de os japoneses, que não estão sendo bem recebidos, permanecerem aqui os incomodando ou lhes causando mal-estar e aborrecimentos. Urgiria, pois, a mudança para os novos territórios carentes de mão de obra produtiva.

3. Nossos descendentes, nisseis e sanseis, serão inevitavelmente absorvidos pela aculturação do meio ambiente e se abrasileirarão, perdendo pouco a pouco as características do povo japonês. Sem as virtudes e os atributos que os destacam dos demais, desaparece o valor existencial do japonês. Neste momento, estamos proibidos de ler jornais e revistas editados em japonês, bem como de ensinar a língua japonesa aos nossos filhos. Mesmo que um dia cesse essa proibição formal, fortes restrições deverão persistir. Isolados da cultura japonesa e afastando-nos paulatinamente das tradições japonesas, não restariam mais razões para fincar raízes aqui.

4. No início do século 17, Nagamasa Yamada, à frente de um grupo de japoneses, organizou um vilarejo na capital do Sião (Tailândia), que chegou a atingir alto nível de progresso, mas entrou em decadência em virtude da interrupção da ida de novos compatriotas. Da mesma forma, se for interrompido o fluxo de novos imigrantes para o Brasil, o futuro dos compatriotas certamente estaria comprometido.

Em linhas gerais, esse é um resumo das ideias dos defensores da tese de reemigração. As argumentações, baseadas em preocupações com o destino do Japão e das gerações futuras aqui no Brasil, e por isso merecedoras do nosso total apoio e simpatia, são suficientes para seduzir os patrióticos imigrantes a se decidirem pela reemigração.

No entanto, minha percepção é que há uma urgente necessidade de se rever a atual problemática de um ponto de vista mais elevado e abrangente, isto é, sob a óptica da grande missão que o povo japonês deve desempenhar.

Até agora o discurso, um tanto simplista, dos defensores da tese de permanência definitiva no Brasil, essencialmente materialista, era de que "o Brasil tem ótimo clima e recursos naturais em abundância, por isso queremos ficar em definitivo aqui", mas a simples justificativa de que "o país é excelente para morar, pois se ganha dinheiro facilmente" peca por falta de argumentação mais consistente.

Mesmo acumulando grande fortuna, se os filhos não forem devidamente preparados poderão acabar acomodando-se à vida indolente dos caipiras, de nada valendo o pai alardear que "meus filhos são excelentes cidadãos brasileiros". Tudo pode ruir quando menos se espera, e o ex-adepto da tese de permanência definitiva no Brasil passa para o grupo dos imigrantes que pretendem regressar para o Japão, engrossando o quadro daqueles que fracassaram como imigrantes.

Doravante a tese de permanência definitiva no Brasil precisa estar estreitamente ligada ao binômio sangue-terra, com sangue significando povo, e terra significando terra natal. O sucesso do imigrante no estrangeiro se concretizará com base nesse fundamento, e nunca devemos nos esquecer de que somente com a fixação do povo japonês no além-mar é que o Japão poderá exercer efetivamente sua liderança no mundo.

Quanto à tese da reemigração para os novos territórios do Pacífico Meridional, quero, na qualidade de imigrante, expor minha opinião a respeito de cada uma das ideias, oferecendo-a como subsídio para futuras discussões.

TESE DA REEMIGRAÇÃO: TROCAR SOLOS IMPRODUTIVOS POR TERRAS FÉRTEIS DOS NOVOS TERRITÓRIOS

Os primeiros imigrantes que chegaram ao Brasil praticaram uma agricultura bem primitiva, sugando, ano após ano, os nutrientes da terra sem a mínima preocupação em fertilizá-la. Por mais que fosse fértil, depois de vinte, trinta anos de exploração intensiva, é natural que a terra ficasse esgotada. Mas a verdade é que para os imigrantes que aqui chegaram sem nenhum capital, infelizmente não havia opção.

Extensas áreas devastadas por esse método de cultivo foram mais tarde transformadas em pasto para criação de gado. Numa segunda fase da colonização japonesa, muitos imigrantes tornaram-se proprietários de grandes áreas, de cinquenta até cem alqueires, onde construíram casas mais confortáveis, instalaram máquinas de beneficiamento de café, adquiriram automóveis de luxo, mandaram seus filhos aos grandes centros para estudar; enfim, alcançaram excelentes níveis de progresso econômico e cultural.

Na época dos pioneiros a prática de uma agricultura primitivista era inevitável, mas agora, com seus filhos e netos à frente dos negócios, mister se faz adotar um modelo de exploração agrícola mais racional e científico.

No entanto, há pessoas que pensam em reemigrar para o Pacífico Meridional porque as terras ficaram improdutivas e a atividade não está compensando... Contudo, essas pessoas apáticas, com pouca disposição ou inclinadas a especulações e negócios mirabolantes, não terão sucesso nos novos territórios do Pacífico Meridional e não conseguirão contribuir para o êxito da política nacionalista do Japão.

Quem pretende reemigrar para o Pacífico Meridional, Manchúria ou Mongólia deve ir com a disposição de, uma vez lá, permanecer até morrer, com entusiasmo suficiente para transformar o árido deserto em áreas verdejantes e produtivas. Somente procedendo dessa maneira, estará agindo em consonância com o projeto de construção do novo Japão.

Se reemigrar para os novos territórios do Pacífico Meridional com a desculpa de que as terras do Brasil ficaram improdutivas e com o único objetivo de fazer fortuna, os deuses protetores da pátria certamente ficarão muito decepcionados. Se continuar com essa mentalidade de que a vida está difícil porque as terras ficaram improdutivas, o imigrante japonês ficará, para sempre, na mesma categoria dos povos nômades, que se deslocam constantemente de um lugar para outro à procura de água e pastagens.

Por acaso haverá no mundo um lugar com terras a perder de vista, pouco acidentadas e que continuem produzindo ano após ano sem adubação?

Vejam, a propósito, a edificante obra dos imigrantes alemães, que, após desbravar terras pouco produtivas na região serrana de Santa Catarina, conseguiram implantar amplos e aprazíveis núcleos coloniais.

Porém, comparando, o trabalho desenvolvido pelos imigrantes japoneses não fica atrás. Com efeito, foi notável sua participação no progresso econômico do estado de São Paulo: fundaram cidades progressistas em várias localidades do interior e hoje são, depois de desbravarem com muito sacrifício a mata virgem, proprietários de aproximadamente 24,2 mil quilômetros quadrados de terras cultivadas.

Assim, podemos afirmar que os imigrantes japoneses estão em pé de igualdade com os imigrantes alemães quando se analisa a contribuição dos dois povos no processo de desenvolvimento econômico-social do Brasil.

Já decorreram quase cinquenta anos desde que os primeiros japoneses emigraram – Estados Unidos, países das Américas Central e do Sul, países do Pacífico Meridional, Manchúria, Mongólia, Austrália e até os mais distantes recantos do mundo – em busca de um local para morar definitivamente. Mas será que existe algum lugar no mundo onde quase todos os imigrantes japoneses, excetuados alguns casos isolados que não deram certo, após terem desembarcado com uma mão atrás e outra na frente, conseguiram, em vinte ou trinta anos de muito trabalho e determinação, adquirir no mínimo dez, vinte e até quarenta alqueires de terra e desfrutar uma vida tranquila financeiramente?

Acredito que isso aconteceu somente no Brasil...

É por isso que levas e levas de imigrantes do mundo inteiro continuam chegando ininterruptamente aqui, e essa é a prova incontestável de como é este um país promissor.

O ideal do povo japonês, que todos esperam seja concretizado no futuro, consiste na reconstrução da ordem e da organização social decadente, e é justamente nesse processo que ocorrerá o nascimento de um novo povo e de uma nova nação.

TESE DA REEMIGRAÇÃO:
ALÉM DE NÃO SERMOS BEM RECEBIDOS,
ESTAMOS EM CONSTANTE CONFRONTO
COM OS POVOS OCIDENTAIS

O Brasil é um país em formação, que está se desenvolvendo graças à participação de capital, tecnologia, ciência e recursos humanos dos países estrangeiros, mas, nas atuais circunstâncias, é muito difícil prever grande progresso a curto prazo.

Se os japoneses se retirarem, o país fatalmente se transformará em base de operações para os negócios e interesses dos Estados Unidos, da Inglaterra, da Itália, de Portugal e da Rússia.

O sentimento de superioridade e vaidade dos anglo-saxões, que, por muitos séculos, dominaram o mundo, está tentando fechar as portas aos japoneses, que começam a despontar no cenário mundial.

Ao examinarmos a história da imigração japonesa no Brasil, constatamos que, no início, quando éramos trabalhadores mal remunerados, nos tratavam muito bem, pois éramos exemplos de homens dedicados e inteligentes. Porém, à medida que progredíamos, tornando-nos comerciantes e profissionais técnicos, eles passaram a sentir que estavam sendo ameaçados pela concorrência daqueles que até então consideravam seus subalternos. Preocupados em conservar suas posições, mas principalmente no afã de defender o amor-próprio ferido, iniciaram uma insidiosa campanha de difamação contra nós.

Repetindo slogans como "Os japoneses são imigrantes indesejáveis", "O povo japonês é refratário a outras culturas", "Os japoneses devem ser expulsos", começaram a nos hostilizar impiedosamente. Os japoneses resistiram a todas as pressões, e um retrospecto da história da fixação do povo japonês ao redor do mundo indica que, de modo geral, os imigrantes sustentaram, ao longo do tempo, uma constante luta contra os povos ocidentais. Se eles tivessem capitulado e debandado em seguida, jamais o grande ideal do Japão veria a luz do dia, jamais os imigrantes teriam conseguido progredir.

A expansão dos japoneses mundo afora nunca teve por objetivo monopolizar e explorar o povo nativo para se locupletar. Os imigrantes desejam construir um novo país, convivendo pacificamente com a população local em busca da coprosperidade, razão por que nós aqui precisamos também prosseguir no caminho sem alterar nossa convicção original.

A título de comparação, vejamos a política colonialista adotada pelos países europeus: alguns deles tinham planos de coexistência e coprosperidade?

Todas as ex-colônias, sem exceção, conquistaram à força suas independências – os Estados Unidos, da Inglaterra; o Brasil, de Portugal; as demais colônias sul-americanas, da Espanha –, ansiosas para se livrarem da exploração predatória que sofriam das respectivas metrópoles.

O que aconteceu na Índia? O nível de vida das populações das Filipinas, Indochina Francesa e Índia Oriental Holandesa melhorou? Todos os recursos investidos pelos colonizadores foram direcionados para gerar lucros unicamente para eles, e pouco se preocupavam com o futuro das colônias e muito menos com o bem-estar da população local. Até na vizinha China, os europeus e norte-americanos já estenderam seus tentáculos, colocando sob seu controle políticos subservientes, militares e estudantes. Ações como boicote contra produtos japoneses, violação de direitos adquiridos dos japoneses e atentados contra a integridade física dos japoneses já fazem parte do cotidiano. E tanto nas Filipinas quanto na Índia Oriental Holandesa, que recentemente vêm se destacando como novas economias do Oriente em ascensão, nossos compatriotas vêm suportando pacientemente, ao longo dos últimos trinta anos, tratamento desumano e violências por parte dos colonizadores opressores.

Vejamos um relato preparado cinco anos atrás, procedente da Ilha de Mindanao, Filipinas:

Trinta anos atrás, imigrantes japoneses fixaram-se em Davao, no extremo sul das Filipinas, uma região tropical inexplorada, extremamente úmida e quente (49°C), habitada por tribos selvagens. Desbravando a mata virgem e se defendendo dos guerreiros da tribo *bagobo* que os atacavam com adagas envenenadas, enfrentando ameaças de toda espécie, principalmente doenças endêmicas, conseguiram cultivar 50 mil *chôbus* (aproximadamente 20 mil alqueires) ao longo dos trinta anos. Enormes foram

298 ◆ APÊNDICE – IDEOLOGIA

os sacrifícios, pois cerca de 5 mil pessoas tombaram e jazem nos cemitérios locais. Eis então que surge no congresso nacional projeto de lei fundiária propondo o confisco do capital e até dos direitos de arrendamento dos japoneses, que haviam investido 50 milhões de pesos (83 milhões de ienes à taxa cambial da época). Os japoneses já estavam proibidos de se dedicarem à atividade pesqueira, e médicos japoneses estavam também sendo sumariamente proibidos de exercer a profissão.

Nessas insuportáveis condições é que mais de 15 mil compatriotas lutavam, defendendo com unhas e dentes as terras que desbravaram com tanto sacrifício, enfrentando o calor abrasador do clima equatorial. Jamais podiam imaginar que as terras que pisavam, hoje, fazem parte dos territórios que integram a esfera de coprosperidade da Ásia Oriental.

Em qualquer lugar do mundo a história construtiva dos denodados imigrantes japoneses, que conseguiram superar todos os sacrifícios e obstáculos, registra episódios semelhantes.

TESE DA REEMIGRAÇÃO: FORÇA E EFEITO DO MEIO AMBIENTE E A NOVA MISSÃO A SER CUMPRIDA PELOS PROFESSORES DE LÍNGUA JAPONESA

Acredito ser esta terceira tese da reemigração a mais consistente do movimento. Estou plenamente de acordo com ela. Acho válida a ideia dos que se preocupam com o futuro dos nossos descendentes e considero da maior importância o ensino da língua japonesa, que deverá ter continuidade com todo o empenho e esforço, em quaisquer circunstâncias, a fim de garantir a boa formação das futuras gerações.

Esse problema tem suscitado as maiores dúvidas e inquietações nos nossos compatriotas até hoje e, para mim, pai de seis filhos, também tem ocupado o centro das minhas preocupações nestes últimos vinte anos de vida no exterior.

Uma questão crucial relacionada ao ensino da língua japonesa é: quais são as características e virtudes dos japoneses?

Resumindo, podemos dizer que elas se manifestam na enérgica e suprema força espiritual que está no cerne do povo japonês. Essa força espiritual do povo não é algo que se adquire num instante; pelo contrário, deve ser cultivada pouco a pouco ao longo dos anos. Por isso, ao fixar-se em um país remoto e desconhecido, se o imigrante não se esforçar continuamente para mantê-la, acabará assimilando as características do meio em que vive, conforme atestam os inquestionáveis exemplos ocorridos no passado.

Daí a grande questão para discussão e reflexão: ensinar ou não o idioma japonês aos nossos filhos, transmitir as virtudes e os valores do povo japonês às gerações futuras ou deixar que se misturem aos nativos, em um processo aculturação?

O ensino da língua japonesa, objeto de discussão, não consiste somente em ensinar os caracteres japoneses; trata-se da formação cultural do cidadão, o que lhe permitirá incorporar os valores morais e éticos dos antepassados, desenvolvidos *pari passu* ao progresso histórico da nação japonesa.

Até agora, os imigrantes preocuparam-se em demasia com o aspecto material, a acumulação de riqueza, e negligenciaram a formação espiritual dos filhos. Em consequência, os pais tornaram-se milionários, mas os filhos transformaram-se em caboclos incapazes de administrar o patrimônio acumulado. O que podemos aprender dos exemplos de imigrantes que, embora abastados, terminaram seus dias amargurando o triste destino dos filhos?

O idioma japonês não é apenas um instrumento para expressar nossas vontades e disposições do espírito. Se for apenas o meio de transmissão dos desejos e sentimentos, de entendimento entre pais e filhos, futuramente, quando chegarmos à geração dos nisseis e sanseis, o idioma japonês será até dispensável, pois o português será suficiente. Ou o inglês, o chinês ou qualquer outro idioma. Entretanto, o idioma japonês é o solo, o sol, a água, o ar para quem tem em suas veias o sangue japonês. No âmago desse idioma está viva a história genuína, sublime e vigorosa do povo japonês, e no timbre de uma palavra, na expressão verbal de um texto literário estão vibrantes a pulsação e os sentimentos dos nossos antepassados. O *tanka* (composição poética japonesa de 31 sílabas) em português, reproduzido abaixo, não consegue transmitir nem os valores tradicionais da pátria nem as sensibilidades e emoções vividas pelos antepassados.

300 ◆ APÊNDICE – IDEOLOGIA

A fragrância da cerejeira em flor à luz da manhã
é a expressão, em toda a plenitude, do autêntico espírito japonês
Shikishima no yamato gokoro o hito towaba
Assahi ni niou yamazakurabana

De fato, a extensão territorial, a natureza e o sentimento humano ligados à pátria encerram em seu cerne uma impressionante vitalidade. Nosso idioma não obedece aos mesmos princípios e leis que regem a matemática ou a química, porque no seu âmago estão presentes o indelével timbre que emana do solo, os sonhos e sentimentos vigorosos do povo que foram se sedimentando ao longo dos tempos. Embora seja possível dar uma ideia do seu conteúdo, e por mais talentosa que seja a tentativa de traduzir esse poema utilizando palavras e expressões em língua estrangeira, será muito difícil atingir o seu verdadeiro sentido. Portanto, o sucesso material do imigrante que descartou o idioma pátrio transforma-se em algo que preservou apenas a forma, mas perdeu o conteúdo e a autenticidade do povo japonês.

O povo japonês precisa conscientizar-se de que, em qualquer circunstância, seja para onde migrar, tem de conviver para sempre com o idioma japonês. A propósito, há uma frase de Fichte que merece ser profundamente meditada: "Em vez de a linguagem ser um produto do povo, o povo é, de longe, um produto da linguagem". Mesmo que o imigrante consiga ser proprietário de dez alqueires de terras, se ele não proporcionar boa formação a seus filhos torna-se um fracassado. Enquanto estiver pensando "agora estou ocupado", "estou sem tempo", "providenciarei oportunamente", o tempo vai passando, os filhos vão crescendo sem preparo, e, quando perceber, já será tarde. Tudo terá sido em vão! Portanto, a maior e mais importante incumbência de cada um dos japoneses que migraram para o exterior consiste em proporcionar aos seus filhos, no lar, sólido conhecimento da língua japonesa, bem como fundamentos de comportamento de um cidadão japonês. Quem tiver condições deve encaminhá-los a escolas particulares, internatos ou outros locais apropriados, como o Kinrobu. Se estivessem no Japão, o governo assumiria esses encargos, mas, vivendo nesta remota região do mundo, cada um precisa cuidar de si.

Expus minha opinião sobre o ensino da língua japonesa enfatizando quão importante é para a formação das crianças, e os senhores poderão então indagar-me o que penso sobre a educação delas em escolas brasileiras. No meu entender, o verdadeiro sucesso dos imigrantes neste país só será possível pela integração com os brasileiros e participando ativamente de ações conjuntas com eles.

Reforçando meu ponto de vista, entendo que, para serem bem-sucedidos no Brasil, nossos filhos – já robustecidos com as virtudes e excelências do povo japonês – precisam estudar em escolas brasileiras e se preparar, intelectual e tecnicamente, para poder competir em pé de igualdade com os brasileiros, da classe média para cima.

O Japão é um país que investiu maciçamente na educação, o que lhe rendeu notável destaque no concerto geral das nações. Os japoneses, em qualquer lugar do mundo em que estiverem, precisam se empenhar ao máximo para cumprir sua verdadeira missão, e a educação é o instrumento que lhes permitirá alcançar todos os objetivos. Estudando nas escolas brasileiras e adaptando-se às peculiaridades e realidades do país, nossos filhos haverão de dar continuidade à grande obra iniciada pelos pioneiros.

Mandar nossos filhos às escolas brasileiras não significa prepará-los para serem futuros assalariados. O importante é proporcionar, pela assimilação da cultura e da tecnologia, condições para que eles possam, como cidadãos cônscios de suas responsabilidades, vencer nas áreas de atuação que escolherem, honrando as tradições de seus antepassados.

A educação dos nisseis e sanseis se completará, portanto, com o estudo da língua japonesa, para a formação do cidadão imbuído do espírito japonês, e pela frequência às escolas brasileiras para aquisição de conhecimentos e instrumental indispensáveis para serem valorizados e reconhecidos na sociedade brasileira.

302 ◆ APÊNDICE – IDEOLOGIA

TESE DA REEMIGRAÇÃO:
INTERRUPÇÃO DO FLUXO MIGRATÓRIO E O
FUTURO DOS NOSSOS COMPATRIOTAS

Ao discutirmos as teses da reemigração como um movimento que poderá afetar profundamente o destino dos imigrantes japoneses radicados no Brasil, necessário se faz um exercício de autocrítica paralelamente à análise da ascensão e queda das grandes realizações conduzidas por nossos antepassados, séculos antes, em distantes regiões do além-mar.

Inicialmente, examinemos a grande obra levada a efeito no Reino do Sião por Nagamasa Yamada e as causas do seu declínio e desaparecimento, pois hoje só restam algumas ruínas do antigo esplendor.

1. Diluição do sangue do povo japonês. Nagamasa, o chefe militar que, liderando guerreiros derrotados do general Toyotomi, desembarcou solteiro no Reino do Sião, casou-se com mulher nativa, exemplo que foi seguido pela maioria dos homens solteiros, dando início ao processo de miscigenação.

   Na época, os países do sul da Ásia eram chamados de *Tenjiku* (Índia) e *Nanban* (países bárbaros do sul), descritos como locais medonhos, habitados por monstros vermelhos e azuis. Mulheres e crianças jamais admitiam seguir para tais regiões acompanhando os homens. Por isso, nada mais natural que jovens vigorosos, na flor da idade, acabassem casando-se com as mulheres nativas.

   Nos dias atuais, viajando por Sumatra e Bornéu, é comum encontrar comerciantes e funcionários do governo das Índias Holandesas casados com moças nativas. Explica-se: como são raríssimas as mulheres europeias dispostas a morar nessas remotas regiões do mundo, é muito natural que os homens acabem unindo-se às mulheres nativas e encerrando seus dias na obscuridade.

   Consta que rapazes japoneses que emigraram para o Peru e México casaram-se com moças nativas e inevitavelmente deram início a um processo de aculturação. Da mesma forma, na extraordinária obra de Nagamasa Yamada, observa-se que o sangue herdado dos antepassados foi diluído por conta da miscigenação.

2. Falta de transmissão da língua japonesa. Analisando os fatos, percebe-se que a causa da derrocada daqueles japoneses – que se casaram com mulheres de outras nacionalidades – foi não ter transmitido a língua japonesa aos seus descendentes. Mesmo que um povo consiga estender seus domínios pela força, se não se preocupar com a língua pátria, um dia está fadado a desaparecer.

O grande guerreiro Nagamasa Yamada desembarcou no Reino do Sião comandando uma expedição, conseguiu impor-se, ficou famoso, mas não se preocupou em transmitir a língua japonesa para seus filhos e os filhos dos comandados. Assim, quase nada restou da sua presença. Nenhuma influência japonesa visível pode ser hoje detectada naquele país. É muito provável que a negligência e a falta de visão de Nagamasa tenham sido as grandes causas do desaparecimento de sua obra, no curto período de uma única geração.

3. Falta de liderança e retorno dos pais ao Japão. Quando Nagamasa partiu em perseguição a Kaukwaboku, súdito desleal do rei, e morreu inesperadamente vítima de envenenamento tramado por aquele súdito, os comandados japoneses que ficaram sem o líder embarcaram, movidos pelo sentimento de saudades da terra natal, um após outro, de volta para o Japão. Infelizmente, não foi adiante a grande epopeia iniciada por Nagamasa.

Em agosto de 1633, até Oen, filho de Nagamasa, desembarcou em Hirato (Japão) sob a proteção de alguns comandados remanescentes do pai.

Os japoneses que emigraram para o Reino do Sião viajaram deixando pais, irmãos, mulheres e filhos, com o objetivo único de fazer fortuna em pouco tempo e voltar para a terra natal, ricos e bem-sucedidos. Por isso, quando a situação ficou difícil, quase todos rapidamente retornaram para o Japão, com exceção daqueles que haviam se casado com mulheres nativas ou por outro motivo qualquer.

4. A adoção de uma política isolacionista pelo governo de Tokugawa. Proibiu-se, terminantemente, a saída de japoneses para o exterior, e a partir de então até os jovens mais ousados, sedentos de aventurar-se no exterior, desistiram de fazê-lo, pois, se suas intenções chegassem ao

conhecimento das autoridades, eles eram sumariamente executados, punição que era considerada a mais vergonhosa para as famílias.

A tentativa de Nagamasa Yamada de estabelecer-se no Reino do Sião teve um triste fim, figurando apenas como uma efêmera campanha militar nos anais da história. Entre outras causas do fracasso, podem ser apontadas: a diluição do sangue japonês, o completo abandono do aprendizado da língua japonesa pelos descendentes, o retorno dos pais para o Japão e a política isolacionista de Tokugawa, que proibia os japoneses de viajarem para o exterior.

A história da campanha japonesa no Reino do Sião não pode ser utilizada como exemplo para prejulgar o futuro dos japoneses no Brasil, tendo em vista as duas situações diferentes no espaço e no tempo, mas ela pode nos oferecer ensinamentos úteis para a tomada de decisões quanto ao nosso futuro, e creio que seja oportuno reexaminar aquela experiência japonesa no Sudeste Asiático.

JAPONESES NO SUDESTE ASIÁTICO E NO BRASIL: VIABILIDADE DE SUCESSO COM BASE NA FAMÍLIA

A exemplo de Nagamasa Yamada, até hoje a maioria dos japoneses que emigravam era constituída por homens desacompanhados de seus familiares.

Durante a longa vida solitária no exterior, o imigrante que deixou toda a família para trás fica muito sensível a doenças e perturbações mentais. Sozinho, na solidão de um país estrangeiro, de língua, usos e costumes diferentes, o imigrante torna-se prisioneiro de saudades da terra natal, melancólico e incapaz de levar adiante seu grande sonho inicial. Com a ideia fixa de que, depois de dez, vinte anos, poderá voltar para o Japão, ele fica propenso a tentar uma grande tacada ou então ficar vivendo de pequenos expedientes. Enquanto isso, o tempo vai passando e, quando se dá conta, já está velho e acabado.

No Brasil, felizmente, a situação dos imigrantes japoneses está melhor, pois estão estruturados em famílias em que marido, esposa e filhos bem irmanados conseguem juntar esforços para vencer os imensos desafios de um país completamente desconhecido para eles.

No âmago dessas famílias, estão ocultas, sob muitos aspectos, as antigas tradições japonesas herdadas dos antepassados. Com o passar dos anos, os filhos crescidos se desmembrarão, constituindo novas famílias, as quais fortalecerão e ampliarão os laços de solidariedade.

JAPONESES NO SUDESTE ASIÁTICO E NO BRASIL: EQUILÍBRIO NUMÉRICO ENTRE HOMENS E MULHERES CONSERVARÁ O SANGUE JAPONÊS

A relação entre homens e mulheres em nossa comunidade está equilibrada, porque os imigrantes vieram para cá constituindo núcleos familiares. Noventa e oito por cento dos casamentos estão sendo realizados entre membros da comunidade, um fato bastante auspicioso, pois contribui para a preservação do sangue japonês.

Na comunidade japonesa, a proporção entre a população masculina e a feminina está equilibrada, em torno de 90%, uma vez que, para 10 mil homens, há 8,96 mil mulheres. A taxa de natalidade em 1940, ano anterior ao do fechamento do consulado japonês, foi de 9,8 mil nascimentos (3,9%), tudo indicando que, atualmente, a comunidade japonesa deve estar aumentando em mais de dez mil crianças por ano. Essa elevada taxa de natalidade, com a distribuição equilibrada do número de habitantes dos dois gêneros, é indicativa de um promissor crescimento da população e da atividade econômica dos japoneses no Brasil.

Em outros países para onde jovens japoneses emigraram e até conseguiram relativo sucesso, muitos retornaram para o Japão, abandonando grandes ideais por falta de mulheres japonesas para constituir famílias, ou casaram-se com mulheres nativas, contribuindo para a diluição da presença japonesa naquelas regiões.

306 ◆ APÊNDICE – IDEOLOGIA

No Brasil, felizmente, os homens não têm encontrado dificuldades para se casarem com patrícias e, consequentemente, não precisaram abandonar tudo e voltar para o Japão. Adaptaram-se aos costumes locais e conseguiram alcançar a necessária tranquilidade para se dedicar de corpo e alma às suas atividades.

JAPONESES NO SUDESTE ASIÁTICO E NO BRASIL: INTERRUPÇÃO DO FLUXO MIGRATÓRIO E SEUS REFLEXOS NO SEIO DA COMUNIDADE JAPONESA

A interrupção do fluxo migratório não implica necessariamente fracasso ou extinção da presença japonesa no Brasil. Seria de todo desejável que novos contingentes chegassem, pois trariam as últimas novidades do Japão, além de novos estímulos para nós, mas é sabido que esse fluxo pode não ser permanente.

Cabe a nós, pois, redobrar esforços e desenvolver iniciativas cada vez mais criativas objetivando o progresso e o bem-estar da nossa comunidade.

Diferentemente de quando os imigrantes ficavam totalmente isolados da terra natal como se fossem desterrados, o progresso dos meios de comunicação aproximou-nos consideravelmente do Japão. Notícias chegam por meio de livros, jornais e revistas, e até vozes e sons podemos captar diretamente do Japão com receptor de rádio, de modo que não estamos tão distanciados ou alheios aos acontecimentos de lá.

Seria, pois, grande insensatez comparar a nossa situação com a de trezentos anos atrás, quando nem mesmo troca de correspondências era possível entre os que ficaram e os que se aventuraram nas desconhecidas terras do sul da Ásia, onde os japoneses só ouviam notícias da pátria e tomavam consciência de que eram japoneses quando um esporádico viajante desembarcava vindo do Japão.

Mas não podemos ser desorganizados. Precisamos urgentemente conscientizar nossos filhos de que são cidadãos *nikkeis* e transmitir-lhes as virtudes e características inerentes ao povo japonês. Precisamos preparar criteriosamente a geração que nos sucederá.

Posicionando-nos na mesma situação de japoneses que chegaram a uma terra estrangeira, nossa missão é difundir para o mundo inteiro a extraordinária obra de nossos antepassados, que se dirigiram em frágeis embarcações para os mares do sul do Pacífico e iniciaram numa remota região do mundo um trabalho de desbravamento que infelizmente desapareceu, mas que pode ser perfeitamente reconstituído pelos vestígios ainda existentes.

Atualmente, nossos desafios são mais complexos. Temos que vencer problemas e obstáculos de outras naturezas, mas o verdadeiro desafio dos japoneses que se deslocaram até estas longínquas terras resume-se à questão da formação espiritual das novas gerações.

O espírito não é algo inato ou preexistente, mas deve ser aos poucos e continuamente desenvolvido, procurando atingir a perfeição sempre em consonância com as transformações do mundo e as ideias dos novos tempos. A exemplo do que ocorreu com o tradicional *bushidō* (código de ética dos samurais), cujos preceitos foram aprofundados com contribuições do zen-budismo procedente da China até aproximar-se do supremo sentimento de plenitude, o espírito também deve ser aprimorado continuamente, pois, se prevalecer o egoísmo rapidamente o verdadeiro espírito definhará.

O que é benéfico para si deve ser admirado e seguido por pessoas de outros países, isto é, nossas qualidades e virtudes devem ser válidas no mundo inteiro. Nossa missão consiste em difundir mundialmente as características e os fundamentos do espírito japonês, que busca a harmonia e a confraternização entre os povos para, juntos, construir um novo mundo, uma nova sociedade, pautada nos princípios de paz e justiça.

Desse ponto de vista, nossos filhos, que nasceram e estão crescendo no exterior, são representantes da integração entre as culturas oriental e ocidental. Assimilando a cultura dos seus pais e a do país receptor, deverão erigir uma nova cultura, cabendo a eles a importante missão de idealizadores e construtores do Japão de amanhã.

Referências Bibliográficas

ARATA, Sumu. *Senjika no Nihon Imin no Junan (Provações dos Imigrantes Japoneses durante a Guerra)*. s.l., s.e., 2011.

BRASIL. *Decreto-lei nº 4.166*, 11.3.1942. Dispõe sobre as indenizações devidas por atos de agressão contra bens do Estado Brasileiro e contra a vida e bens de brasileiros ou de estrangeiros residentes no Brasil. Disponível em https://goo.gl/UGDTXN. Acesso em 27.3.2018.

COMISSÃO PARA EDIÇÃO DO LIVRO SOBRE OS SETENTA ANOS DA IMIGRAÇÃO JAPONESA. *Brasil Nihon Imin 70-nenshi 1908-1978 (Setenta Anos da Imigração Japonesa no Brasil 1908-1978)*. São Paulo, Sociedade Brasileira de Cultura Japonesa, 1981.

COMISSÃO DE ELABORAÇÃO DA HISTÓRIA DOS OITENTA ANOS DA IMIGRAÇÃO JAPONESA NO BRASIL. *Burajiru Nihon Imin 80-nenshi (Uma Epopeia Moderna – Oitenta Anos da Imigração Japonesa no Brasil)*. São Paulo, Hucitec/Sociedade Brasileira de Cultura Japonesa, 1992.

CYTRYNOWICZ, Roney. *Guerra sem Guerra: A Mobilização e o Cotidiano em São Paulo durante a Segunda Guerra Mundial*. São Paulo, Edusp, 2002.

DAVIS, Fred. *Nostalgia no Shakaigaku* (Sociologia da Nostalgia). Kyōto, Sekai Shisōsha, 1990.

HANDA, Tomoo. *O Imigrante Japonês: História de sua Vida no Brasil*. São Paulo, T. A. Queiroz/Centro de Estudos Nipo-brasileiros, 1987.

HIRATSUKA, Lúcia. *Os Livros de Sayuri*. São Paulo, Edições SM, 2008.

HOSOKAWA, Shuhei. *Tōku ni Arite Tsukuru Mono (O que se Constrói à Distância)*. Tóquio, Mimizu Shobō, 2008.

IKUTARO, Aoyagi. *Burajiru ni Okeru Hōjin Hattenshi (História do Progresso dos Japoneses no Brasil)*. Tóquio, Comissão de Edição e Publicação, 1941.

KISHIMOTO, Koichi. *Banchi no Ue ni Nichirin Meguru (O Sol Circula sobre Terras Selvagens)*, 1958.

310 ◆ REFERÊNCIAS BIBLIOGRÁFICAS

KOUYAMA, Rokuro. *Imin 40-nenshi (História dos Quarenta Anos de Imigração Japonesa)*. São Paulo, Independente, 1949.

LESSER, Jeffrey. *A Negociação da Identidade Nacional: Imigrantes, Minorias e a Luta pela Etnicidade no Brasil*. São Paulo, Editora Unesp, 2001.

MAEYAMA, Takashi. *Ibunka Sesshoku to Aidentiti (Contato com Culturas Diversas e Identidade)*. Tóquio, Ocha no Mizu Shobō, 2001.

MATSUDA, Tokiji. *Burajiru Colonia no Senkusha Kishimoto Koichi (Koichi Kishimoto, Pioneiro da Colônia no Brasil)*. Niigata, Niigataken Kaigai Iju Kazokukai, 1998.

MORAES, Fernando. *Corações Sujos*. São Paulo, Companhia das Letras, 2000.

OKUBARO, Jorge. "A Tragédia como Destino". *In*: _____ & MOTOYAMA, S. (orgs.). *Do Conflito à Integração: Uma História da Imigração Japonesa no Brasil. Volume II (1941-2008)*. São Paulo, Paulo's, 2016.

_____. *O Súdito (Banzai, Massateru!)*. São Paulo, Terceiro Nome, 2006.

PERAZZO, Priscila Ferreira. *Prisioneiros da Guerra: Os "Súditos do Eixo" nos Campos de Concentração Brasileiros (1942-1945)*. São Paulo, Humanitas/Imprensa Oficial/Fapesp, 2009.

SHIRAISHI NETO, Joaquim & SHIRAISHI, Mirtes Tieko (orgs.). *Código Amarelo: Dispositivos Classificatórios e Discriminatórios de Imigrantes Japoneses no Brasil*. São Luís, Edufma, 2016.

SHOIN, Teikoku. *Burajiru Rikkokai 40-nenshi (História dos Quarenta Anos do Rikkokai do Brasil)*. s.l., s.e., 1963.

TAKEUCHI, Márcia Yumi. *O Perigo Amarelo em Tempos de Guerra (1939-1945): Módulo III – Japoneses*. São Paulo, Arquivo do Estado/Imprensa Oficial, 2002.

TAVARES, Rodrigo Rodrigues. "Japoneses em Santos. 1908-1943". *In*: TUCCI CARNEIRO, M. L. & TAKEUCHI, M. Y. (orgs.) *Imigrantes Japoneses no Brasil: Trajetória, Imaginário e Memória*. São Paulo, Edusp, 2010.

TOYAMA, Osamu. *Cem Anos de Águas Corridas*. São Paulo, AGWM, 2009.

YOKOTA, Paulo. *O Olhar dos Nisseis Paulistanos*. São Paulo, JBC, 2008.

MATÉRIAS JORNALÍSTICAS

DEUTSCHE Welle Brasil, 22.8.2017. Disponível em https://goo.gl/6iuSPn. Acesso em 2.4.2018.

DIÁRIO da Noite, 9.3.1942, pp. 1-2.

FOLHA da Noite, 18.3.1942, capa. Disponível em https://goo.gl/39UweM. Acesso em 15.4.2018.

FOLHA da Noite, 15.5.1948, p. 7.

FOLHA da Manhã, 15.5.1948, p. 3.

O ESTADO de S. Paulo, 10.3.1942, p. 2.

O ESTADO de S. Paulo, 15.5.1948, p. 8.

CULTURA Japonesa no Brasil, vol. 2. São Paulo, Editora União Nikkei, 2016.

TAKAGI, Toshiro. *"Kyōshin"* (Fanatismo). *Mainichi Shimbun*, s.l., 1970.

CADERNO
FOTOGRÁFICO

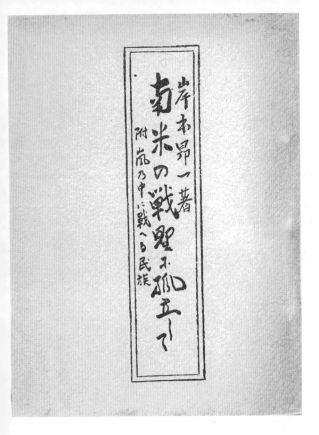

Primeira edição (1947) à esquerda, terceira edição (1962) à direita.

南米の戰野に孤立して

第一篇　目次

海岸地帶の同胞四千人の立退命令
- 日本人興家五十家族立退命令 ……… 八
- 市内の日本人、立退命令 ……… 一二

昔懷しコンデ街！
- コンデ街の初期 ……… 一四
- コンデの中世期 ……… 一六
- 近世コンデ街と立退命令 ……… 一九

日伯國交斷絶 ……… 一
資金凍結下の苦惱 ……… 二
日本語敎育受難 ……… 四

日本の大使、總領事監禁さる
- サントス港から日本人の影消ゆ ……… 三
- 獨伊に對する宣戰布告文 ……… 三
- 卵賣りの一日本婦人
- アメリカのデマ宣傳 ……… 三

軍籍にある二人の二世
- (一)ラテン語の記事もいかん ……… 四
- 街頭から牢屋行き ……… 元
- 祖國の聖恩に咽ぶ ……… 元
- (二)東京のラヂオを聽いて引張らる… 三
- (三)無實の罪に引立てられた青年…… 咒

彼の堂々たる言辭に危難を脫した …… 四一

日本人此所にあり
- 脇山大佐の投獄
- 伯國陸軍士官パウロ・カタヤマ …… 至三
- 夜牛、日本語の本を土中に埋める母と娘 …… 七一

Primeira parte do Sumário de capítulos do Território em Guerra, 1ª edição.

8.8.1928 – Koichi com alunos na escola da colônia Borá, município de Promissão, SP.

6.3.1930 – Koichi com alunos (sua esposa Hagino e os filhos Clara e Luís assinalados) na fazenda União, município de Lins, SP.

Novembro de 1932 – Koichi com 71 alunos de Itaquera, bairro da zona leste da cidade de São Paulo.

29.7.1934 – Primeiro ano do Gyosei Gakuen na rua Miguel Isasa, 129 (atual avenida Faria Lima) – alunos do internato e do curso de japonês.

8.12.1935 – Solenidade em sala de aula.

1935 – Gyosei Gakuen – quarto ano de funcionamento (35 alunos internos, 85 externos).

1936 – Professores e alunos na rua Miguel Isasa: no centro da foto Koichi, à sua esquerda o professor Toita, à sua direita a professora Ogawa.

Koichi, sua esposa Hagino e os filhos Matsue e Luís (à esquerda com outra família) na lavoura de café de uma fazenda do Noroeste do estado de São Paulo (ano provável 1925).

Durante a Segunda Guerra (1944) – Família Kishimoto na rua Miguel Isasa, 129 (de pé, da esquerda para a direita: Clara, Koichi, Luís; sentados: Ruth, Taiko, Hagino, Yotsugui e Isaac).

1934 – Hagino na casa da rua Miguel Isasa, 129, em Pinheiros, bairro da cidade de São Paulo.

Retrato da família Kishimoto na festa de bodas de ouro, 18 de outubro de 1969. Frente: Kishimoto e Hagino; atrás, da esquerda: Ruth, 2ª filha, Yotsugi, 3º filho, Taiko, 3ª filha, Luiz, primogênito, Clara, primogênita, Isaac, 2º filho.

Edição de 10 de julho de 1943 do jornal A Tribuna de Santos (AESP) que reporta a expulsão dos japoneses.

A crítica literária "Um Livro-salada que Merece Reparo", de autoria de S. Mitani, publicada na página portuguesa da edição de 26 de fevereiro de 1948 do Jornal Paulista deu causa à prisão de Kishimoto.

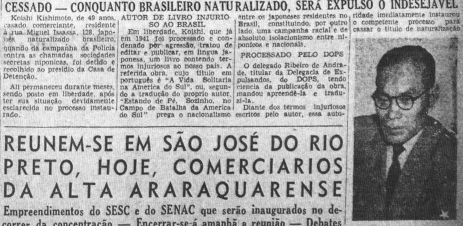

A Folha da Noite, *de 15 de maio de 1948, que reporta um "Livro Injurioso ao Brasil". Curiosamente, a foto exibida parece ser a de Tsugio Kishimoto.*

com a alemanha nazista). - E a fls.63 verso diz: "Os imigrantes devem decidir o seu futuro baseado em seus filhos" ainda a fls. 64, diz: "Qual o ideal da mocidade ? Transformai em jardim as terras devastadas" - "Terra de Mel e Leite". "Os japonezes no Brasil encontraram grande benevolencia durante a guerra, em comparação aqueles residentes em outros paizes." Ainda a fls.65, diz o acusado: "Não vos torneis nomadas, mas amae as terras e dae a vida a sua terra." "O japones e povo que crêa". - As testemunhas ouvidas a fls.69, e seguintes nada articulam contra o procedimento do acusado, e dizem que ele escreveu o dito livro, ser ele professor que ao mesmo tempo exerce a profissão de tintureiro, tendo seis filhos brasileiros, e uma pensão onde acolhe moços que estudam. - Alias, a testemunha Manoel Domingos Malta (fls.73) diz que o acusado e pessoa ordeira e muito seira, sem procedimento que indique atividade politica. - E a outra testemunhas de fls.74, que e tradutor publico, mostra que o espirito do livro escrito pelo acusado e narrativa dos acontecimentos durante a guerra.- Por todas as considerações acima expostas, julgo improcedente a acusação e absolvo o denunciado Koichi Kishimoto do pedido de fls.2. Custas na forma da lei. Datilografei S.Paulo, 13 de Março de 1950. (a) Francisco Cardoso de Castro. - Nada mais, se continha em dita sentença, para aqui bem e fielmente transcrita ao original se reporta. Dou fe. São Paulo, 27 de Março de 1950 Eu (a) Oscar C.Motta escrivão subscrevo e assino. (a) Oscar C.Motta." - Eu, _____ substituindo o Chefe da Segunda Secção do Departamento de Investigações da Secretaria da Segurança Publica do Estado de São Paulo, que a mandei datilografar e conferir, dato e assino.

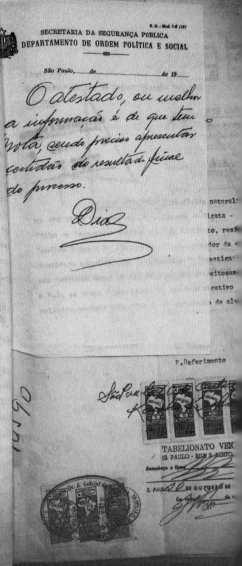

Absolvição de Koichi Kishimoto (21.5.1957).

Koichi Kishimoto.

Título	*Isolados em um Território em Guerra na América do Sul*
Autor	Koichi Kishimoto
Editor	Plinio Martins Filho
Produção editorial	Millena Machado
Capa	Camyle Cosentino (projeto)
	Zen Garden [istock.com] (imagem)
Editoração eletrônica	Jorge Buzzo
Adaptação do texto	Família Kishimoto
Tradutor	Seisiro Hasizume
Revisão de tradução	Isaac Kishimoto
	Mirian Marubayashi Hidalgo
	Setuco Kunieda Kishimoto
	Taiko Kishimoto Fujiki
Preparação do texto	Afonso Nunes Lopes
Revisão	Cristina Futida
Notas e caderno fotográfico	Alexandre Kishimoto
Formato	16 x 23 cm
Tipologia	Minion Pro
Papel	Chambril Avena 80 g/m² (miolo)
	Cartão Supremo 250 g/m² (capa)
Número de páginas	328
Impressão e acabamento	Graphium